外语功夫论

于洪璋◎著

经济日报 出版社

图书在版编目（CIP）数据

外语功夫论 / 于洪璋著 . —北京：经济日报出版社，2022.5

ISBN 978-7-5196-1092-0

Ⅰ.①外… Ⅱ.①于… Ⅲ.①外语—语言学习—研究

Ⅳ.① H09

中国版本图书馆 CIP 数据核字（2022）第 071297 号

外语功夫论

著　　者	于洪璋
责任编辑	门　睿
责任校对	王阿林
出版发行	经济日报出版社
地　　址	北京市西城区白纸坊东街 2 号 A 座综合楼 710（邮政编码：100054）
电　　话	010–63567684（总编室）
	010–63584556（财经编辑部）
	010–63567687（企业与企业家史编辑部）
	010–63567683（经济与管理学术编辑部）
	010–63538621　63567692（发行部）
网　　址	www.edpbook.com.cn
E – mail	edpbook@126.com
经　　销	全国新华书店
印　　刷	三河市龙大印装有限公司
开　　本	710×1000 毫米　1/16
印　　张	21.75
字　　数	299 千字
版　　次	2022 年 6 月第一版
印　　次	2022 年 6 月第一次印刷
书　　号	ISBN 978-7-5196-1092-0
定　　价	76.00 元

前　言

本书不是突发奇想，是笔者一生研究的结果。笔者研究过"区段教学模式与区段教学法""职业教育发展战略"，美国及我国北京、上海、广东等地的人才战略，立项做过"构筑宁波外语人才高地"研究，就上述问题在国家核心期刊上发表过系列论文，一批论文被《中国社会科学文摘》检索、摘录，有数篇被中央教科院录入《中国当代教育成果概览》，有的论文被《中国大学教学》《现代教育科学》全文转载，有一篇被《中国教育报》摘录刊登；笔者所著《人才开发战略问题研究报告》《外语功夫》《外语功夫纵横》相继在中国人事出版社、吉林人民出版社、宁波出版社出版。它们是本书的前驱和柱脚。

本书重点在于解读外语功夫理念及其在人生中的功用，是对外语和人生问题的总体思维，是获取和运用外语功夫的指引，目的在于提升人的生命价值。总体思维外语，关乎从生到老的功夫修炼、职场运用、表达技巧等一系列问题，涉及教法、学法又不止于此。读懂会用可终身获益，有利于成长为栋梁之才。

外语工具说不只是贬低了外语，也误导了外语人，影响了功夫修炼。本书用系统论的观点在对外语地位、功夫理念、相关量、职场应用、表达运用等诸方面加以阐释的同时，对于外语教育、功夫修炼等提出了一些新的见解。这是在科学精神指导下对外语工具说有准星、有砝码的批判和再造，对于总想"靠神仙超度"的浮躁心理是一种制约，能使外语学习回归理性，是真正"授之以渔"，比拼命挖掘小窍门管用。人生、治学、从业，都需作总体思维、系统运作，舍此不可能走向成功。

安德烈·塔可夫斯基在《我的不朽已然足够》中说："为创作人类的精神共鸣而工作是一种痛苦的体验，我说这是一种牺牲。但如果不这么做，仅仅为了展现自我而工作，这种努力又有什么意义呢？"

笔者正是从这一理念出发写作本书的。笔者已退休十数年，名利无求；一再赔本赚吆喝，不过是做传播正确理念和正能量的殉道者。不该把本书看成私人著作，它代表了全体外语人的利益，为外语正名、为外语人说话，使之不再为"舌人""工具"所困扰，有利于成长为具备真正外语功夫的新人。扩展开来，教师教书需要功夫，作家写书需要功夫，工人做工需要功夫，农民种地需要功夫，治国理政、经济运作、科学创新、身心修养等，万事全凭真功夫，人人都可以从中受到启发。

借助外语功夫研究政治、经济、科技、文化的人不少，都不是研究外语本身；从某一语种、某一方向、某一课程或者学习方法上研究外语的人也不少，从总体思维出发研究外语的人不多；只关注战术层面的问题不做总体思维，不可能集小胜为大胜；总体思维能看穿事物本质，看到外语与职场、相关量之间的关联，不局限于学习方法的探讨，研究的是功夫的终身修炼、人生的终生进取，才能真正解决问题。本书与其他外语书籍的区别也正在于此。

汪曾祺先生说："从历史角度评价一个作者，我是赞成的……否则评论文章就是一杆无星秤，一架没有砝码的天平。"（转引自 2019 年 4 月 6日《文汇报》）著作人要从文化视角、历史视角、哲学视角、科学视角、艺术视角找准星码，在力所能及的范围内使自己的东西变得有价值，经得住历史检验，经得住批评和推敲。

功夫说并不否认工具的应有地位，而是要用功夫去驾驭工具，使之发挥出真正作用。从"外语工具"说到"外语功夫"说，不仅涉及人才培养方向问题，还是个哲学命题，涉及认识论、实践论、人性修养、生命质量提升等一系列问题。外语功夫点透了外语的本质，五大基功、九大相关量、九大职场、九大学习理念、九大表达方式等都是对外语总体思维的重要组成部分，给人以正确指引。在叙事手法上，尽量用古今中外典型例证去找准星码，力求在趣味性、可读性的基础上阐明一些人生哲理。有的事例是可遇而不可求的；事例中的人物往往可做人生楷模。

笔者不惧怕任何的批评，越是严厉的批评越能使笔者振奋起来向上攀登，只是希望评论者也能严肃认真地花点功夫，真心诚意地指出问题之所在，订正谬误给读者以正确指引，而不至于误导读者。

学识渊博、长期从事出版业的宁波出版社原总编辑王松见对本书颇为赏识，并做过认真指导。在此深表谢意！

作者

2021 年 5 月于涵晖阁

目 录
CONTENTS

第一章

理念大于天

　　一本书读起来解不解渴，关键在于有无振聋发聩的正确理念和在该理念指导下让人学得来的榜样。理念不能像数学公式那样简单套用，需要用心领悟，还需精力聚焦才能成事。不做总体思维的人重技巧而轻理念。其实理念大于天，理念上失之毫厘，实践上必然谬以千里，理念不正确没有可能导致成功。

　　外语功夫说不但能还外语人以公道，也能使人从工具说中解放出来，认认真真地修炼外语真功夫，为祖国的各项事业作出新的贡献。

一、工具、功夫与人类

　　工具与功夫是相互依存的，人们靠功夫制造并使用工具，工具彰显功夫的魔力。本书通过总体思维给工具和功夫以合理定位，让二者合作发挥出更大的效益。

1. 工具说的源头

　　工具说源于亚里士多德的《工具论》，它使逻辑思维变为有形的三段论，对科学发展起过重大作用。

《工具论》所说的工具，仅限于书面表达，没有实物对证，"公说公有理，婆说婆有理"，相互辩论，就看谁能说服谁。亚里士多德有过这样的推理：为什么牛有角呢？因为它们的牙齿不够好（本该用来制牙齿的质料制了角）；为什么它们的牙齿不够好呢？因为它们有四个胃（不用细嚼就能把食物消化）；为什么它们有四个胃呢？因为它们是反刍动物；为什么牛是反刍动物呢？因为它们是牛。（转引自《读者》2008 年第 6 期第19 页）他从牛到牛的推理无法彰显出有多高明的逻辑，反而混淆了骨质与角质的界限，难怪黑格尔说《工具论》不过是诡辩术。

工具性地使用"三段论"，就是货真价实的诡辩术。有人问毕加索：你的画怎么看不懂啊？他说：你听过鸟叫吗？好听不？对方说：好听。毕加索问：你听得懂吗？（见《绘画大师毕加索经典语录》）这是一个审美或者叫艺术鉴赏问题，与美学修养直接相关。弘扬美、传递美是艺术家的职责，不应该以别人看不懂为美；看不懂根本就传递不出去美。人不能要求鸟解释一下唱的是什么，人可以让画家说说他画的是什么，美在哪里。不能偷换"人与鸟""画与声"的概念，用诡辩术遮人耳目。

选举、竞技体育中的"爆冷"，军事上以弱胜强，新冠肺炎一类自然灾害等，很多悖论不能用"三段论"来推理。"城市交通的主要罪魁祸首就是自行车。"（参见百度百科《东南大学教授：城市污染是自行车造成的！》）这种神逻辑，就是货真价实的诡辩术。

鉴证工具与功夫，不妨以乒乓球为例：场馆、球台、球拍和球，毫无疑问是工具，而推挡、拉削、快攻、前三板、相持、控制与反控制、稳准狠和快速多变、关键球技术等则是功夫。运动员在竞技中获胜，靠的是功夫。国际乒乓球联合会可以改变球的大小和竞赛规则，却无法制约球员的功夫。

语言文字也是如此，笔墨纸砚、储存它的书籍、图书馆以及一切现代语音设备都是工具，而对语言文字的学习运用则靠功夫。同样一支笔，放在有功夫的人手里可以描龙写凤、著书立说传诵千古，放在没有功夫的人手里就会画虎类犬、字如蜘蛛爬，毫无价值可言。

手机、电脑都是工具，是有形的，有制造原理、用途和图示，它可以传递语言、声音、文字，但替代不了人的思考，也不是语言和声音之源，它从制造到使用都离不开人的思索和修炼功夫。

西方有一种人叫"混客"，在高科技林立的情况下仍旧凭借自身表演功夫混得十分精彩。在小布什就职典礼上，美国人理查德·韦弗凭空手道突破警备森严的防卫和高科技安检，来到小布什身旁拍拍其肩膀，与其握手；英国人亚伦·巴沙克大摇大摆地混进温莎堡去参加威廉王子21岁生日化装舞会，还吻过王子的脸颊；2009年11月24日，美国前总统奥巴马为印度前总理辛格举行国宴，没受到邀请的萨拉希先生携夫人米夏埃尔来到宴会上与奥巴马亲切握手、交谈，米夏埃尔与副总统拜登脸颊贴近、左手摸着拜登的胸拍了照片。（参见《华商报》第4484期的相关报道）高科技也没能抵挡住"混客"的表演功夫。

不同的人做不同事情要用不同工具、不同功夫。关羽手提青龙偃月刀过五关斩六将，展现出战神神功；如果把青龙偃月刀交到家庭主妇手里，她根本提不动，切菜还不如菜刀管用。

历史上从人文到科技所有重大突破，无不在于先进人物的思索功夫。他们所使用的工具往往是简陋的、大众的，或者是自己凭借思索功夫自制的。

伽利略的天文望远镜不知费了多少思索功夫，被牛顿改进又不知费了多少思索功夫。如果没有这种思索功夫，一味等、靠、要，至今也不会有天文望远镜。

居里夫妇利用简陋设备艰苦奋斗4年多，从8吨废沥青铀矿中提炼出1克纯净的氯化镭，测定了它的原子量，证实了放射线是带负电荷的微粒（参见笔者的寓公新浪博客2020年7月29日博文）。对他们来说，常年积累起来的功夫是第一位的，工具是第二位的。

陈景润破解哥德巴赫猜想使用的工具无非是人人可用的纸和笔，几麻袋的演算草稿记录着他的思索功夫。起决定性作用的正是这种功夫。

我国科学家和工人在极其艰苦的条件下制造"两弹一星"，不知花费了多少工夫。没有先进工具，就用小型计算机等构建起原子弹爆炸的数字模型，手摇计算机都用上了，甚至还用过算盘。

当代密码学家王小云破解了包括 MD5、SHA-1 在内的 5 个国际通用哈希函数算法。其中，MD5 是 1991 年由国际著名密码学家、麻省理工学院的 RonaldRivest 教授设计的，这一算法运算量达到 2 的 80 次方。即使用巨型计算机运算，也要花费 100 万年以上才能破解。王小云破解密码并非易事，应用数百个方程而不乱套不是轻易就能够做到的。她破解 MD5 时还没学过编程，就用手写推导方式，写了 400 多页纸，几百个方程，推导了 3 个月，把计算机 100 万年才能得出的结果准确计算出来了（参见 2019 年 11 月 18 日《新京报》等）。她的成功凭借的是智慧和功夫而不是工具，使工具崇拜者大跌眼镜。

功夫要讲功德，包括情感、善恶、美丑、道义、责任等，工具为身外之物，不具备这些特征。

1910 年冬天，中国东北发生鼠疫，死亡 6 万多人。清政府的唯一应对措施就是派兵在山海关设立防线，切断关内外的联系。

当年任外交部左丞的施肇基（康奈尔大学哲学博士）并不懂医，责任心和使命感驱使他主动请缨担当防疫大臣。他把时任天津陆军医学堂副监督（相当于副校长）伍连德（剑桥大学医学院博士）招致麾下，把使命和责任交付给他，让他带着助手立即赶赴哈尔滨，全权处理防疫事务。

日本人北里柴三郎被尊为鼠疫研究鼻祖。他的一个学生当年正在哈尔滨，此人解剖了近 300 只老鼠，没发现鼠疫杆菌。结论是：此役并非鼠疫。他并非没有医学功夫，只是情感不到位，死多少中国人他并不在意，没查到病原就半途而废。伍连德去拜访他时，他偏执自负、固执己见。这当然也影响功夫的发挥。

伍连德使命在身，求真务实是他的责任。他经过认真调查，发现鼠疫来自往返于中俄之间的皮货商。他通过解剖土拨鼠发现了鼠疫杆菌，皮货商贩卖土拨鼠皮的过程造成鼠疫人传人（参见江永红的《中国疫苗百年纪实》，人民出版社 2020 年版）。伍连德使用的解剖工具未必能抵得上日本人的解剖工具。工具是冷血的，功夫是有感情有温度的。伍连德的成功在于功夫。

工具崇拜者的信念可称之为"工具主义"。西方政客利用媒体工具对于许多主权国家造谣中伤、干涉内政进行颠覆，就是为了一己私利、把善恶美丑抛在一边的"工具主义"理念的一种表现形式。

如果说亚里士多德的《工具论》在逻辑学上确有可取之处的话，那么"泛工具论"简直就是灾难了。比方说宗教，原本多是劝人行善的，可是一旦泛化成工具，就会奴役信众，甚至以惩罚异端学说的名义烧死布鲁诺、发动"十字军"战争等。现今，有多少选举成了相互抹黑的工具，有多少企业用"工具主义"理念作指导，追求利润最大化，置民众利益或健康于不顾？有多少人躲在工具主义背后偷懒，把自己的不作为归罪于工具？这恐怕也是《工具论》的著作者始料未及的。

2. 功夫主导工具

工具的作用功德无量。可是，它往往会遮掩人对其制造和使用功夫的注视。从选材到研制，无不蕴含着匠心独具的制作功夫；制好了工具到娴熟使用，也要花费一番漫长的实践功夫。甑皮岩人的陶器，从粗胚到制作出细陶历时 5 000 年（参见 2020 年 5 月 7 日央视 4 台《国宝发现》）。在赞美工具的同时，不能忽视功夫在其背后所起的至关重要支撑作用。

中国工业设计之父柳冠中反复强调"十年磨一剑"的硬功夫。他认为：技术引进必须做总体思维，用功夫驾驭技术工具，否则就会失去为大众服务的方向。（参见百度百科等）

如今，科技含量高的工具越来越多，为人类生存、发展带来了更多便利。凡是人类制造的工具都受人类管控，其制造和使用都离不开高超精细功夫。毫无疑问，功夫主导着工具。

叶培建院士是嫦娥系列月球探测器研制团队的顶级专家，党和人民授予他"人民科学家"荣誉称号（参见《求是》2020 年第 10 期）。谁也不能说"绕落返"三步走的探月计划是工具,那是凭借科学头脑和金不换神功勾画的蓝图。嫦娥系列月球探测器是工具,它们的研制过程、发射返回过程一刻也离不开科学头脑指挥的精细功夫。

研制属于良心活,需要脑体并用拿出过硬功夫,稍有差错便会导致整体运作的失败。

发射前要做整体检测,凭过硬功夫使用工具完成。"嫦娥三号"即将发射之时,一台设备信号出现异常。叶培建判断是塔架结构造成了信号干扰,决定按时发射。事实证明他的判断准确无误(参见《求是》2020年第10期),他做出这种判断,就是凭借科学头脑和金不换神功。

二、"功夫""工具"之分野

区分"工具"和"功夫"这两个观念,在于从思想上给人以正确引导。

1. "工具""功夫"见高下

达·芬奇画蛋的故事人所共知。老师韦罗基奥让他反复画蛋,目的就在于训练他观察事物、把握事物形态的能力;老师突出强调的是功夫训练,其次才是工具使用,可见用好绘画工具也得靠功夫。

人民大会堂里的迎客松画,是工匠用200千克熟铁花费两年时间锻造而成的,每根松针都彰显出匠人的非凡功夫。

当今推崇的"大国工匠精神",赞赏的是功夫。刘伯鸣独创40种锻造方法,开发31项锻造技术,攻克90余项重大产品锻造工艺难关,填补了国内行业40项空白(参见2021年4月1日光明网),这是功夫。开大型起重机的梅琳准确无误地将2 300吨的白鹤滩水电站13号机组转子吊装就位(参见2021年5月2日央视网),这也是功夫。小砌匠邹彬手拿一把瓦刀凭借过硬功夫为国争光,同时也改变了自己命运(参见2021年3月28日央视网)。工具相同功夫不同结果就大不一样,真功夫会使工具命运随之改变。

工具是外在的、有形的，具有人工修造的物质属性。对于人来说，它是身外之物，是可以继承、买卖、赠送、租借甚至抢掠的东西。如果你有一位好爸爸，他可以把自己一生积攒的所有生产工具、交通工具、别墅等馈赠给你。工具是消耗品，要不断更新换代，越用越破旧直至报废。

工具的建造和使用都离不开功夫。通常而论，功夫越深造出的工具越好，越能发挥出工具的应有效能。从石刀、石斧到战舰、飞机、航天器等，都是如此。现代工具不但拥有完美的外形和复杂的内部结构，还要有图示和说明书，以便于培训、操作、使用。

功夫是指人的造诣、本领，是内在的、无形的，靠后天修炼获得，不能继承、买卖、赠送、租借、抢掠。功夫展现在所有学科、所有技能的各个层面，它只能靠刻苦修炼习得、融入自己体能，会越用越灵，不断累进。

中国人通过武功不难理解功夫的定义域，进而对著书、作诗、赋词、书法、绘画、唱戏、唱歌、舞蹈、工作等都赋予功夫的尺度，对高科技的掌控就更不用说了。总之，一切创造和运用都离不开功夫。

工具是物化的、定型的、千篇一律的；功夫是非物质的、无形的、个性的、因人而异的。再高级的工具也要靠人的功夫制造、掌控、操作；功夫往往借助工具才能得到彰显，彼此有着扯不断的联系。

《易经》说："形而上者谓之道，形而下者谓之器。"功夫有类于"道"，靠修炼；工具有类于"器"，靠修造。工具的修造和使用离不开功夫。

中国工程院院士张履谦，1951年毕业于清华大学电机工程系，被分配到军委通信部。

当时，朝鲜战争正处于激烈对抗阶段。美空军 B-29 轰炸机对我军构成很大威胁，而且装有机载反雷达装置。我军使用苏制雷达，很难捕捉到它。

张履谦的专业修养、外语功夫、相关量功夫都十分出色，经过认真思索，他用麻绳穿起铁制空罐头盒子，解决了雷达抗干扰问题（参见

2019 年 9 月 24 日《中国科学报》）。他用最简单的工具把自己的功夫发挥到极致。

航天员在地上刻苦修炼各种功夫，升空后才能展现出真功夫。

阿波罗 11 号登月宇航员穿的既能抵御月球极端气候又便于行走的宇航服，是美国一家生产女性内衣工厂女工用纯手工缝制的。（参见 2020 年 12 月 22 日《环球时报》的相关报道）苏州绣娘陈英华凭一针一线绣出的宇宙星空比照片还逼真。（见 2018 年 10 月 9 日中国经济网）她们的精细功夫令人赞叹不已。

川航英雄机长刘传健的事迹说明，不是有了先进飞行工具就大事完毕，完成业界称作"不可能完成的任务"，还得凭过硬飞行技术和良好的心理素质。

俗话说："凡大事必作于细。""作于细"就是功夫。飞机出事故如果不是来自炮击，基本都是细微小处功夫不到位所引起的。

2005 年 8 月 14 日，一架塞浦路斯太阳神航空波音 737-300 客机坠毁在雅典东北方山区，机组人员和乘客无一生还。

调查报告显示，飞行员登机后未检查飞行模式，未能将加压系统的手动模式切换为自动模式。该机爬升到 15 000 英尺高空后，机舱供氧不足，机长和副驾驶很快便失去意识，飞机在无人驾驶的情况下栽下来，造成机毁人亡的严重后果。（参见笔者的寓公新浪博客 2019 年 10 月 23 日博文）

工具有时也是累赘。人们以核武器为战争工具，弄不好就会毁灭全人类；当工具使用过的核废料、电子垃圾、塑料垃圾等正在威胁着人类的生存与健康；高科技使老年人被边缘化，购票、购物、存款、领证都成为问题。功夫也有善恶之分。邪恶之人有邪恶功夫，为善之人有为善功夫，不可同日而语。霍金有言：人工智能将会达到一个高度，使其成为一种全新的生命形式，超越并最终取代人类。（见 CNBC 相关报道）

教科书、词典之类的学习工具是身外之物，先人靠功夫编写，后人要靠功夫把它内化为自己的东西，才对人生起作用。大国利器谁都不能轻视，但是它要靠功夫修造、靠功夫使用，才能发挥出捍卫主权的应有作用。

"美国第一""白人至上"是美国上层社会的基本观念，它必然导致霸权主义和民族歧视，遭到包括美国人民在内的全世界人民的反对；而"建立人类命运共同体"的观念，代表着人类的未来，必然会得到全世界人民一致拥护。可以毫不含糊地说，观念不同必然导致道路不同、方法不同，结果就有天壤之别。

翻译最早被称作"舌人"，那也是人，并非工具；1905 年，慈禧太后接见美国使团，伍廷芳跪着给她当翻译，头都不敢抬。（参见 2019 年1 月 8 日《北京日报》的相关报道）当时，伍廷芳已经是驻美公使，在慈禧太后面前仍旧是"奴才"。外语若真是工具，慈禧太后会毫不客气地说：把外语工具交给我，用不着你这个奴才！

周恩来出访亚非十四国时，东道国一般按照他们的习惯，不给翻译安排席位。他叫礼宾司司长俞沛文去和对方交涉，一定要把翻译安排在他身边。在埃塞俄比亚，翻译冀朝铸和过家鼎分别坐在周恩来和陈毅身边，对面全是皇室成员。（参见 2014 年 11 月 25 日《解放日报》的相关报道）。在周恩来眼里，翻译是同志，不是可拾可舍的工具。

不要把周恩来说过"外语是工具"当作挡箭牌使用，要在他的外交实践中解读他对外语的真实看法。在他活跃于国际舞台的年代里，比谁都强调外语功夫修炼。他说过："翻译不只是一个传声机器，翻译是人，是革命干部，要有自觉性和能动性……""在外交谈判中，谈判代表本人固然重要，翻译也重要。翻译强的可以帮助把逻辑上、词句上不够恰当的地方纠正过来。"（引自杨发金的《周恩来和他的翻译们》，载于《党史博览》2019 年第 5 期；施燕华的《周恩来指导外事翻译工作》，见 2017年 5 月 27 日人民网）他并非把外语和翻译当工具使用。

"功夫"可以穿透语言的本质。"外语功夫"是学人自身造诣的组成部分，它可以融入学人的体能，随你上刀山、下火海自如运用，不像"工具"作为身外之物那样机械使用。俗话说："功夫不负有心人。"工具则六亲不认，由工具造成的事故屡见不鲜，包括航天飞机爆炸等。

汉语含蓄、空灵，讲求"言外之意""境外之象"，工具性地使用语言，就无法达到这种境界。

2. 两种理性的对决

孔子在《论语·里仁》里说的"君子喻于义，小人喻于利"，大体能说明"价值理性""工具理性"的不同。钱学森如果遵从"工具理性"想留在美国，能找出上百个理由，而回归报国则不需理由。

"工具理性"的本质特征是通过精确计算功利来达到自己目的。他们往往搞"技术主义"，甚至搞工具崇拜，以为工具可以决定一切，贬低或者忽视人的作用，不重视人的功夫修炼。（参见笔者的寓公新浪博客2019年2月18日和22日两篇博文）

"工具理性"腐蚀人们灵魂，酿成人性危机，实质上是不理性；必然导致不择手段追求利润最大化，甚至导致自私、冷漠、残忍、贪婪。贪污腐败、学术造假，生产黑心产品昧良心赚钱，都属于此类。

中国"工具理性"鼻祖吕不韦，为了追求利润最大化，舍弃百倍利润的珠宝生意去经营国君，虽然成功了，却引来杀身之祸。他明里暗里的粉丝至今大有人在，赞助美国总统的金主也属于此类。企业信奉"工具理性"的人更不在少数，高等学府莘莘学子也不能幸免。施一公说，一些留美生不肯回国效力，在美国也是取得一些小成绩就不思进取，把才智当成工具使用。（参见百度百科）

钱文忠在一篇演讲中提到，对看过《白毛女》的90后大学生的问卷调查显示，有的名牌大学的女生竟毫不隐晦地说：喜儿应该嫁给黄世仁，不该嫁给大春！在她们眼中大春无非就是年轻些、帅气些，可是太穷了；黄世仁虽然人老了一点儿，但是有钱！有人甚至说："我宁愿坐在宝马车里哭，也不愿坐在自行车后面笑。"（同上）"工具理性"把人的价值观扭曲到金钱物欲高于一切，可以置父仇和个人尊严于不顾甘当黄世仁的小妾！不要以为这只是个人选择或私德问题，要明白只顾眼前利益的"工具理性"危害有多大。

裴一中在《裴子言医·序》中说："学不贯今古，识不通天人，才不近仙，心不近佛者，宁耕田织布取衣食耳，断不可作医以误世！医，故神圣之业，非后世读书未成，生计未就，择术而居之具也。是必慧有夙因，念有专习，穷致天人之理，精思竭虑于古今之书，而后可言医。"

裴一中的思维不局限于技术层面，是总体思维，强调人品修养和学识修炼，认为"神圣之业"不是混饭吃的，反对把行医当作"择术而居之具"。这一理念不会逊位！

苏州大学附属某某医院原副院长、博士生导师杨某某，利用职务之便为医疗耗材代理商谋取利益，收受好处费数额巨大，装一个支架吃回扣1万元。（参见2019年7月5日澎湃新闻）有悖于神圣之业，是"工具理性"的具体表现。

遵义某民营医院，在"工具理性"支配下把医院当成了赚钱工具。医院成立网络部、市场部，编制所谓"教学模式"，把病人当"猎物"，诱骗民众入院治疗，没病造出病，小病弄成大病，所涉刑事案件604起，受骗两万余人。（参见2019年6月30日《北京青年报》等媒体的相关报道）是只顾牟利无视他人死活、科技利己主义的标本，严重败坏了医界的公信力，玷污了"白衣天使"的名声。

在"工具理性"支配下，波音公司竟然置乘客生命于不顾，生产安全性能不佳的737 max型号客机，造成多起空难。美国也总是利用美元的通用性来冲销自己的通货膨胀和金融危机，利用汇率变化从别的经济体里"剪羊毛"，把金融危机扩散到全世界。这都是"工具理性"的实在表现。

当今的建筑施工工具今非昔比了，但有的施工质量却大不如前；医疗设备更先进了，但是对同一病人反复使用这些设备进行医检，不但会对病人身体造成伤害，还会给病人带来沉重的经济负担。

电脑编程作为工具会为工作带来诸多方便。出版业的"查重"软件能查到1900年1月1日以来的所有文献，非常精准，使学术造假者无所遁形，使滥竽充数者无地自容。笔者没有这种软件工具，不消说查找别人的东西，连自己写的东西想还原到出处都十分困难。这说明功夫也要依赖工具才能发挥作用。

诺贝尔经济学奖得主罗伯特·希勒指出，指导当今世界经济发展的宏观经济理论在体系构建上存在明显硬伤，主要是它的方法"几乎是凑出来的，工具性太重"。（见于2019年11月6日《环球时报》）"工具理性"有奶便是娘。

通常的情况是，人的思想越超越当下，越超即时的物质享受，价值等级就越高；反之就越低下。经济学上的"理性人"，主要是指"工具理性"，就是追求物质利益最大化，忽略了精神利益和精神享受，引起的反作用也是巨大的。尽管"价值理性"也不讳言功利，但它并不以功利为最高追求；尽管它并不反对满足当下的需要，但并不以当下的需要为最终目标。"价值理性"在于提升人、完善人，让生命升华，而不是降低人的品性和生命质量。"价值理性"是以人为主体的目标理性，造就的是一个个独立的、大写的、有灵性的生命，而不是冰冷的"获利机"，把赚多少钱作为衡量成败的标准。大师级人物的追求是超物质、超视距、面向未来的，只看到眼前利益的人难有大的作为。

钱学森说："我姓钱但是我不爱钱。"（见2017年11月27日人民网）他与千千万万为了人民事业甘愿流血牺牲的共产党人一样，用"价值理性"谱写了光辉的人生。没有精神追求只讲物质享受，人类就会灭亡。

中国工程院院士、云南农业大学名誉校长朱有勇，是我国著名的植物病理学家。2015年，他到澜沧拉祜族自治县驻乡扶贫。在他及其团队的技术指导下，农户利用冬闲田种植马铃薯。2018年，澜沧县这项种植已经超过200万亩，产量与荷兰一国的水平相当。

林下有机三七是他的团队多年不断积累的一项科研成果，有知名企业愿意出高价购买该技术被拒绝了。他们摈弃"工具理性"的技术崇拜，为了帮助农民脱贫致富无偿奉献这项技术。

2019年10月，林下有机三七示范基地第一次收获，平均亩产50～80千克。当拍卖鲜品升至8 000元/千克时，朱有勇马上叫停。他说：再往上涨，肯定也能卖出去，但是价格拉得太高，老百姓吃不起，又违背了我们科技人员要让大多数老百姓受益的初心。（参见 2019 年 12 月 3 日云南网的相关报道）这就是与"工具理性"大相径庭的"价值理性"，不单纯追求利润最大化，想到的还是大多数老百姓的切身利益。

有识之士都知道，冷冰冰的工具根本不会给使用的人带来品格。人做每一件事都离不开品格，譬如爱心、真诚、勇敢等。就翻译而言，它不仅是一种文字交流，也是一种思想交流，甚至是人格上的碰撞，有时会影响几代人。我们赞成外语功夫说，提倡自主修炼，反对投机取巧走捷径，在于唤醒人的内心中的强大动力，让人们拿出十足的勇气修炼外语真功，这是工具说绝对做不到的。个人信奉工具说，受危害的是自己和周边的人；如果利用工具说从事教育事业，那受到危害的就将是学生和后代。

考量一个人或者一个民族的优劣，主要是看他们为自己预设的"价值理性"的高远和是否符合公平正义，而不是看他们用多少阴谋诡计为自己带来了多大的物质利益。4 亿外语人如果能够摈弃"工具理性"，那将是多么可观的正能量，将为社会回归正义带来不可估量的重大影响。理念一变豪气冲天，但是习惯势力也是极其可怕的。有人靠语言的工具说著书立说传教办班，获利颇丰，怎么舍得随便丢弃这个宝贝！丢掉了，外语神仙的光环没有了，还怎么过日子？

在外语苦海中沉浮的莘莘学子，与其急不可耐地寻求捷径和方法，不如端正自己的观念，选择正确的途径。

3. 哲学醍醐

很多人都对教育做过总体思维、系统思考。任正非呼吁："名校不能培养精致的利己主义者。"（见 2019 年 11 月 4 日澎湃新闻）他所指的就是信奉"工具理性"的人。

哈尔滨工业大学的校训为："规格严格，功夫到家。"（来自 2020 年 6 月 8 日教育深度观察）在功夫理念指导下，该校为国家培养出众多人才。

王恩哥就任北大校长时送给学生们十句话，其中第二句是：培养

"两种功夫",一个是本分,一个是本事。做人靠本分,做事靠本事。"两本"起家靠得住。(参见 2014 年 9 月 3 日书香居人)其他九句话,也没有一句是提倡工具理性的。

钱学森生前从哲学高度认真思索过"大成智慧教育"问题。(参见《钱永刚回忆父亲钱学森的最后 22 年》,载于 2019 年 9 月 18 日《解放日报》)"大成智慧教育"是总体思维,培养的人肯定不是信奉"工具理性"的技术主义者及"复合型"人才;他所力挺的是掌握人类大智慧,以提升人、完善人、升华生命为目的,以"价值理性"为人生追求的教育,不以当下需要为最终目标,不以功利为最高追求,追求的是民族复兴、天下公平。

教育是育人的事业。把人当工具铸造,主张像工厂那样大量生产"与市场相适应的"同一型号人才,是违反教育规律、缺少人性的,也是根本做不到的。

所有学科教育都在于培养公民人格,所以都突出"价值理性"。任何外语教育机构都不应该把"翻译机器"定为自己的培养目标,任何学外语、用外语的人都不应该把"翻译机器"当作自己的人生追求,而应该力争成为活生生的掌握东西方共生文化的外语人才,即钱学森所主张的集人类智慧之大成者。

使用外语如同使用母语一样,需要高超的智慧、渊博的知识,还需要带有浓重的感情色彩的"再创作"。让外国人接受中国文化中的真善美,不是工具性的硬译所能解决问题的。

外语修炼的本质是功夫,功夫具有普遍性。传统文化中的"愚公移山""精卫填海""铁杵磨针""四两拨千斤""百步穿杨""积沙成塔、积土成山、积水成渊""治大国若烹小鲜"等,阐释的都是功夫理念;党中央一再强调的"踏石有印、抓铁有痕""社会治理久久为功"等,也都是在弘扬功夫理念。

2010 年,《纽约时报》开辟了"哲人之石"专栏,邀请世界哲学界著名学者撰写通俗易懂而又能反映哲学前沿的文章,予以刊载。倪培民教授应邀发表了《对哲学家而言的功夫》一文，把功夫论当作最能代表中国传统哲学特点的理论做了介绍和论述，预言哲学将有一个功夫学转向。北京师范大学专门成立了"中国传统功夫论与功夫哲学"工作坊。

山东大学黄玉顺教授认为，功夫在最宽泛的意义上大致有两种含义：一种指为达成某种目标而付出的努力，另一种指通过付出时间、精力和努力之后达成的造诣。（引自 2018 年 4 月黄玉顺在北京师范大学"中国传统功夫论与功夫哲学"工作坊对话会上的发言）笔者奋力阐释的外语功夫，完全符合这两种含义。

倪培民认为，功夫概念能统括修炼与践行，将生活方式与主体的转化、提升紧密结合，与最高层次的精神修炼相贯通。在西方哲学的语言里找不到像"功夫"那样能够把实践智慧、技艺和行为主体的精神境界融合为一体的概念。实用主义把"行动"和"工具"作为自我身份认同的关键词，从而把自身放在一个不利于探讨自我转化这一主题的位置上。哲学功夫学就是关于生活艺术的哲学，功夫学研究的是作为实践者、修炼者的人。功夫学将把人的修炼和转化作为研究的中心，而由此出发探讨功夫与本体、超越性、精神性的关系，探讨功夫与德性、功夫与身体、功夫与价值之类的问题。哲学的功夫转向意味着功夫成为一种哲学的视角或方法论。功夫论既是中国传统哲学的精华和主要特点，也是世界哲学所需要的重要补充。所以从功夫论到功夫哲学的过程具有普遍的意义。如同"真理"是认识论的核心概念、"实在"是本体论的核心概念、"善恶"是伦理学的核心概念一样，"功夫"则是功夫学的核心概念。（参见倪培民的《从功夫论到功夫哲学》，载于《哲学动态》2018 年第 7 期）醍醐灌顶，茅塞必开。他的这些论述，为外语功夫提供了坚实的理论柱脚。

三、语言的功夫性

《圣经》中讲道，人类祖先原本使用同一种语言在巴比伦修建一座通天塔，很快就高耸入云，惊动了上帝。于是，上帝废了人类的通用语言功夫，通天塔半途而废。语言相通，彼此的心灵就能凝聚在一起，形成命运共同体，共创伟大事业；否则，就会分崩离析，各走各的路。

据说，企业 70% 的问题出在沟通不畅上，企业家要把 70% 精力花在沟通上，而有效沟通是要靠准确的、火热的语言表达情感的；如果是世界级企业的多国部队，运用外语就是不可避免的了。

1. 语言的修炼功夫

人类在使用工具之前就已经使用语言。语言掌控靠功夫，把语言当工具使用是一个历史误会。

笔者读大一的时候，校方请李崇德作报告，讲杨开慧事迹。湖南话大家听不懂，请一位湖南籍老师当翻译。如果语言是工具，人们就会把普通话"工具"借给她，省时省力，可惜不是。

语言学家认为："夫人有音，本乎天性也，有音即有言语。"（见王炳耀的《拼音字谱》自序）

上海外国语大学英语学院院长、语言学家梅德明教授认为："语言从来都不是一种单纯的交流工具……"（参见 2011 年 10 月 16 日《文汇报》）

人类语言不同于工具之处，首先在于它是有温度的情感世界，是爱憎情仇等情感的再现，而工具只能是冷冰冰的身外之物。文学作品是感情世界的渊薮，诗歌、小说、散文，概莫例外。

我国历史上发动战争前要发檄文，证明己方师出有名，占领道德高地。陈琳讨伐曹操的檄文写得十分精道，是他语言文字功夫的体现，连曹操本人都不得不佩服；外国也是兵马未动舆论先行，造谣也好、找借口也好，总之是要费一番语言文字功夫的，呆板的工具起不到这种作用。

法国在 11 世纪征服过英国。那时，英国社会上层人士讲法语，干粗活的农民讲英语。英国称雄世界之后对法国的作践无所不用其极：把嫖娼说成"上了一堂法语课"，把性病叫作"法国病"，把看淫秽画面称为"读法国明信片"。在现代英语中，凡是用"法国"限定的词汇基本都是贬义词。（参见风雨声的《英国人说法语》，载于 2008 年 1 月 18 日《国际金融报》）这是英国人情感世界的组成部分。

沃尔特·翁说："文字不只是言语的附庸，它把言语从口耳世界推进到一个崭新的感知世界，即视觉世界，同时也改变了言语和思维。"

阅读文字能使人的内心世界更加清晰、深邃，可以使内心通往外界的航道更加畅通，也便于把外部世界纳入内心世界之中。

语言经过修炼，才有震撼力、传播力；工具性乏味的语言，根本就没有生命力。语言修炼功夫的稍许差异，效果都大不一样。

曹云祥是我国获得哈佛大学 MBA 学位的第一人，出任过北洋政府外交高官，1922 年 4 月到清华学校任校长。在他手里，清华从留美预备学校升格为名扬中外的正规大学。《清华大学总纲》《清华大学"十八年计划"（1923—1940）》都是他主持制定的；"教授治校"的办学理念也是他提出来并且付诸实施的，王国维、梁启超、赵元任、陈寅恪等名师也是他礼贤下士延聘的，学校办学条件也是经他手改善的。他被誉为"清华之父"，实至名归。

他说："大学乃探讨学术之所，而图书馆则流传学术之府库也。"这句话不可谓不精辟，但是后继者梅贻琦站在他和孟子的肩膀上，说出了"大学者，非谓有大楼之谓也，大师之谓也"的名言，语言修炼得更精到、更打动人心、更具有震撼力和传播力，使曹云祥的话相形见绌而被淹没了。时至今日，一提起清华的治校名言，人们很自然地就会想起梅贻琦的话。（参见笔者寓公新浪博客 2020 年 2 月 29 日博文）这是智者与智者、大师与大师之间的较量，如果其中的一人为无名之辈，那就根本无法相比了。工具性地使用语言，根本就没有立足之地。

毛泽东博古通今，注重语言功夫修炼，发表过《反对党八股》等文章，谴责有些人不注意语言功夫的修炼，语言乏味，像个"瘪三"。他自己的语言极具震撼力、传播力，那些感人肺腑的诗词自不待言，很多章句都具有感人的力量，为民众口口相传，如"为人民服务""帝国主义和一切反动派都是纸老虎"等。

领袖人物如果工具性地使用语言，只会讲官话、套话，没有注入自己思想、风格的独特语言，就没人会对他的话感兴趣，他就失去了人格魅力，发动群众、组织群众为同一目标而奋斗的愿望也就根本无法实现。

文学家、艺术家更是要用自己新颖的、独特的、感人的语言去创造作品，像杜甫那样"语不惊人死不休"。如果文学家艺术家工具性地使用语言、套话连篇、炒冷饭、嚼别人嚼过的馍，又有谁会用心去品读他的作品？又有谁会成为他的粉丝？

通常而论，科技论文是比较讲究套路的，然而也要讲究趣味性、可读性；用干瘪的、毫无创意的语言去写科技论文，同样不受欢迎。美国有位经济学家叫弗兰克·H.奈特，他发明了一个定理，然而阐释该定理的论文，语言表述不够清晰；在他之后，罗纳德·哈里·科斯把同一定理表述得更加清晰，因而这一定理就被称作科斯定理了。（参见张五常2020年2月16日的新浪博客）这同样说明语言功夫需要修炼，工具性使用语言不受欢迎。

人类语言的最大特性就是后天性、习得性。无论是德国皇帝腓特烈的残酷实验，还是印度"狼孩"、乌克兰"狗姑娘"，都是语言后天性的有力佐证。民族语言不可能像工具和财富那样，在你还没出生之前，就由父母为你准备妥当，即使有莎士比亚、泰戈尔、鲁迅、托尔斯泰那样的父亲也不行。

这一结论的意义在于：打消了某些人想不花或少花气力、走捷径或靠神仙超度就能获取语言功夫的投机心理，使其懂得必须依靠自己努力去修炼语言功夫。这是语言的共性，无论母语还是外语盖莫例外。花钱买不来，亲情送不来，暴力抢不来，知己借不来，唯一的途径只能靠自己用心修炼。

从正面说，你努力了，语言功夫就能习得，也包括父母见所未见闻所未闻的语言。德国语言学家L.H.舒特茨能讲270种语言；丹麦人R.H.拉什通晓230种语言；意大利教授塔哥列范尼和东德教授杰海斯特曼都能讲132种语言；俄国人伊戈·德瓦列范尼和安德烈·赞里奇思亚克都能流畅使用 30 多种语言。他们尊重语言的后天性、习得性，为我们学习外语增添了信心，树立了榜样。

2. 语言流变见功夫

与固化的工具不同，语言种类繁多且时刻在变，不断自我创新、自我完善，像溪流汇入江河，再流入海洋一样，永远也不会停止它前进的步伐。

民航大飞机，全世界只有波音、空客等几种型号。语言则不同，世界上现有 6 800 多种语言，有的语言一年之内就产生几万新词汇，也有的语言在走向消亡。任何工具都不能像语言那样自动消减或者更新。使用语言的人越创新越受称道，所以相声演员、剧作家、文学家都在寻找属于自己的句子；语言干瘪、没有新意，像工具那样一成不变，是不会受到欢迎的。

"五四运动"前，汉字中的"他"本无男女之分。1920 年，在伦敦留学的刘半农写下《教我如何不想她》。诗中首次用"她"指代女性，很快得到全社会的认可。鲁迅写小说也开始用"她"指代女性。（参见刘寻的《关于教我如何不想她》，载于《文史精华》2013 年第 1 期）自此第三人称有了"他""她"之分。

功夫一词在儒释道鼻祖那里就初露端倪，魏晋南北朝时期产生了"工夫"词汇，直到宋、明时代才被用来概括整个儒家的学问，那时还是"工夫""功夫"并用，后来逐渐演化成综合工时、功力、功法、功效的多维概念。现今的功夫学则把人性修养、提升生命价值作为研究的主题，进而不断探讨功夫与本体、超越性、精神性之间的关系，还有探讨功夫与体能、价值取向之类的问题，将使功夫哲学理论体系更加完备。（参见笔者寓公新浪博客 2020 年 7 月 5 日博文）

试想，哪种工具有这番变化？只有功夫！

在语言流变的历程中，尽管有人对于规范语言起过特殊作用，但是人们仍旧习惯于把他们看作是语言的归纳整理者。从总体上讲，语言是民族的、民众的，不属于一家之私，这也是语言不同于工具的地方。

在人类社会中，语言具有凝聚力。经过语言沟通，人群就可以为同一目标而奋斗，不管是协作捕猎、出征打仗，还是改造自然界，都是如此。

从家庭生活到社会活动都离不开语言功夫。一句警语可能惊醒梦中人，让厌世者结束自杀；一句贴心话可能让颓废者振奋。工具很难起到这种作用。

有修养的人必然懂得以礼待人，会给社会带来和谐，自己也会从中受益。美国耐克公司乔丹品牌部原副总霍华德·怀特听从妈妈的告诫，见到别人至少说一声："Hello！"久而久之便成为他的一种习惯。他逐渐发现，无论多么伟大或者多么卑微的人，都十分在乎自己在别人眼里的存在。他深有感触地说："一声'Hello'能让垂头丧气的陌生人高昂起头；一声'Hello'能让心事重重的朋友露出微笑。这个时候，你就会感受到这一声'Hello'里蕴含着无穷的巨大力量。"（参见 2009 年 8 月 13 日《齐鲁晚报》）这可不是哪种工具所能做到的。

语言不但在细微之处见功夫，而且越是重要的活动它的功效就越大，从治国理政，到国际交往，语言是功不可没的。

语言一刻也离不开思维。演说家、著作家、诗人说出的那些充满哲理、感人肺腑的话，都是他们思想的结晶。

语言还是一种艺术，变幻无穷。它的魔力和神奇在于：真理都要靠它来表达；它稍有变化，意思就变了；在组词不变的情况下，语气一变，意思也就变了。

语言的变量之大难以想象，不会像工具那样组件固定、一成不变。其变化之大，往往令大师级人物都难以解读。中国古典文化中的"道学""儒学""佛学""易学"等自不待言，近现代人的作品，有的也难以读懂，因为每个人都有自己的语言个性。解读别人的语言文字，不仅要在掌控语言信息数量方面存在对等关系，还要凭悟性、靠心灵感应；工具性解读是不可能读懂的。

外语也是有生命的，它每时每刻都在不断地吐故纳新，来维持自己的生命活力。20 世纪的英语绝不可能一成不变地保留到 21 世纪。随着英语在世界上的广泛运用，它越来越会变成一种混合语言，不断地从其他语言中吸收营养成分，来维持自己的生命。一些汉语词汇也在不断走进英语之中。

语言是没有边境的，异族异域的人都可以学习；语言反映出地域或民族性格，对于民族往往会起到定型师的作用，也在交流中相互融合。操英语的人习惯于横向思维，更看重横向民主；操汉语的人习惯于纵向思维，更重视"自上而下、自下而上"的纵向民主。西方人主张二元对立，是排中的，非此即彼，不是天堂就是地狱，承认"丛林法则"，带有侵略性；中国人主张执中、"己所不欲勿施于人"，相信过犹不及，懂得换位思考，主张双赢，信奉和平理念。

对于当今的人类来说，语言既包括母语，也包括外语。外语的沟通范围比母语更广泛。一个人如果既懂汉语又懂英语，那么他就会把纵向思维和横向思维结合起来，看问题就会更加全面，视野也会更加广阔。

3. 语言交流靠功夫

语言具有灵动性。"琵琶琴瑟"双王上头，表现出华人对雅乐的钟爱；"魑魅魍魉"小鬼屈膝跪一旁，显现了人们对它们的厌恶和鄙视。

语言是艺术，高于物质世界，其生命在于创新，给人以美感。卢那察尔斯基说：艺术家之所以可贵，正是由于他能提出新的东西，能运用其全部直觉，深入通常统计学和逻辑学所难以深入的领域中去。（见《外国名作家传》中册第79页）古今中外的名人绝不是工具性地使用语言，而是时刻追求着语言的创新之美。

语言具有攻守兼备的防身功用。《一千零一夜》中的纯真少女靠讲故事改变了自己被杀戮的命运，同时也改变了国王的残忍本性，展现了语言的魅力。

语言有时就是火焰，可以给灰心的人以鼓劲，给迷茫的人照亮前程。

语言的推敲也是一种功夫。"僧推月下门"和"僧敲月下门"，曾经成为古代诗人的辗转功夫。

很多诗性语言都充满哲理和灵性，如"不识庐山真面目，只缘身在此山中""生如夏花之绚烂，死如秋叶之静美"。很多格言、警句、歇后语等也拥有哲理和灵性，如："任何事物都无法抗拒吞食一切的时间""懒惰锈蚀着机器，比劳作更能损害本体"等。

辜鸿铭说："银行家是晴天把伞借给你，雨天又凶巴巴地把伞收回去的那种人。"（参见《咬文嚼字》1995 年第 1 期第 24 页）他的魅力语言揭示了事物本质。

无论是哪种语言文字，都是敏感而又复杂的。不懂恭谦尊卑就会失礼；不明授受得失的表达方式，就会把关系弄反。

不要以为英语的 26 个字母过于简单，排列组合起来也是相当复杂的。英美同为两个重要的英语国家，但是英美人如果看不到自己语言的复杂性，也会闹出笑话。伊万卡祝贺约翰逊当选英国首相时，将"联合王国"（United Kingdom）写成了"United Kingston（联合金士顿）"，特朗普把威尔士亲王（the Prince of Wales）弄成了"the Prince of Whales（鲸鱼亲王）"（参见 2019 年 8 月 28 日观察者网）。美国官方和社会上层人士运用母语时一不小心都会出错，我们学习其语言，绝对不可掉以轻心！

语言用进废退。一位在家庭备受冷落的老人，其语言功夫就会减退得更快，更容易患上老年痴呆症；一名被长期单独关押的犯人，不论年龄如何，语言功夫都会减退；一位学过外语的人如果长期不使用外语，他的外语功夫就会逐步退化。

语言是人的灵魂的诠释者。美国思想家埃默森说："语言是有生命力的，它具备了创造和毁损的能力。虽然我们看不见，但是却成为一种暗能量，充满在房间、家庭、周边环境，深入我们的内心，渗透到我们的潜意识中。"

历史眼光是时刻不可或缺的。上述事实足以成为"外语功夫"的立足点。

第二章

外语本色 "五基功"

听、说、读、写、译被称为外语的五大基本功，是一个体系。所有外语人都要在总体思维和系统论的基础上尊重"价值理性"，围绕五大基本功修炼功夫；外语教育对人才质量要做总体思维才能有成效。

一、耳听八方

人的生理系统决定着学习成败。离开生理系统去研究学习方法，等于缘木求鱼。我们常说的聪明，就是指耳聪目明。聪耳能准确获取信息惠及人生，为外语学习带来便利。

1.听的起点

村松秀信等人在一本早教书中讲道：有人把山里一只叫声很难听的小黄鹂捕回来，特意放在一只歌喉婉转的老黄鹂笼边饲养，让它学习老黄鹂的歌声。久而久之，雏鸟的歌声也如同老黄鹂一样婉转动听。这说明：听进去才学得来。（参见笔者拙著《外语和多彩人生》第109页，河北少年儿童出版社2019年版）

听力训练应开始于胎儿期。《湖北科技报》2001年6月8日报道：

六个月的胎儿，听力发育已经接近成人，只是听到的声音小于 25 ~ 30 分贝。胎儿内耳基底膜上的短纤维极为娇嫩，受到高音频刺激容易造成损伤：轻者出生后听不见高频声音，重者将会造成无法挽回的听力损害，尤其是将传声器贴在肚皮上进行胎教，容易造成重症伤害。常态声音的胎教，确实能起到开发听力和智商的作用。

出生后的听力训练更为重要。《教育心理学期刊》2006 年公布的一项研究成果表明，儿童时期 6 年音乐课程，可以使智商平均提高 7.5%；上大学后，音乐教育也可以使智商提高 2% 以上。这 9.5%，就可能使正常人跃入天才群体。

国人对早教的认识在不断深化，并且敢于付诸实践，早慧儿童也在不断涌现。李尚荣 5 岁便认识 5 000 多汉字，熟读过《诗经》《易经》《黄帝内经》《老子》《大学》《中庸》《孟子》等几十部经典著作，还会吟诗作赋，才思敏捷，英语说得像母语一样流利。她的智力开发，早期主要靠听歌曲，后来主要靠阅读。这些活动影响了脑神经发育，使她变得聪明起来。

王财贵教授提倡从胎儿、婴儿开始听多种声音。其中有音乐做背景的中文、英文、德文、法文经典诵读。他说，越小的孩子越不注意生活，正是全盘吸收的时候。他用潜意识吸收，这是以最短的时间吸收最大量信息的好方法；所以越小越适合多种声音一起听……

胎教也会使耳朵对音色的分辨率得以提高，出生后对语言的分辨率也会高于没受胎教的婴儿，语言功夫会好于没受胎教的婴儿，最初期的表现就是说话会早于没受胎教的婴儿。

孩子出生后有数年学语期。第一年只会咿咿呀呀，用耳的时间比用眼、嘴的时间长，闭着眼睛也可以听母亲哼唱的儿歌。会说话后，孩子玩着、说着，仍旧在不停地听着，除非熟睡之后。这一年龄段，仍旧是练耳的好时期。这种有意无意的听力训练，使孩子受益一生。

新生儿的听觉、视觉、触觉、味觉等，都处在快速发育阶段，亲人们可以通过环境刺激等方式，适当促进孩子的感官发育，进而促进其脑发育。可以让孩子听听轻音乐，给他们哼唱儿歌，让其看一些色彩艳丽、构图简单的图画，给他们讲一些有趣的童话故事。可以多带他们到鸟语花香、风光秀丽的自然界走一走，让其享受"润物细无声"的教育。多一些自然色彩，少一些主观臆造，肯定会对孩子的发育产生积极影响。

2. 顺风耳的修炼

听的功夫居于外语五大基本功之首。听不进就说不出，听不准就会丢失信息，必然答错。听不仅可以锻炼意志力、记忆力、逻辑思维能力，还能引起做学问的兴趣。

陈燕患有先天性白内障，三个月大就被父母遗弃，姥姥将她抚养成人。姥姥知道她的眼睛无法医治，就想出许多办法来开发她的听觉和触觉。她刚会走路时，就教她靠听觉识别障碍物。为了训练她的听力，姥姥把硬币丢到地上让她去找，不许在地上乱摸，而是凭声音准确定位，伸手就能捡起来。还把一分、二分、五分硬币分别丢到地上，让她用耳朵来辨别。

这种不可思议的听觉训练，成就了陈燕的生存本领：她会骑自行车，拿到了深水区游泳证，跆拳道打到黄带，还会骑独轮车，根据声音反射波能较准确地测知前后、左右的人或物体。最难能可贵的是，她成了一名靠耳朵分辨音律的调琴师，能精准调整钢琴 8 000 多个零部件的音色，受到用户的广泛欢迎。（参见笔者的寓公新浪博客 2020 年 8 月 10 日博文）如果能把听力练到陈燕的水准，学起外语来就方便多了。

听力是外语基本功的第一把标尺，它决定着语音、语调是否准确，也决定着语言程式和语言风貌。很多口语翻译工作者是在工作中进一步体会到听力的重要性的。听不懂别人的话便很难继续交流下去，无法承担起口语翻译的责任。（参见笔者拙著《外语和多彩人生》第 109 页）

学生阶段的听写训练十分重要。可以选择一些经典文章的片段或者表述精炼的短文录音，反复听数遍，对其内容产生深刻的印象甚至背诵下来，一边听一边说再动笔拼写精辟的语句，做到一举多得。还要养成听外语新闻的好习惯，模仿播音员的语音语调，使自己的听力和语感逐步得到提高；也可以观赏外语影片、剧目，听各种角色人物的对白，把听力、表述、情感融为一体，甚至变成自己生活的一部分，使自己的生活泛外语化。

对于现场翻译和同声传译人员来说，听力更显得格外重要。他们不但要应对标准外语的考验，而且会遭受各种方言、各种语调的折磨，同样必须听懂这些人的讲话内容，并且准确无误地翻译出来，或者予以回应。没有刻苦的训练，是应对不了的。孙宁读初中时，老师要求学生每篇课文听 30 遍录音。他照做不误，坚持了下来，听力功夫和语感提高很快，为后续学习打下了坚实基础。

同声传译人员需要有广博的知识，通常为杂家，母语和目的语都要好，还要具有很好的心理素质和灵活应变能力。

一名大受欢迎的同声传译人员，往往要在身经百战中锤炼心理素质，积累临场经验。所以，真正有作为的同声传译人员，年龄常常在 40 岁以上，有些从联合国退休的同声传译人员，已经七八十岁了，依然很受欢迎。

2002 年，林杰参加了欧盟总部在布鲁塞尔举办的同声传译培训班。他们学成后，在嘈杂混乱环境里，都能清晰辨别出声音来源及其所表达的内容。（参见《女同声传译译员的求职故事》，360 百科）只有跳过这个"龙门"，才能对自己所从事的工作胜任愉快。

要听出声音色彩，听出声音美感，听出相近词语、相近语法的不同，听明白尊卑贵贱、授受得失的不同表达方式，通过听爱上语言，引发学习兴趣。

极端地说，严重听力障碍者是无法用通常语言与人交流的；轻度听力障碍者也会显现出交流障碍、丢失信息。

汉语里有许多同音字，要靠听力基本功辨析；英语、法语、西班牙语、俄语等，弄错一个字母，意思就大不一样。

英语的动词变位一般现在时的变化是第三人称单数后加"s"。与英语相比较，法语时态比较复杂，光过去时变位就有很多种。法语的形容词会根据所形容的名词的阴阳性、单复数而发生变化。诸如此类，在对谈中都要靠听力功夫去分辨，若听不清楚，应对时就难免出错。

听不懂就说不出，"聋子外语"与口译无缘，只能搞笔译。

二、说好说坏在功夫

外语"说"与听紧密相关。"说"讲究脱口而出。两人对话，通过语言表达出的意思占 30% 左右，手势、表情、语气、语调所表达的意思占 70% 左右。口语讲究流畅，通常不修改、更正，更正了往往会帮倒忙，减弱了说服力，所以要把更正限制在最低程度。

1. 喋喋不休

赵旭教授早年学俄语，从中学到大学，连同读研加起来学了 8 年。那个年代教学设备简陋，听说训练不到位，学的是"哑巴外语"。后来到了俄罗斯，买东西必须与商贩讨价还价，结果用俄语表达不出来，场面很尴尬。看到从黑河过去的没有读过书的皮鞋匠都能用流利的俄语与对方交谈，弄得他和同来的几位大学同仁又羡慕又妒忌。

随着科技进步和外语教育对口语的重视，"哑巴外语"正在逐渐消失。2019 年 12 月 7 日，在西班牙马德里召开的第 25 届联合国气候变化大会上，9 岁四川女孩黎子琳以"青年的力量·青年的责任"为主题发表了全英文演讲，巧妙地以国宝熊猫保护为切入点，讲述了中国青少年为应对气候变化所做出的努力和贡献，呼吁全世界青少年践行环保责任应对气候变化，保护我们共同的家园。她的言论有极强的感召力。（参见 2019 年 12 月 8 日中国新闻网）黎子琳的口语功夫来自实践修炼。

日语五十音图是它语音符号总表，五段十行排列有序。日语元音较多，发音清脆，女性读音尤其悦耳。

汉语有 21 个声母、36 个韵母，有四声声调，还有轻声、儿化韵等，主要靠肺和气管的呼出气流发声。汉语普通话里通常不存在清浊辅音的区别。

英语的 48 个国际音标，有元音 20 个、辅音 28 个，每个字母在不同单词里的发音不尽相同。英国本土也存在以剑桥英语为标准的不同语调；至于美式英语、印度英语、新加坡英语、澳洲英语等不同范式，语音差别更为显著。

英国人对于口语的要求近于苛刻，把语音、语调不标准的人视为文化水平不高、修养差，甚至与"庸俗""土气""品位低下"等画等号。他们把在牛津、剑桥两名校培养出来的学生的语音视为正宗，把英国广播公司播音员使用的英语视为标准，把纯正的语音、语调当成一种时尚、一种追求。有地位的人千方百计把子女送入贵族学校，或者聘请语言专家来做家教，以纯正语音、语调；普普通通的男女老少也纷纷参加"正音培训班"，力求使自己的语音、语调符合规范。

西方人很早就开设了演讲课，从学生会主席到州长、市长、首相、总统竞选，都离不开口语功夫。在种种社会活动中，政治家们免不了要发表演说、展开辩论等，如果你口音不纯正，听众就认为你文化品位低下，就不会赢得支持。相反，如果口音纯正，就会得到赞佩，赢得支持。

撒切尔夫人毕业于牛津大学，还是担心竞选时语言功夫不到家，受人耻笑，得不到选民的拥戴，特意请来一位语言学教授和一位标准播音员为她纠正语音、语调。经过两年不懈努力，终于使语音、语调变得纯正、清晰、深沉、动听、富有磁性。她后来得意地说，正是富有魅力的"语音形象"赢得了选民更多的好感，帮她赢得了大选。

法语发音相对简单一些，只要知道单词的写法就可以读出语音来。法语在普通 26 个字母的基础上多了一些变音符号，便于固定发音。清爆破音一般情况下需要送气，发鼻化元音时不能像汉语韵母似的有拖音。

英语语音婉转柔和，法语语音浪漫绚丽。其实，许多字母组合在英语和法语中的发音是相同或相似的，我们可以从这种相似性中找到规律。

日本被美军占领 7 年，后来一直是美国的盟友，对英语依赖程度很高。可是，根据环球语言培训机构英孚教育对世界上 100 个非英语国家英语熟练程度的考核评价，日本排在 53 位，属于较差；中国排在 40 位，属于中等熟练程度；新加坡排在第 5 位，居于亚洲首位；排在世界首位的是荷兰。（参见 2019 年 11 月 7 日《环球时报》的相关报道）经过 4 亿外语人的努力，国人的英语功夫已有了显著提高。

口语与书面语言之间一个非常显著的区别就是，口语出口成钉，不易修改，人们听到后已经入脑，即使改口，痕迹也不容易消除；书面语言则可以反复修改，推倒重来也不为过，因为此时受众还接触不到书面语言所要传递的信息。所以，"名嘴们"格外注意修炼口头功夫，不但要练得声情并茂、字正腔圆，而且要保证准确无误。央视著名主持人康辉，是一位语言功底深厚，深受观众喜爱的播音员，曾经被赋予"播神"等称号。即便是这样的"名嘴"，一不小心也会出现失误。让他刻骨铭心的失误就是在 2008 年 5 月 13 日凌晨的那次有关汶川地震的直播中，从凌晨 1 点持续播到 4 点，有些劳累，误把外国领导人给我国发来的慰问电读成了"贺电"。（参见 2019 年 11 月 10 日中国新闻网）这让他追悔莫及。

练嘴的重要性连小孩子都知道。小孩子不会说话时就咿咿呀呀地练嘴；会说话以后，更是喋喋不休、问这问那，甚至在没有交流对手的情况下也在大声喊叫，或者自言自语。这是孩子们的天性，不分种族都是如此。正是通过这种喋喋不休的练习，孩子的声带才发达起来，喉和口腔、鼻腔以及舌之间的配合才能更加灵活、准确、完美，才能真正学会语言表达。

我们学习外语，还真得拿出小孩子那种喋喋不休的劲头，否则就难以说出流利的外语来。在此期间，也要像孩子咿呀学语那样，别怕说错，别怕说出笑话。

孙宁平时读书、做题时常常读出声来，眼、口、脑诸器官并用。长此以往，听力、口语都得到了提升。李阳的体会更深刻，他说："我不怕丢脸。暂时把脸皮放进口袋，只管去大声说吧！重要的不是现在丢脸，而是将来少丢脸！"他还说："赶紧用嘴巴去学习英语吧！记住：英语是

用嘴巴苦练出来的！"（参见《青年文摘》2005 年第 4 期红版）

2. 说的综合功夫

耳听嘴说应该是互相依存的。听是为了说，说也反馈为听。"用嘴巴"学外语应该包括唱、诵、讲、说、问等，这些都是"说"的功夫的重要组成部分。

唱外文歌曲、背诵单词和短文，可以协助"眼看""耳听"获取信息，具有强化记忆和存储信息的功用。耳听眼见的声、光、色，通过唱、诵不断复现，在脑际多次萦回，可以刺激脑细胞形成牢固的记忆储存于脑海中，使之永固难失。

早年在清华读书的人都会忆起他们用英语唱校歌的情景，那歌声连同场景，如同唱片一样深深地烙印在脑海中。

音乐无国界。袁隆平用英语唱的一首《老黑奴》，博得了美国同行的称赞；一首《北国之春》就能提升很多人学习日语的兴趣。其他语种的歌曲，也会起到同样的作用。

背诵也是说的重要组成部分。阅读和背诵经典，不但能令人长见识，而且有助于增加词汇量、提高对外语学习的兴趣；将来在外国人面前对既往背诵内容能脱口而出，也能充分展现自己的文化素养和外语实力，令对方刮目相看。

晚清国学大师辜鸿铭是一位学贯中西、文理兼通的学者，是近代中学西渐史上的先驱人物，他是首位用英文、德文翻译《论语》《中庸》的人。他精通英、法、德、拉丁、希腊、马来亚等 9 种语言文字，获得了 13 个博士学位。凭借自己的学识，他与俄国的列夫·托尔斯泰频繁地有书信来往，共同讨论世界文化和时局等问题；印度圣雄甘地称其为"最尊贵的中国人"；他与日本前首相伊藤博文讨论儒学时妙语连珠，见解深邃。当年，西方一些人甚至说：到中国可以不看三大殿，不可不看辜鸿铭。可见他的国际影响之广泛。

辜鸿铭的外语成就很大程度上得益于他的义父英国人布朗的教诲。

布朗把 10 岁的辜鸿铭带到苏格兰，让他接受英式教育。课余时间，亲自教他德文。首先让他背诵歌德的长诗《浮士德》。他用半年时间大体把《浮士德》背下来后，布朗才开始讲解，以加深他对原著的理解。

接着，布朗让他学习"莎士比亚戏剧"，以加深对英国文化的理解。待他把莎士比亚 37 部戏剧记熟后，布朗又安排他读卡莱尔的名著《法国革命》，借此学习法语和法国文化。（参见笔者寓公新浪博客 2020 年 12 月 21、24、25 日三篇博文）他的外语学习无不与读书和背诵相关联。

他说："学英文最好像英国人教孩子一样，从小就学会背诵儿歌，稍大一点就背诗、背《圣经》，像中国人教孩子背四书五经一样。"他还说："今人读英文十年，开目仅能阅报，伸纸仅能修函，皆由幼年读一猫一狗之式教科书，是以终其身只有小成。"他主张用中国私塾教授法，以开蒙未久，即读四书五经，尤须背诵如流水也。（参见 2017 年 2 月 2 日硕士吧）他对背诵体会颇深，我们可以引以为鉴。

李阳英语功夫的深化也离不开背诵功夫。他甚至随时随地从衣兜里掏出写有英语短句的小纸条，先读后背积少成多、积沙成塔，功夫修养才逐渐加深。

几乎所有外语大家都有背书，甚至背词典的经历。不下笨功夫就难以灵巧地说外语，这几乎是所有外语人的一种共识。

外语演讲、论辩、文艺表演等也是说的功夫的具体体现。很多佼佼者就是在演讲、论辩和文艺表演中崭露头角的，这同时也会激发自己和同行学习外语的兴趣，提高外语功夫的层次。

最便捷的泛外语化生活可以把自己"一分为二"，担当甲乙两种角色，随时随地展开会话练习，甚至展开论辩，以提升外语表达能力。

培养外语语言交际能力，是外语教育的根本目的之一。要创造宽松的语言环境，鼓励初学者用外语说话，不怕出笑话、说错话。经验告诉我们，凡是外语学得好的人，都有一个共同特征，那就是脸皮厚，敢于开口说外语。他们往往将自己的生活"泛外语化"，尽量寻找身边的交流对手，把所见、所闻、所思、所想统统用外语表达出来。经年累月，外语功夫才有所长进。外语的实践性是不容小觑的。一个词，脱离了特定的语境，就什么也不是。不要把背单词，扩大词汇量当做学英语的全部，与其花大力气去背新词，还不如先把已有的词汇用活、用熟，在这个基础上才谈得上扩展求新。

3.独说"问"

"问"是口头功夫的组成部分。问出门道，问得精彩，才能冲破迷雾、参透学问、获得真知灼见，开辟新路。

孔子认为问是做学问的根基之一。他的《论语》就是一部问答书，他与学生之间的每一次问答，都是从学海里舀出一杯水，学生通过这一杯又一杯"水"，营造出自己的江河，不但让他们自己得益，而且泽被后人。

毛泽东说："凡事要问一个'为什么'，不盲从。""多读、多写、多想、多问"的"四多"学习法，贯穿于他的一生。1915年4～8月，他拜访过湖南一师历史老师黎锦熙20来次，同老师讨论过"读书方法""学术研究""改造社会"等一系列问题。与杨昌济的交流就更多、更深入了。他颇有心得地说："近年来有所寸进，于书本得者少，于质疑问难得者多。"（参见徐明钦的《多读、多写、多想、多问——毛泽东的"四多"学习法》，载于2018年7月17日《中国纪检监察报》）可见，问比读还重要。问中包括研讨、求教、求实、求精，宝藏就是这样挖掘出来的。

转身为革命领袖之后，毛泽东提倡调查研究、甘当小学生向民众求教，问政于民，这是他读书求真作风的延续。他认为：群众才是真正的英雄，而我们自己往往是幼稚可笑的。

苹果坠落砸到功利主义者头上，二话不说捡起来就会吃掉；落到牛顿面前，他内心发问：月亮怎么不掉下来？后来看到小孩用皮筋拴住球甩来甩去，受到启发发现了万有引力定律。（参见百度文库）可见，有没有那一问分外重要。

爱因斯坦认为，提出一个问题往往比解决一个问题更重要。解决一个问题也许只是一个数学上或实验上的技巧问题，而提出新问题，则是从新的角度看原有的事务，需要创造性和想象力。

耶鲁大学校长理查德·莱文十分赞赏学生的质疑精神。他所提倡的"学生质疑一切"，无疑是在提倡科学的探索精神。质疑是创造的起点，盲从就会误事。

提倡质疑、敢于质疑、在真理面前人人平等的校园文化，能够造就无数敢于突破旧框框、不迷信权威的创新型人才。

以色列诺贝尔奖得主阿龙小时候每天放学回来，妈妈不问学了什么，更不问考试成绩怎么样，只问：今天你问了有意思的问题吗？

教育的关键在于开发智力。要提倡好奇，鼓励多提新颖问题。老师、演讲者也要善于提出设问，使主题更明确，引起学生、听众重视，才能启发和引导思维。久而久之就会形成创新思维。若人人这样做，"创新国度"就自然而然地出现了。

外语学习上的问，有排除"拦路虎"的作用。问是质疑、是思考，提问源于思考，不会提问，就意味着不会思考。在学的过程中，质疑老师的讲授、质疑自己的思考、质疑书籍的正误，都是学得主动、积极进取的表现。外语本身不光是字词句式表达方式的问题，它本身就是一门学科，有自身的历史、规律等，离不开它的文化和母语、历史、哲学、文学等相关量，需要问的问题比繁星还多。有疑必问、不懂即问，是绝对必要的。外语教师不能怕问，怕问的教师都是没有准备好"一桶水"。

问是为了探讨真谛，不是钻牛角尖。外语中有一些约定俗成的东西，即习俗语、习惯用语，从语法上讲不出道理来。所以，有时得到"约定俗成"的回答，不要以为是搪塞敷衍。

4. 口头功夫举偶

诸葛亮"舌战群儒"的故事家喻户晓。人们所赞美的是诸葛亮智慧与口才的完美结合，这两点缺一不可。"好人在嘴上"，也是赞赏说的功夫。

《演讲与口才》杂志以提高口语表达能力为己任，是专门"教人说话、演讲、交际、论辩"的。它的口号就是：口才助你成功，沟通改变人生。

我们所熟悉的"名嘴"基本要坚持每天练声、练嘴。不然，他们说的功夫就不会接近完美。他们的口语基功练习，包括吐字归音练习，如："嘱咐／祖父，初步／粗布，树立／肃立，智力／自立，持续／词序，资源／支援"等，要把相近的词语分辨得十分清楚。说绕口令、正向反向数数等，诵读优秀散文、诗篇等更是必不可少的。可以说（读、诵）给自己听、家人听，也可以在聚会上当众练习，还可以对着镜子练口型、对着山岗或湖水练发声，也可以利用录音设备录下后再放送出来，自我矫正、自我鉴赏。这些方法，学外语的人都可以引以为鉴，最好能够独创出适合自己的方法，像李阳那样到空旷处疯狂说、大声喊英语。

孙中山靠英语自救的故事，更能彰显外语口语功夫的重要性。

1896 年 9 月，孙中山抵达英国。后来，在去拜访老师詹姆斯·康德黎的路上，被三个中国人连拖带拽拉进了清朝驻英公使馆。

因为孙中山领导着准备推翻清政府的革命运动，清政府已经照会驻外使领馆，发现孙中山后立即将他逮捕送回国内按叛党首领论处。公使龚照瑷花费 7 000 英镑租了一艘轮船，准备用一只大木箱做囚笼装载孙中山，将其偷偷运回国内处置。

要想自救，孙中山只能依托英语功夫。离开这种功夫就无法与外面沟通，其生命必然不能自保，更谈不到后来会创造出丰功伟业。

从被囚的第二天起，他就恳求在使馆打工的英国人柯尔把自己的情况转告给康德黎夫妇，结果遭到拒绝。万般无奈，他又用英文写好纸条扔到窗外，想把消息传递出去，也没能奏效，便只得再做柯尔工作。后来，柯尔为他的真诚所感动，把他写给康德黎的纸条送了出去。此时，语言就是火焰，照亮了自救的前程。

在康德黎的救助下，在强大社会舆论的压力下，英国政府只得出面与清公使交涉，要求按国际公法和国际惯例，立即释放被私捕的人士。

清政府及其驻英使馆弄巧成拙，这一捉一放使孙中山的名气、人气大增，甚至在西方世界引起了轰动。（以上参见笔者寓公新浪博客 2011

年 11 月 10 日博文）

语言能力是人的基本生存能力之一，它不但外显于社会所离不开的政治家、外交家、文学家、教育家、翻译家等人的基本能力之中，而且可以内化为人的基本素质，使人具有独特的魅力和风度。人的语言能力，不论是母语能力，还是外语能力，都与阅读息息相关。

三、阅读增功

阅读可以穿越古今、开拓视野，打破时空地域的限制；不读书的人只能做井底之蛙。书中有真理，要靠阅读去认知；书中有珍宝，要靠阅读去挖掘；书中有成长的道路，要靠阅读去寻找。

外语是由诸多相关量共同支撑起来的一个学科。所以谈阅读，首先要从共性谈起，感受到读书的重要性后，再体会外语精读、泛读的重要性。

1. 优秀民族的读

犹太民族被称为"知识民族""书的民族"。他们的智慧是从哪里来的呢？当然是来自读书。他们相信：土地会被夺去，财富会被抢走，但知识抢不走。

早在 1 000 多年前，犹太人就因宗教战争被迫流亡到世界各地。但是，流亡中的犹太人握有 63 卷《犹太法典》，"手提式希伯来文明"使犹太人受益良多。

在犹太人的视野里，学者比国王更伟大，造就杰出人才比什么都重要。该民族是世界上唯一没有文盲的民族。在他们眼里，读书看报不仅是一种好习惯，同时也是一种美德。在"安息日"里，几乎所有活动都要停摆，只允许人们在家中"安息"祈祷。但是全国所有的图书馆、书店照常营业，大家可以在那里静悄悄地读书。（参见笔者的寓公新浪博客 2011 年 11 月 21 日、2019 年 12 月 20 日两篇博文）

犹太人聚居的以色列国，人口不足 800 万，拥有 3.8 万名科学家，国土面积比北京市还小，但其高科技部门生产出许多值得称道的高科技产品，就业人数 10% 集中在高科技部门，产值占经济总量 15%，一半出口依靠高科技。研发经费占 GDP4.2%，居全球首位。海水淡化技术和农业滴灌技术都居于领先地位，使沙漠变成了绿洲，农产品自给有余，还对外出口。（参见周其仁的《以色列独特的创新体系给中国的启示》等）正是读书带来的智慧，成就了犹太人在各个领域的不朽伟业。

世界上所有智慧的民族都有读书传统，如阿拉伯"百年翻译运动"、我国的"文化引流"、欧洲文艺复兴时的翻译等，那些翻译作品都是反复精读后才产生的。

一位学者说过：一个人的精神发育史，应该是一个人的阅读史；一个民族的精神境界，在很大程度上取决于全民族的阅读水平；一个社会到底是向上提升还是向下沉沦，就看阅读能植根多深，一个国家谁在看书，看哪些书，就决定了这个国家的未来。一个不爱读书的民族，是可怕的民族、没有希望的民族。

如果我们能够像犹太民族那样继承自己文化传统，再通过学习外语，接受别的民族优秀文化传统，做"知识民族""书的民族"，那么，中国人的智慧和才能，就更会令世界刮目相看，我们的民族就会大有希望！

2. 伟大读者

有作为的人物必然是伟大的读者。孔子读《周易》，编联竹简的牛皮带子多次被翻断，史称"韦编三绝"。他因为读书才成为世界著名的思想家、教育家。就连"焚书坑儒"的秦始皇，也有喜欢读书的一面。韩非的《孤愤》《五蠹》传到秦国，嬴政（即后来的秦始皇）读后感叹说："哎！我如能见到此人与之交游，便死而无憾了！"（参见《史记·老子韩非列传》）他的法家思想就源于此，他统一中国的伟业也源于读书。

康熙一生读书孜孜不倦。他说："每天天还没亮，我就穿好衣服坐端正，用心读书。"又说："皇帝孜孜以求治理天下，一定得借助于古代智慧，才能有更大的作为。"他的读书经验是：贵恒久、贵思悟、贵知行、贵著述；他的著作《御制文集》176卷，写诗1 147首、论集93篇，还写了语录体的《庭训格言》，建立的人生信条有246条（参见百家讲坛，2008年第118期）。

乾隆说："我从小在宫中读书，老师讲，我诵读，20年不曾间断，可以称为读书人！"又说："书读多了使自己充实起来，就养成了浩然正气。人无文化气质，就会表现为粗俗气、市井气，就不能列于士大夫之林！"

乾隆会满、汉、蒙、藏、维等多种语言，使他的视野由内地达到边疆。收复准噶尔，完成祖国统一大业，与他懂民族语言密切相关。

孙中山的国语功底十分深厚，英语也是他赖以生存和坚持革命斗争的看家本领之一。他借助英语阅读过大量西方书籍，深入研究过西方的制度文化，所以他的视野是全球性的。他创立"三民主义""五权宪法"，创建亚洲第一个共和国，都与他认真读书、用心研究中外国情有着直接的关系。（参见笔者寓公新浪博客2011年11月21日博文）

列宁也是一位伟大的读者，他不但读马克思、恩格斯的书，还读托尔斯泰的书，读西方哲学名著，因而才能写出《哲学笔记》《帝国主义论》《国家与革命》等光辉著作。

毛泽东作为领袖人物，同时也是伟大的读者。中央档案馆收藏了毛泽东阅批过的图书有9万多册（数据来自2018年12月26日《中华读书报》）。他阅读参考资料、中外书籍，跟着林克学英语，反复阅读《红楼梦》《三国演义》《水浒传》等文学名著和二十四史。（参见詹红旗的《毛泽东怎样读二十四史》，载于《纵横》2018年第11期等）晚年视力下降了，还读大字本典籍；直到生命最后一刻，还让人把书读给他听。

从"知青"时期起，习近平爱读书就是出了名的。他是背着书下乡的，当时的文学经典，只要能找到的，他都会找来读；为了借到一本好书，有时要跑几十里路，也在所不惜。他非常喜欢毛泽东的诗词，很多名句他都能背下来并应用到工作和生活之中。他在纪念毛泽东120周年诞辰座谈会上说："年轻的毛泽东同志，'书生意气，挥斥方遒。指点江山，激扬文字'，既有'问苍茫大地，谁主沉浮'的仰天长问，又有'到中流击水，浪遏飞舟'的浩然壮志。"（参见李光荣的《习近平与毛泽东诗词的情缘》，载于《党史博览》2019年第1期）他后来在许多重要场合，都能随口朗诵出毛泽东的诗句，以表达自己的凌云壮志和家国情怀。

他读的俄罗斯文学之多，曾经令俄罗斯电视台节目主持人感到吃惊；他读海明威的书，访问古巴时曾专门到海明威创作《老人与海》的栈桥边体察那里的风情；他读雨果的作品，从中深切感受到了伟大文学作品的震撼力；他读歌德的《浮士德》，就是跑了30里路从别人手中借来的，没读懂的地方，几十年后还与来访的德国总理进行探讨。他有时随口引用名著中的句子，都是铭刻在自己头脑之中的语汇。（参见《习近平的文学情缘》，载于2016年10月14日《人民日报》）当上党和国家领导人后，他不但自己读书，还鼓励全民族投入读书活动中去。他的读书视角已经落到了建立人类命运共同体上了。

狄德罗说过："不读书的人，思想就会停止。"有人以为读书是年轻人的事，这是不全面的。读书是为了明理闻道。古人早就说过：朝闻道夕死可矣！仅就自己而言，读书是为了活得明白；就家庭而言，读书是为了齐家教子，给孩子讲明道理，做出读书人的榜样，促其成材，一个家庭如果能够培养出一个大师级人物，就功德无量；读了书、明了理、闻了道，就要报效社会，为社会做贡献。这当然绝不仅仅是年轻人的事，年轻人可以多出力气，长者更要多奉献智慧。要主动奉献，不求回报，不计毁誉，尽到做人、做父辈的责任，不枉明理闻道一回。

3. 理念比黄金

一个由世界经济合作与发展组织（OECD）发起的对15岁学生能力评价研究的项目，英国称之为"教育界的世界杯"，也有人把它叫作"15岁学生的全球统考"。它所检验的三大核心科目为：阅读、数学、科学。其中，阅读居首位。

王梓坤是中国概率论研究的先驱和主要领导者之一。谈到自己的经历，他说自己最喜爱的是书籍，经常去的地方是书店，最大的兴趣是读书。他说：读好书是一种乐趣、一种情操，一种向全世界古往今来的伟人和名人求教的方法，一种和他们展开讨论的方式……是一股改造自己、丰富自己的强大力量。（参见《中国科学院院士自述》，上海教育出版社1996年版）。

其实，阅读不单纯是阅读。有时候，阅读是一场惊心动魄的探索、研究和思考。要怀着一颗探宝之心，去挖掘书籍中的黄金。黄金不可能遍地都是，需要付出艰苦的劳动去挖掘、陶冶，才能得到它。

《弟子规》说："读书法，有三到。心眼口，信皆要。"就是说，读书时，眼看、口读、用心，这三样缺一不可，而且"用心"居于首位。仅仅看书默读，没有用上口，身体器官没有被充分调动起来，也会堵塞记忆通道，难以达到预期效果。

读书能使人识趣明理，能使人见所未见，变得灵秀聪明。有人说：读书就是下载程序。通过读书获得了"程序"，你才能够把生命运作起来。

一种观念对人类的冲击往往超过战争。观念的获取常常在于读书。达尔文的《物种起源》，打破了上帝造人的神话；哥白尼的《天体运行学说》使全人类从"地心说"中解放出来；马克思和恩格斯的《共产党宣言》让全世界无产阶级找到了自我解放的道路。读这样的书就会获取新的观念，为自己人生开辟新的道路。

王蒙十一二岁时，从地下党员那里借来华岗著《社会发展史纲》、艾思奇著《大众哲学》、杜民著《论社会主义革命》、黄炎培的《延安归来》和赵树理的《李有才板话》。他说，那是盗来的火种，那是真理之树上的禁果，那是吹开雾霾的强风，读了这些书，像是吃饱添了力气，像是冲浪登上了波峰。（参见《文化掂量——王蒙最新演讲录》）

其实，读书并不难，难的是在广泛阅读中不断顿悟、积累、提纯、升华，形成独自的思想境界，并身体力行，确立起独自的人格形象。人们只有不断地提升自己的文化品位，才能不断提高自己的鉴赏能力；否则，好书也难得到好用。只有慧眼才赏识珠宝，偏见会把黄金埋入土中。

4. 精读与泛读

外语阅读，分为朗读、默读、精读、泛读。外语人同样需要通过阅读训练口腔肌肉，以使它更适合说外语的实际需要，同时可以使脑细胞亢奋起来，在记忆和输出方面展现功夫。

阅读是一种承上启下的必备功夫。它是听、说、写、译的蓄水池和出发地，没有这个基础，听、说、写、译都会成为无源之水、无本之木，难以为继。笔者这本书也是阅读加思索的结果。

阅读是修炼和增进外语功夫的不可或缺的重要手段。外语中听和说的功夫在很大程度上靠朗读、诵读来反复锤炼，声情并茂的朗读、诵读会极大地增强外语听力和口语功夫。通常情况下，说外语也全靠阅读为它提供词语、句式、语气方面的养料，才能滔滔不绝地讲下去，否则就会造成"文化失语"。阅读不但关系到知识的猎取和积淀，同时还是对头脑和情操的洗礼，关系到观念的更新、道路的开拓、蹊径的独辟。可以说，包括外语在内的语言界，几乎所有成功人士无不与他们的广泛阅读紧密相关。那些心浮气躁、不肯读原版书籍的外语人士，是永远也不可能修成正果的。

英国人帕尔默提出的精读、泛读概念得到外语界广泛认同，外语专业专门设立精读课、泛读课以示推崇。精读是为了掌握文体精华，为了搞明白目的语的语言特色、文章章法、词义和表达方式；泛读在于广泛涉猎目的语国家文化的各个层面，积累知识。

一个人要积累知识，就必须读书。对重要文章和书籍，要认真读、反复读，逐字逐句地深入钻研，对重要语句和章节所表达的思想内容要做到透彻理解。这就是精读。泛读速率快、涉猎广，也要抓住重点，甚至要做笔记，为精读做好铺垫。精读和泛读都为了使说、写、译样样精准。

学生时期一过，精读课、泛读课结束了，并不等于没有精读和泛读了。可以说，几乎所有的译文、译著都是通过泛读获取的，所有的译文、译著都必须精读，有的要读一辈子。

板凳一坐十年冷是学问家的常态。必须把自己研究方向已有的资料尽可能地浏览过滤，对其经典要义反复精读比较研判，才能开拓出新路来。

北京外国语大学教授梅仁毅认为：对语言及其所传达的文化信息产生兴趣，有助于学好英语。如果缺乏这样的兴趣，就不容易把英语学深学透。他主张在打基础阶段多读简易读物，至少要读40本；在此基础上选出10～15本，仔细精读三遍，真正做到融会贯通、入心入脑。打下坚实的基础后，就要多读名著、名篇，甚至要会背50～100篇。这对于学习和运用对象语的语言文化都有好处。（参见东方国际教育交流中心2018年10月25日发布的《十位著名语言学家、教授分享英语学习心得》）

杨宪益读高中时，读了很多英文书籍，包括许多欧洲文学名著的英译本、古希腊诗歌、但丁的《神曲》、雨果等人的小说，什么都看，并不限于英美文学。1934年，他去英国读希腊拉丁文学时，又读了许多书，包括哲学、历史、人类学等。修炼得对象语和相关量都过得硬，搞笔译才得心应手。

如今活跃在国际国内舞台上的口语翻译，也都得日复一日地做听力、口语练习和精读泛读训练。一场普通的翻译活动都要事先阅读与主题相关的文献资料，推测可能出现的各种情况，做好预案，登台时才能立于不败之地。

给中国领导人当翻译的一个难点，就是古诗词。很多著名翻译通常会准备一个小本子，来记载领导人以前引用过的古诗句和成语，设想他当日可能引用什么诗词、典故或成语，事先破解难点，做好翻译预案，免得临场出现错乱。这种精读、泛读所涉及的内容更加广泛，涵盖了外语相关量的许多内容。

人的生命和精力都是有限的，而古今中外的书籍却浩如烟海，谁也不可能去精读每本书。为了获取对自己研究领域有用的知识和信息，必须有选择地读书，用泛读辅佐精读。

泛读就是大略地读，可以用较少的时间浏览大量书刊，在扩大知识面的同时，获取有用信息，为精读做准备。

面对众多读物，可以将每本书的内容提要、前言、章节目录先看一遍，大体了解其概要、适用范围、基本特色，做首次筛选。然后可以对自己感兴趣的段落粗读，大体确定有无学术价值。这是第二次筛选。再按照上述方式对同类书籍进行比较，发现各自的长处、短处。这是第三次筛选。三次筛选之后，该精读的精读，该放弃的放弃。精读求质，泛读图量，质量互助，学问和生命会同时得到提升。

最有价值的书需要慢慢消化、反复阅读，每读一次都会有思想的震撼、灵魂的触动。格吕宁在《快速阅读》中说：优秀作品不管重读多少遍，都会带来新的收获、新的想法、新的感触。每次重读绝对有惊喜，所以，真正的好书是值得读一辈子的。

一本好书给予我们的不仅仅是知识，更是智慧；反复地读它，就便于与我们融为一体，成为我们灵魂的一部分。

读书是一种高强度、脑体并用的劳动。它依赖于人的心态、情感、志向、意志等生理和心理品质。学习者必须把自己的脑体潜能、生理和心理的能量都动员起来为学习服务，以使学习收到更大的成效。

勤奋和毅力能把身心各种力量统合起来用于读书。勤奋既是身心修养，也是助力读书的一种功夫修养，包括外语学习在内的任何学习都离不开勤奋。

当然，阅读绝不能仅仅局限于外文书籍，因为知识都是互补的。鲁迅在《读书杂谈》中说："爱看书的青年，大可以看看本分以外的书，即课外书。即使和本专业毫不相干的书也要泛览，譬如学理科的，偏看看文学书，学文学的，偏看看科学书，看看别个在那里研究的，究竟是怎么一回事。"鲁迅所说的，就是相关量问题。涉猎越多的人，思路就越开阔。外语所涉猎的内容包罗万象，什么知识都可能涉及。外语人需要通过阅读来增强文化修养，储备文化知识。只有用文化武装起来的外语人，才能够担当起跨文化交往的重任。否则，在交往中就难免会出现

"文化失语"。

读书最好的方法就是分析法。

5. 母鸡与蛋

施一公在《自然》《科学》上发表了许多论文。他说:"要写好科研论文,必须先养成读英文文章的习惯。"阅读直接提升了他的英文写作能力。他强调:阅读加严密的逻辑,就能写出科技论文。(参见 2018 年 5 月 27 日湖南写邦科技有限公司的《施一公对你说:如何快速提高论文写作水平》)

王东成教授说:如今,很多外国人都把阅读看作与"呼吸"同等重要的事情,人们在阅读中寻找知识,寻找乐趣,寻找生活的真谛。(参见 2011 年 9 月 27 日《光明日报》所载《应试教育让语文风雅难再》)

山东大学文学院 2018 级硕士研究生丁安琪平均每天读书 8 小时,一年读 600 多本书。她说,多元化阅读很重要,读书时,就像在与作者进行心灵对话,能引发对生命的思考。

一本好书给人带来的智慧、启示和精神享受是不可估量的。好的书籍可以潜移默化地影响人的气质,改造人的性情,塑造人的灵魂。

高尔基只上过两年学。可是,他无论是在鞋店里当徒工,还是在船上做苦役,都忘不了读书。(参见《作家文摘》2019 年第 11 期)通过读书,他找到了与人类高尚情操相连接的渠道,追求着真善美,没有在社会大染缸中沉沦,反而找到了写作的素材,成就了他的文学事业。

外语的说、写、译是靠"阅读"一类的食物消化、分解、滋养,加上长时间的孕育才产生出来的。一只鸡雏吃进食物首先要营养自己的肌体,完成成长发育;继续获取食物在营养自己肌体的同时孕育出蛋。从小到大、到老的不断阅读,就如同鸡的进食,说、写、译就有类于母鸡生出的蛋。

外语的说、写、译靠读书也靠读人,看准对象才能有准确有效的表达。读人和读书是相互依存、辩证统一的。在什么情况下说给谁听、写给谁看，都要通过阅读理解去琢磨适合应用对象的语言、词句及表达方式，才能奏效；译一部书，首先要了解作者的生平，了解他的思想境界和语言表达方式，才有利于把他的作品译准、译好。

读懂别人和他的作品，绝不是一件轻而易举的事，必须十分用心去读，否则就很容易误读，或者曲解原意，或者会丢失宝藏。

面对外语，如果抱着严谨心态，就会老老实实做学问，就会讲求科学方法，在学习前人方法的同时，自己也不断地摸索和创造新方法；如果抱着浮躁心态，就会总想图省事、走捷径，妄想不经过自己的艰苦努力，靠"外语神仙"超度轻而易举地获得成功。这是拙劣的方法，百分之百要失败的。

修炼外语功夫是脑力劳动和体力劳动完美结合的一种高级创造性劳动。人的脑能、体能、心态、情感、志向、意志等生理和心理品质，都对修炼外语功夫起到关键性作用。

四、写的功夫

语言先于文字，文字却更容易保存、传得更久远；在交往中，口头功夫比笔头功夫的应用面更广，但是重大话题不能仅靠口头约定，而是要签署书面协定、发表书面宣言。人们还是觉得白纸黑字更可靠些。这就凸显出写的功夫重要。

1. 写有多难

要论写的功夫，从母语到外语，都不是一件十分容易的事，非得下苦功夫认真修炼不可。中国作协小说委员会副主任刘醒龙说："文章是命。"（参见《作家文摘》合订本 2019 年第 12 期扉页上的题词）当然应该下功夫好好把握。

孔子"述而不著"，《论语》是他弟子们编辑的。佛经也是语录体。

佛陀说法 49 年，但是并没有成文的佛经著作。《圣经》也是耶稣口述，由信徒们历经了 400 多年才整理成书。柏拉图和亚里士多德的著作，大都是弟子们辑录完成的。西方很有影响的法学家巴托鲁斯，他的著作实际上是他学生们的课堂笔记，他的思想基本上都是讲课时阐述的。还有被称为现代语言学之父索绪尔，他的《普通语言教程》，也是学生们根据课堂笔记整理出来的。这些人对著书立说非常慎重，甚至担心自己的论述经不起推敲。

左思写《三都赋》修改 10 年，脍炙人口，致使洛阳纸贵。

东汉末年战乱不断，瘟疫流行。史书记载，204～219 的 15 年间，流行全国的大瘟疫有 12 次，导致 2 000 万人死亡。世上出现"白骨露于野，千里无鸡鸣"的悲惨景象。

长沙太守张仲景遵循"医者父母心"理念坐堂行医、研究如何根治伤寒，写出《伤寒论》。（参见笔者的寓公新浪博客 2020 年 4 月 21 日博文）

一部不朽的著作是集天时地利人和，才呈现于世的。

《毛泽东选集》一至四卷中的 158 篇文章是作者自己选定的。同一时期他的著述多达 2 900 篇，入选的仅占 5.5%。（数字来自 2018 年 12 月 26 日《中华读书报》）可见毛泽东对自己著述自律之严。

有人说：没有哭过长夜的人，不足以语人生。确实如此，很多名篇都是在痛苦煎熬中生成的。英国大诗人弥尔顿因为写作熬瞎了眼睛，大音乐家贝多芬的经典乐章是在他双耳失聪后才创作出来的。俄罗斯大文学家果戈理被公认为文学天才，《死魂灵》第一部出版后，第二部也写出了大部分，自己却对第二部书稿越来越不满意，干脆付之一炬。10 天后病魔就夺去了他的生命。

美国人拉里·艾格纳天生残疾，终生脑瘫，全身只有右手食指能动，就用这根手指写出了 40 多部书或诗集，是语言派诗歌史上的重要人物，对美国现代诗坛产生了重要影响。（参见《看天下》总第 117 期的相关报道）

科学家贝弗里奇认为：人在逆境下往往能完成最出色的工作。思想上的压力，肉体上的痛苦，都可以成为精神上的兴奋剂，使智慧喷涌出来。他的观点与司马迁"文王囚而演周易"的见解不谋而合。

母语是一种文化，不是随便就能学好、用好的，就连知名作家，有时也会写错、用错。大名鼎鼎的方舟子，凡事都好较真，臧否过许多人。在《评王说鲁，牛头马嘴》一文中，把《嵇康集》错写成《稽康集》。（见《咬文嚼字》2012 年第 1 期第 8 页）

2011 年 8 月，深圳承办第 26 届世界大学生运动会，央视事先派出 300 多人的前方报道队伍。准备就绪后，8 月 4 日《中国电视报》头条以大字标题宣布："央视大运会报道准备就绪。"（参见《咬文嚼字》2012 年第 1 期第 12 页）作为首屈一指的大媒体不该犯这样的低级错误。同年，故宫博物院送给北京市公安局的一面锦旗上，把"捍祖国强盛"写成"撼祖国强盛"。（参见《咬文嚼字》2012 年第 1 期第 4 页）标语牌、广告牌、自媒体的错误，更是不胜枚举。

中国文化源远流长，成语典故众多，很多汉字不易书写，同音字的选择也往往令人困惑；古文之难，丝毫不亚于一种外语，稍不留神就会出现错误。英语只有 26 个字母，写起来会相对容易一些；但是稍不留神，也会出现低级错误。

1999 年 6 月 9 日，外语人蒋文生到邮局给澳大利亚客户邮寄技术资料，发现邮单上把"LABEL"打印成"LABLE"，类似的错误共有 5 处。他致信国家邮政总局希望能够立即更正。国家邮政总局做出更正后，回信对他表示感谢。（参见笔者的寓公新浪博客 2012 年 5 月 23 日博文《英语，蒋文生无师自通》）

国人造成的英文拼写错误，远不止这些，至于遣词造句、文章章法上的错误，更是不胜枚举。

蔡英文之所以被称作"菜英文"，就是有人认为她英语很菜，出了许多笑话。备受争议的"博士论文"，被台湾学者挑出 444 处毛病，包括语法上的错误和专业词汇拼写上的错误。

以英语为母语的人有时也会犯低级错误。英国《每日邮报》2019 年

8月26日报道，特朗普同英国首相约翰逊在巴黎"七国集团"会议上见面时问后者："英格兰在哪？那边发生啥了？""好像很久不用这个词了。"他还曾经称伊丽莎白女王为"英格兰女王"。（参见2019年8月28日观察者网）。这些话还相当敏感，涉及英国领土主权和对女王的尊重。

使文本从思想上站立起来，不发生逻辑混乱，不授人以柄，更是难上加难。可以说，写是衡量人才素质的重要尺度。

常人出版难、发稿难也是个现实问题。数学王子陆家羲在20世纪60年代初期就圆满解决了世界级数学难题——"柯克曼女生问题"。论文寄给《数学学报》被退稿。数年后，意大利人查德哈里和威尔逊公布了同一结果，这一享誉世界的科研成果就成了人家的。（参见2018年6月28日和乐数学）国家出版法中应该建立追责机制，对于压制发明创造、把瑰宝视为粪土的出版人应当予以制裁，对于发现千里马的伯乐应给予重奖；出版人也该自律，克服职业偏见和傲慢，给民间高人以应有地位。

2. 必须写什么

先从最简单的写信说起。英文信和中文信的格式是不尽相同的。英文信头，要写清发信人的姓名、地址及写信日期，与中文书信的抬头不是一回事。

2009年，厦门大学一位教授在《SONO小报》第1期上发表了《英国旧书店给张申府的一封信》一文，并且附有那封英文信。方舟子英文功底不错，看到后说那位教授没有读懂这封英文信。从信的"抬头"看，是"时报（泰晤士报）图书俱乐部"发的，不是"英国旧书店"寄的。（参见《咬文嚼字》2012年第1期第9页）方舟子的这番指正，基本上是对的；露怯之处在于，把英文信头与中文信的"抬头"弄混了，被《咬文嚼字》抓了个现行。

信，广泛应用于同事间、亲友间，是沟通的媒介。写得好可以传递情感和友谊，写不好就会伤害情感和友谊，不可小觑。

写外交文书是外交官必备的功夫之一。1978年签署的《中日和平友好条约》，算上标题和标点符号共有 761 个字符，几乎每个字都有千钧分量。（参见《看天下》2018 年第 29 期的相关文章）

我们正处在全球化时代，外语人的视野应该着眼于全人类，写出无愧于时代，影响全世界、全人类的好作品，引领时代潮流。

哈金原名金雪飞，1977 年考入黑龙江大学英语系，1993 年获得布兰迪斯大学博士学位后移居美国，现任波士顿大学创意写作系教授兼主任。他与石黑一雄、毛翔青等移民二代不同，青少年时代没有浸泡其中的英语环境，到美国后前 8 年还不能自如地用英语写作。他说："那八年，我在系里就是孙子。我是最拼命的一个，全得靠自己。"其代表作《等待》20 多万字，修改了 40 多遍，1999 年获得美国国家图书奖，2000 年获福克纳小说奖。他成为以一部小说获得两个美国最高文学奖项的华裔作家，被评为美国艺术文学院院士。（参见 2017 年 11 月 12 日《南方人物周刊》等）由此实现了民族超越。

书是靠思想站立的。著书立说，在艰苦劳动的背后，要引导人心向善、引领社会进步。没有新思想、新观念的书，不能为人们提供警示或者启迪而让人有所收获的书，是没人读的。外语人作为文化人，著书立说也是自己的社会责任。此外，外语人"写"的功夫，至少会涉及以下内容：

撰写与自己工作密切相关的文件、文章。外语教师要撰写教案、论文、专著，外交官要撰写外交文书、国际评论，智囊人士、情报人员要撰写研究报告，外事翻译要撰写会谈纪要、交往纪事，经济翻译要核定合同文本，承担外包任务的外语人也要根据任务要求撰写相关文书。这些时刻都离不开的文本，一个字、一个符号都不能马虎，稍有闪失就会酿成大错，造成无可挽回的损失。

英语里的"智能电网"表达方式为"smart grid"，一份外交文件把它写错了，应当引起所有外语人的警惕。（参见张国宝的《公务翻译无小事》，载于《中国经济周刊》2012 年第 16 期）

周恩来概括的两句话日内瓦会议公报堪称经典之作，他提出的和平共处五项原则，更是完美、准确、精到。其实，每一份界约、每一份政府公报必须经受得住历史的检验，它所代表的利益无比重要。

西方不惜巧言令色装扮自己，在"白人至上""美国第一"旗帜下带领"北约"走向脑死亡；更不惜颠倒黑白、制造谎言、挑拨是非，制造委内瑞拉危机，制造香港暴乱，制造"文明冲突"陷阱，制造"中国威胁"论；特朗普甚至无耻地攻击他的前任，为退出巴黎气候协定、伊核协定寻找借口，为发动贸易战编造理由。纳瓦罗写的《即将到来的中国战争》（The Coming China War）、《致命中国》（Death by China）、《卧虎》（Counching Tiger），至少需要用"三斥纳瓦罗"去驳斥他，这也是"为天地立心，为生民立命"的组成部分，是一种历史责任。随着美国政界把意识形态工具化，产生了越来越多的符合"工具理性"的错误言论，为我们写作提供了话题，既要有驳论，又要有立论，以伸张正义、增强国家的软实力。

毛泽东非常欣赏乔冠华写的国际评论，称赞他的文章"可敌两个坦克师"。如果我们每位外语人都能用好自己的笔，写出与时代相符、深谋远虑、切中要害的好文章，那么我们国家的软实力就会大大增强。

2017 年 4 月，在中美"海湖庄园峰会"上，中方提出了"在互利互惠基础上拓展合作，在相互尊重基础上管控分歧，共同推进以协调、合作、稳定为基调的中美关系"的正确主张。我们既要有自己的坚守，又要对潮流加以强有力的引导。除了包括领导人在内的外交活动外，笔杆子的舆论引导也显得格外重要。我们的治国方略、大国担当、"一带一路""进博会"等都值得大书特书。不是炫耀，是分清善恶美丑、公平正义与暴戾邪恶，把人类引领至和平发展的正路。

外语人亲身经历过的重大历史事件，写出来留给后人，也是一笔十分宝贵的精神财富。我国前副总理钱其琛的《外交十记》、前国务委员戴秉国的《战略对话——戴秉国回忆录》、前外长李肇星的《说不尽的外交》、前驻印度大使李连庆的《大外交家周恩来》等，都属于这类作品。我国外交高官李同成退休后先是自己动笔，然后组织起外交部外交笔会，写出了一系列好作品，还通过该笔会编撰了外交题材的丛书 5 套。这些书成为出版社和新闻媒体的"抢手货",必将载入史册。

此外,外语人还要站在学科前沿研究问题,写出高质量的学术著作或文章,在不断提升自己的同时,给社会和自己的工作团队以正确引导。只有带出像样团队,才能成就伟大事业。

英语族是我国外语界第一大族群,更应该在这方面有所作为。外语的庐山真面目需要有人揭示,不能只在一草一木上做小文章。

3. 如何写得好

写得好首先就要有新观点、新思想。

1921 年 3 月,孙中山在演说中说:"三民主义,就是民族主义、民权主义、民生主义。这三个主义,和美国大总统林肯所说的'民有''民治''民享'三层意思,是完全相通的。"(见《孙中山全集》第一卷第331 页,中华书局 1986 年版)

读过林肯《葛底斯堡演说》的人成千上万,唯独孙中山把"民有、民治、民享"挖掘出来,发展成"三民主义"。首要原因就因为他是一位救国救民的革命领袖,他的实践渴求这种理念、这种思想,一见到它就眼前一亮、如获至宝;加上他结合中国国情的再创造,就产生了新理论,给中国注入新动力。

毛泽东说:"《毛选》,什么是我的?这是血的著作。《毛选》里的这些东西,是群众教给我们的,是付出了流血牺牲的代价的。"(引自陈晋的《文章千古事——毛泽东在新中国成立后对自己著述的评价》,见 2017年 3 月 30 日人民网)

毛泽东的著作都靠"毛泽东思想"站立,而"毛泽东思想"来自革命实践。除了他本人的智慧外,少不了他通过读书对中外历史的借鉴。龚育之等人写的《毛泽东的读书生活》,成林编著的《毛泽东的智源》等书,就是毛泽东读书与借鉴的具体写照。

成林在《毛泽东的智源》一书的前言中说:毛泽东"文山漫步,史海扬帆,诗苑寻访。学生时代,精研古籍,寻求真理;投身革命,学习马列，唯物辩证，法眼独具。研究历史，批判吸收，结合中外，融汇古今。无古不成今，观今宜鉴古，借古喻今，古为今用。运用之妙，存乎一心。"他列举了54条毛泽东借鉴古人智慧的事例，让我们充分感悟到借鉴在人生中的重大意义。这同样是使《毛泽东的智源》一书站立起来的思想。

人生短暂，不可能事必躬亲，通过读书借鉴前人的实践、观点和智慧，比什么都重要。当然，这种借鉴也离不开自己的实践，离不开自己的感悟；否则，你也读不懂别人的东西。

要学会感动。无论是人物事件，还是风花雪月，你如果木木然没有感动、没有心灵撞击，想升华到思想高度是不可能的。魏巍写出《谁是最可爱的人》，离开生死场上的感动、灵魂的撞击，是不可能的。

一部《红楼梦》，毛泽东不知读过多少遍；告诉别人至少要读5遍。他当然是被感动过，经受过灵魂的撞击，才喜欢上这部书，看到了它的功用，对于书中的语言、故事、人物可以信手拈来、随手妙用。

警卫员翟作军描述了毛泽东写《论持久战》时的情景：在简陋寒冷的窑洞里，他废寝忘食，鞋被脚下的火盆烤着了还浑然不觉，手累得握不住毛笔，就攥攥石块缓解一下，用了9个昼夜写成了那篇5万字的历史性著作，有力驳斥了"亡国论""速胜论"，为全民族抗战指明了胜利的方向。（参见2017年4月6日人民网）除了思想站立外，民族责任感和抗战激情也是推动他创作成功的动力。

修改是写好的基本条件之一。"为人性僻耽佳句，语不惊人死不休"，这是秉笔人的人生追求。

绝对不能工具性地使用语言。像高尔基那样的大作家，当初都犯过把语言公式化的毛病，比他大40岁的托尔斯泰当面告诫他：小说中的人物不能都用格言说话。（参见赵刚的《托尔斯泰与高尔基》，载于《书屋》2018年第1期）

英国作家肯尼斯·格雷厄姆的《柳林风声》，不但迷住了他的儿子，连美国前总统西奥多·罗斯福都一口气读了三遍。

名作家对自己作品总要花费功夫加工修改，直到每一个字掷地有声为止。歌德创作《浮士德》前后花费近 60 年时间，直到逝世前一年还在补写和修改。

俄国作家契诃夫说："写得好的本领，就是删掉写得不好的地方的本领。"托尔斯泰的《复活》写了 10 年，仅对主人公玛丝洛娃的肖像描写，就改了 20 多次。那可是用鹅翎笔写作的年代。

鲁迅先生在北大讲课时，有人问他写文章的秘诀，他在黑板上写了一个大大的"删"字。他在《二心集·答北斗杂志社问》中说："写完后至少看两遍，竭力将可有可无的字、句、段删去，毫不可惜。"曾有人统计过，他写的《藤野先生》不足 4 000 字，改动却有 160 多处；《从百草园到三味书屋》改动 86 处。

可以说，任何好的作品都不是一蹴而就的，都要经过反复修改。白居易说："好句时时改，无妨悦性情。"修改不只是斟酌字词章法，更要不断提升思想，改的过程就是作品思想不断完善的过程。毛泽东写作《关于正确处理人民内部矛盾的问题》时，前后修改了十几遍，倾注了大量心血，才使文章的思想更加完善。

思想站立之外，还要靠作者全身心的投入、经得起磨难而高度自信。很多人写作都是自己首先要进入境界，想让别人哭自己先哭、想让别人笑自己先笑，甚至如醉如狂。反复推敲、反复修改更是不可少的。

写不下去的时候不要硬写，可以停下来看看相关书籍，或许就会开拓思路、受到启发、产生灵感，回头再写就会顺畅许多。

即使写得很顺，也要时不时地跳出文本掩卷思考。如果一味陷入文中往往就会难于识得庐山真面目；跳出来想一想，就会发现哪里布局不合理，哪里逻辑不严密，哪里前后矛盾，哪里需要爬坡登高。说不定会在茶余饭后、午睡醒来时突然有所感悟，高度就上去了。

文稿完成后遇到出版困难时不要过于心急，更不要轻易放弃。出版社的不同编辑的欣赏角度、读阅水平也是不一样的。笔者的《外语和多彩人生》一书，就曾经被某位编辑误读为介绍"外语学习方法"的。改换门庭见解就大不一样了。

退稿不见得是坏事。书稿重新回到自己手里就是一次再造的机会，完善了就有出路了。

刘醒龙的中篇小说《挑担茶叶上北京》获首届鲁迅文学奖，长篇小说《天行者》获第八届茅盾文学奖，因而被称作"中国当代文学双冠王"。他当初写小说时一再被退稿，很多人嘲笑他是久坐不动的"坐家"，他却锲而不舍在痛苦挣扎中摸索前行，不断提升自己，终成正果。（参见朱绍杰等人的《"文学双冠王"刘醒龙》，载于《作家文摘》合订本 2019 年第 7 期）

选择一个醒目的题目，也能给书文增色。托尔斯泰的《战争与和平》、鲁迅的《朝花夕拾》、毛泽东的《别了，司徒雷登》等题目，别具一格，十分引人注目。

写作的成功也少不了家人的欣赏和支持。梁晓声的文学作品《雪城》《浮城》《伊人伊人》《政协委员》等，都是在妻子焦丹的爱的驱动下写成的。在《雪城》中，他借男主人公给其女友的情书，赞美了妻子在他的人生中无可替代的作用。

他说：好女人使人向上，好女人更温和、更冷静、更有耐心、最肯牺牲，她暖化了男人，同时又弥补了男人的不完整和幼稚，于是男人就像一个真正的男人走向世界。（参见笔者的寓公新浪博客 2020 年 5 月 5 日博文）有兴趣的读者不妨读一读刘夏写的《感恩好女人，成就平民作家梁晓声》（载于《读者俱乐部》2009 年第 10 期），就能领会梁晓声所说的"好女人"是什么样子的了。一个"好女人"能带来三代人的安康。当然，男人更该成为家庭、社会的脊梁。

用母语以外的第二种语言去写作，对谁都不会是轻松愉快的事情。俄罗斯作家纳博科夫有这样的体会：从母语转为用英文写作是件极痛苦的事，就像被炸掉七八个手指之后重新学习握东西一样困难。

文学作品是创造，创造必须开辟新路、负重前行、超越古人。写的功夫需要终身修炼，不会像工具那样停留在某种水平上。

姚乃强翻译过《红字》《福克纳》等著作。他的体会是，初学者一定要打好语言基础，熟练掌握读、听、说、写、译的技能；在此基础上要多读多写不断增功。既要读文学名著，也要读其他方面的书籍和报纸杂志等。要强迫自己写日记、写读书心得、写短文，为了读和写不惜翻烂一本词典。高年级阶段要加强思维能力、创新能力、科研能力的修养，要根据自己的兴趣和需求，明确主攻方向。要扩展知识面，做到博览群书、博学多闻、博中有专，使写作能力达到应有的高度。（参见袁园的《译心艺译——姚乃强教授访谈录》，载于《青春岁月》2019 年第 8 期）

要想写出好的作品，"相关量"的储备也是极为重要的。司马迁的《史记》，既是史学著述，也是文学作品，才能流传千古，读起来更有味道；郦道元的《水经注》，既是科学著述，也是文学著述。他们都具备与自己专业相应的"相关量"，犹如红花绿叶、相互帮衬，使作品熠熠生辉。

只懂外语的"独眼怪物"，任何时候都是写不出好的作品来，无论哪种文体都是如此。瑞典女作家塞尔玛·拉格洛夫于 1909 年获得过诺贝尔文学奖。她除了文学天赋外，还是一位地理教师，在童话小说《尼尔斯骑鹅旅行记》中，能够把雁群迁徙过程中的各种地形地貌描写得惟妙惟肖，地理知识起了重要作用。

五、千面翻译的终身修炼

翻译功夫是外语人的黄金功夫，翻译界是外语人独领风骚的地方，说是外语人的大本营也不为过。

1. 翻译理论通鉴

翻译功力是外语功夫和母语功夫的双重体现。修炼好翻译功夫，首先应当了解一下中外翻译界代表人物的主张，使自己有所遵从。

　　严复的"信、达、雅"理论仅三个字，是对翻译规则的高度概括。强调忠实于原文、不跑调；文理顺达让人读得懂；讲究文采不粗制滥造。

　　《鲁迅全集》有一半是译作。他认为，翻译是再创作，不能机械地工具性地使用语言。

　　萧乾强调，译者对不同类型作品的情感应该不同，翻译契约文字是最冷漠的，翻译文学作品就要有热度，译诗的热度尤其高，译科技作品要平平静静照字面译。文学翻译忠实与否，不是表现在字面上，而是表现在感情上，看能不能把字里行间的语气译出来。他认为，翻译成功与否，理解原文只占四成，恰当表达占六成。（参见郑延国的《许渊冲笔下的译人译事》，载于《书屋》2019年第12期）他也特别强调功夫理念，不看好工具性的硬译。

　　对于译诗，中外翻译界有近似的看法。美国诗人罗伯特·佛洛斯特说，诗是在翻译中失掉的东西。钱锺书认为翻译出来的诗很可能不是歪诗就是坏诗。（参见郑延国的《许渊冲笔下的译人译事》，载于《书屋》2019年第12期）

　　亚伯拉罕·考利主张译者应有较大的自由度。他认为，译诗会使其美感大部分丧失。为此，译者必须为译作创造出新的美感。他实际上主张译者借原作的主题，在语言风格上随意创作，最后得出能与原作相媲美的译文，考利把它叫作"拟译"。（参见谭载喜的《西方翻译简史》第118页，商务印书馆2004年版）

　　德莱顿认为：翻译是艺术，译者必须具备艺术鉴赏力和表现力。奥维德和维吉尔的作品就像优秀的艺术品，流畅和谐，充满芳香和优美的节奏感、音乐感……好的译者必须懂诗作、懂韵律，在尊重原创的基础上尽可能使译作迷人，体现原作风格……他认为，诗的译者也必须是一名优秀的诗人。只有这样，译品才能体现出原著的特征，把原作译得有血有肉。（参见段慧的《戴着脚镣的舞蹈——约翰·德莱顿的翻译》，载于《青年文学家》2009年第13期）

　　许国璋说："翻译的目的在于方便不懂外文的读者阅读，如果读者读了译著味同嚼蜡，就是翻译没有尽到责任。"他强调译文必须醒目豁达，按词的文化史含义去翻译，不能按词典的解释生搬硬套；通常要用流水句法按段落译出，不按单句翻译，不用三四十字的竹节句。对于学术论著的翻译，他主张用"阐译"法：为了让读者读懂原著的真义，译者在自己弄懂原文的基础上，可对译文做适当解释。

学界对"阐译"法尚存争论，也许它的真正意义在于对原有翻译理论的突破。学术本来就应该是创新的，不能唯洋理论是从。

萧乾说："理论充其量不过是张地图，它代替不了旅行。"（转引自《作家文摘》合订本总第 292 期第 117 页）所有理论都只是用于指导实践，并且在实践中不断创新和发展。理论不是僵死的教条，所以翻译工作者在自己的翻译实践中要产生自己的符合规律的创见，而不是做"戴着脚镣"的舞者。

2. 外显功夫与隐性功夫

与写的功夫一样，翻译功夫也是外语人显山露水的功夫，足以彰显出外语的整体水平。

翻译功夫重在实践。阅读积累固然重要，但是翻译对于语言要有一个内化过程和再创造过程，不能限于背书、不能工具性地使用语言。显露出来的外语功夫，还处处隐藏着母语功夫以及文学、史学、哲学等相关量上的功夫。不做总体思维，翻译功夫也不可能到位。

工具性的教育必然产生工具性的翻译。比如：把 export（外贸出口的"出口"）当成机场、车站、餐厅、超市的"出口"；把 nucleus（原子核的"核"）当作果核的"核"使用（参见《咬文嚼字》2012 年第 4 期第 4~5 页）等，造成了不应有的混乱。有一些常用的成语、俗语必须背下来，如：合则两利，斗则俱伤——Benefit from cooperation and lose from confrontation. 不思悔改，信口雌黄——keeps lying without remorse；自作多情，痴心妄想——nothing more than self-entertaining；厚颜无耻——How brazen is that；不自量力——overreach。（引自外交部发言人办公室 2019

年 7 月 31 日 "双语"例行记者会）等。

"韬光养晦"本意是收敛锋芒低姿态不张扬。有人对母语理解不深透，译为 "conceal one's ture intentions"，翻译回来，就成为 "隐藏一个人的真实意图"。（见于英语家园所载金一南讲座：《美国正在把中国逼成一个无法战胜的对手》）为 "阴谋论"提供了口实，引起了猜忌。人家自然要问：你们的 "真实意图"到底是什么？

曹旭教授认为：翻译的时候，母语比外语更重要。他说："刚学翻译的我，只重视'翻译技巧'，拼命找那些书来读，很迷信，以为只要掌握'不二法门'，就能译得好，对于必须在语言上下功夫，对'母语比外语更重要'，翻译'三份'：'一份外语，两份母语'之类的话将信将疑。"他承认自己也犯过不懂乱译的错误，并为此向读者致歉。他希望一切想成材的人，望子成龙的家长，尤其是有志于当翻译的人，都应该重视中文，重视母语。（参见曹旭 2008 年 3 月 12 日博客：《关于翻译的通信》）这是他对显性功夫、隐性功夫的总体思维和理解。

杨振宁用英文把 "夕阳无限好，只是近黄昏"，译成 "The evening sun is infinitely grand, Were it not twilight is close at hand." （参见《作家文摘》合订本总第 292 期第 116 页）成功地把母语五言诗译成英语五音步，隐藏在英语后面的是母语功夫，诗词功力。

人人心中都有一个不同的鲁迅，有一千个译者就有一千个普希金。那么 "信、达、雅"怎么遵循？只能说，这是由语言的个性、区域性、民族性以及艺术的创造性等原因决定的，照样体现了语言的功夫性、非工具性。如果是工具——比如说美国战机 F35，无论它飞到哪里都是 F35。

翻译往往要倾注译者的感情。严复翻译的《天演论》，原名叫《进化学与伦理学》，是赫胥黎的一本论文集。严复选择译出其中的前两篇，定名为《天演论》，就是通常所说的进化论。

甲午战败使严复受到强烈刺激，他想用 "物竞天择，适者生存"的理念敲响民族危亡的警钟。他的译作是有选择、有取舍、有评论、有再造的，序言和按语成了他阐发己见的一种手段；他把原著的理念变成了中国人民反封建、反侵略的思想武器。这种翻译实践也是他对"信、达、雅"翻译理论的最好诠释。

翻译作为一种跨语言、跨文化的交际活动,译者同时要做跨语言、跨文化的思考。原著有原著生成的社会环境,译著有译著的读者群和社会需求,译者要顾及这些因素才能翻译出适销对路的译品。

翻译是忠实的再创造,要重视语言差异与文体考量,重视文化差异与读者的接受能力,注重区分英汉语言差异和行文风格。这些因素的叠加,就会使不同译者产出不同风格的译品。

3. 自我修炼

面对多样文化不同文体的各种版本,译者不能以单一面孔去应对,最好是用一千种面孔去应对一千个版本。口语翻译往往由年轻人承担,到了一定年龄就会转换面孔,可能像冀朝铸、吴建民、李肇星那样转为外交官,也可能转为国家智库中的智囊等。"千面翻译"更适应政治、经济、文化、科技、军事等不同行业的需要,在修炼外语的同时,也要下功夫修炼外语的相关量。

给领导人选调翻译时,通常都要考虑翻译的适应能力,"千面翻译"大受欢迎。给领导人当翻译,除了双语功夫外,还必须拥有文学、哲学、历史、时政、军事、地理、财经、科技等多方面知识,否则就无法应对复杂多变的交际环境。

中国领导人经常使用古语、古诗词。一次,领导人引用屈原的诗句:亦余心之所向兮,虽九死其尤未悔。张璐译为:"For the ideal that I hold near to my heart, I'd not regret a thousand times to die." 直译回来就是"我遵从我内心的想法,即使要死千万次我也不会后悔。"(参见笔者寓公新浪博客 2018 年 10 月 20 日博文)她确实具有"千面翻译"的水准,把古语和领导人的意图领会得十分到位。

"千面翻译"的心理修炼也是至关重要的,要适应他所面对的不同场面、不同人的不同语言风格,练出一颗强大心脏。

2021年3月18日，中美高官在安克雷奇进行战略对话。杨洁篪回应美方的指责时一口气讲了15分钟，其中含有"美国没资格说你们凭实力对中国说话，中国人不吃这一套""这不是待客之道""我们把你们想的太好了"之类的话。张京极其准确流畅地把杨洁篪的那番话翻译出来，展现出沉稳大气、精明细腻的心理品质。（参见笔者寓公新浪博客2018年10月20日博文）这绝不是不经磨砺就可以做到的。

人们常常注意到张京面目的冷峻，其实那是一种捕捉信息的专注，听仔细任何一句话、看准任何一个动作表情，翻译才能到位。而同场的美国翻译就受到诟病。

过家鼎说："冀朝铸第一次给周恩来当翻译时，腿一直在发抖。"周恩来听得懂英语，常常会当场指出翻译上的错误，有人第一次为周恩来当翻译，甚至晕倒。

周恩来在与外宾交流时，自己讲完一句话就注意听翻译怎样译，检验是否翻译得准确。在会见外宾前，他还经常考翻译，或者商讨哪个词该怎么译，有时还顺便把当天会谈的主题事先通报给翻译，让翻译做好准备。（参见《元首会谈，那些"中间人"的故事》，载于2014年11月25日《解放日报》）

毛泽东文化功底深厚，有时翻译卡壳了，他会及时伸出援手，帮助翻译理解他所讲的意思；有时会像老师那样把难懂的诗词或古文讲解给翻译听，使翻译能译得更准确。

1957年，他接见阿尔巴尼亚议会代表团时说："殖民地人民要敢于打倒新老殖民主义，就像孙悟空大闹天宫，不在乎玉皇大帝。"

范承祚为难地说，翻译"孙悟空"我没把握。他微笑着说："你就说孙悟空是中国神话里的猴王，足智多谋、力大无比，玉帝及其派去镇压的天兵天将对他亦无可奈何。"（参见《元首会谈，那些"中间人"的故事》，载于2014年11月25日《解放日报》）

法国有位翻译名叫阿曼达，她给三届法国总统当了20多年翻译。因为合作时间长，她对萨科齐总统的语言表达非常熟悉，甚至能猜出总统想说什么。

一次，萨科齐与奥巴马会谈时她做翻译，把萨科齐还没说出的话都"译"了，能对总统理解到这种程度实属不易。但是当翻译的必须懂得，应该忠实地传递领导人的原意，不多说一句话。(参见《环球人物》)

有时，翻译还要起到"防火墙""安全阀"的作用，对分量过重、有损双边关系的语句进行过滤、降温，以免造成事故。这是另一种"信、达、雅"，也是翻译应有的一副面孔。

外语人从学生时代起就要懂得：翻译是要担当多重角色的"千面人"，往往还要躲在别人背后当"隐身人"，要心甘情愿地为他人做嫁衣裳。翻译做得好，不争功、不争名、不显山露水；出了问题就要深刻自责，不推诿扯皮。仅仅独善其身还远远不够，不管服务对象的语言是否标准，不管是精辟话还是古怪的话，哪怕是方言土语或者独一无二的"自造语"，也必须力求译成标准的目的语。

有人把给特朗普当翻译看成"噩梦"。特朗普的朝语翻译李润香，被称作"拥有钢铁神经的女人"。当翻译的都应该锻炼自己的"钢铁神经"，否则就当不好翻译，更算不得"千面翻译"。

最好要了解领导人的兴趣、爱好和语言风格，要有针对性地对他的出场活动进行备课，事先想到几种可能出现的情况，不打无准备之仗，就会从容许多。在一些关键场合，领导人"怎么说"与"说什么"同等重要，翻译要注意观察他的表情、语气以及肢体语言所表达的信息，才能翻译得更准确。领导人不可能只谈政治，不谈文化、历史、军事、经济、艺术、科技。翻译要把自己修炼成"千面人"，才能在各种场合应对自如。这可不是走捷径、投机取巧就能做到的，必须下超常的修炼功夫。

修炼外语功夫必须坚持实践第一的观点，把命运牢牢掌控在自己手中，在不断修炼中增进真功夫；没有捷径可走，也没有什么"外语神仙"能够超度你。

4. 给自己当翻译

当代驻外使节、商贸官员、驻外记者、参与国际科学技术文化交流的专家、学者以及跨国公司中的相关人员，基本都是依靠外语功夫自己给自己当翻译，依靠专职翻译的人已经越来越少。4 亿学外语的人不可能都给别人当翻译；给自己当翻译也是人生的一种选择，也会给自己的人生增添亮色。

宋庆龄有史沫特莱、斯诺、路易·艾黎、马海德、爱泼斯坦等一系列外国朋友。直接用英语与这些人交往，比中间夹一个翻译省事得多、亲切得多、随和得多，有利于增进他们之间的感情和友谊。所以，宋庆龄与这些人交往从来不用翻译，等于自己给自己当翻译。

泰戈尔获得诺贝尔文学奖，就是把自己的诗译成英文，才引起西方注意。

余光中曾留学美国，25 岁就翻译了海明威的小说《老人与海》和雪莱的诗。把中国诗歌、戏剧译成英文，他也做得十分"地道"，诗集《守夜人》也是他自己译成英文的，还从事了 30 多年的翻译课教学工作，生命中 1/3 的时间用在了翻译事业上。（参见谢湘南的《"乡愁"之外的余光中》，载于《作家文摘》合订本 2018 年第 12 期）

给自己当翻译，更节省时间和人力、方便交往。我国前驻美大使崔天凯因应中美关系的实际需要，经常直接用英语发表文章或者接受美方媒体专访，都是自己给自己当翻译。很多记者是直接使用外语向相关官员发问，再把问答译成母语发回国内，也是给自己当翻译。

学外语未必非得当翻译，人生有很多选择，不当翻译照样会活得很光彩。

毕业于西安外国语大学法语专业，拥有硕士学历，擅长法语、英语的刘双，毕业后进入国内某知名通信公司，去了几内亚做客户维护。后来辞职，到杭州一家早教中心教英语。她发现做家政不仅要有很好的沟通能力，还需要掌握收纳技能，并对此很感兴趣，觉得这一行很有潜力、很有需求，慢慢会有一些素质越来越高的人从业，毕竟高端家庭有这方面的需求。目前谈的几家都是"早九晚五"、双休、月薪2万元以上；负责照顾孩子，不包含家务和收纳。她想借此了解每个家庭的需求，再去探求自己擅长的某个领域，比如早教、英语、收纳。她更想从事收纳师这个行业。（参见《女硕士保姆走红网络》，载于2020年5月28日《新闻晨报》）她希望来一次家政革命，给家庭教育注入新的活力，那将是有益于人民的。

第三章

人才砝码相关量

外语相关量是笔者提出的又一个新观念，是对外语总体思维、系统思维的结果。若把外语比作主食，相关量就是成席的大菜。相关量是度量外语人才天平上的砝码。只会外语没有相关量，外语也是玩不转的。相关量也是相互的。不以外语为业的人也需要外语做相关量，否则也难以成就事业。

一、最大相关量

母语、外语互为最大相关量。母语是一切学问的出发点，也从外语中汲取营养。外语的最大用途，就在于它与母语之间的相互转换。能否准确无误地完成转换，不但要看外语水平，而且要看母语功夫。

1. 亲爱母语

歌德说：没有学过外语的人就难于理解自己的母语。鲁迅对母语、外语做过认真的比较研究。他在《汉文学史纲要·自文字至文章》里说："中国文字有三美：音美以感耳，形美以感目，意美以感心。"

汉语是蕴涵哲理最精辟的语言，从它形成时起，就有"天雨粟，鬼夜哭"(《淮南子》)的精辟语句；夏代就产生了相当于普通话的雅言，孔子执教使用雅言，学者们交流也用雅言。《周易》中的"天行健，君子以自强不息；地势坤，君子以厚德载物"，道出了天、地、人和世间万物的关系，告诫人们既要像日月星辰那样自强不息，又要像德高温存的大地那样爱惜万物，追求个人发展不忘回报社会。老子的"祸兮福所倚，福兮祸所伏"等名言，充满了辩证法；孔子的"己所不欲，勿施于人"被定为联合国"黄金法则"。试问有哪种语言文化能达到这种高度？

日本学者加藤彻在 2006 年著书称：汉文曾经是东亚的世界语，是日本人教养的大动脉。

英国一位语言学家的相关研究表明：每份《纽约时报》上，都可以找到 100 个以上现代英语词典中找不到的新词，从而增加了识读难度。汉语基本上不用再造新字，用原来的汉字排列组合就可以衍生出表意准确、容易识读的新词汇。

汉语是诗性语言、艺术语言，汉字书法本身就是独具一格绝美的艺术，其历史积淀的厚重程度，不是其他文化可以相比拟的。我们拥有这样的语言文化，应该感到骄傲，应该充分享有文化自信。

法国前总统希拉克说：从青铜器、陶器到秦始皇陵兵马俑，还有诗词、绘画、音乐等，在很多方面中国文化大放异彩。中国的书画同源体现了其文化的最高境界，在此方面我们可能永远也达不到这样的高度。（参见笔者寓公新浪博客 2019 年 9 月 27 日博文）

颜真卿的《争座位帖》，如同从悬崖上奔流而泻的瀑布，展现出绝世功力，被称为传神之作，就是这方面的例证。（参见彭志翔的《海外邂逅颜真卿》，载于《作家文摘》总第 293 期）

学习古文化，就如同驾驶飞机需要返场加油一样，便于持续飞行、飞得更远。西方文艺复兴也是返回原点再出发。再出发会有新意，不会简单重复。

2. 汉语活水

中华民族有自己的源头活水，也乐于吸纳汇聚而来的滚滚洪流。汉语既包容了诸子百家，也同化了五胡四夷，还包容了其他外来文化。在汉语发展的历史上，曾经有过多次吸纳外来文化的高潮期。

战国时期，黄河河套地区属赵国管辖。赵武灵王看到胡人穿窄袖短袄，生活起居和狩猎作战都比较方便。他即国王位之前，赵国国势已经衰落到常常受中山国那样的小国欺负，在其他大国面前接连打败仗，甚至面临被别国兼并的危险。他决心在赵国推行胡服骑射，使其军事力量日益强大了起来。（参见笔者寓公新浪博客 2019 年 8 月 20 日博文）

汉代把玉门关、阳关以西的广阔地域统称为西域。中亚、西亚 36 国与汉朝一样，都面临着匈奴侵扰和抢掠的威胁。汉武帝采取走出去的外交策略，派使臣前往西域，想联合月氏等国夹击匈奴。这位使臣就是张骞。他两次出使西域，对匈奴、乌孙、大月氏等国的民族风俗和语言文化有一定的了解，在当时就是无与伦比的外交家和杰出的外语人才了。他身后还有班超、班固等大外交家出使西域，为国际交往和民族沟通作出了卓越贡献。

西汉之前，中国兵器算不上优良，制造工艺相对落后，刀剑的坚硬度不够，容易卷刃弯曲。

张骞在西域发现当地人炼钢时添加碳粉，制出的钢刀不易折断、卷刃。他把学来的技术教给工匠，使其造出来的刀不生锈、不变形，有非常好的硬度。西汉官兵使用这种武器所向披靡，给边境带来了几十年的安宁。

佛教文化的传入是对中华文化的又一次大注血。从东汉安世高、支谶，到魏晋南北朝的鸠摩罗什、真谛，最后是唐代集大成者玄奘，他们都是翻译佛经的大师，不但促进了佛教的传播，而且极大地丰富了汉语文化。

明代晚期，承载着《圣经》的拉丁文跟随传教士闯入我国。1605 年，传教士利玛窦发表了《西字奇迹》一书，其中有四篇用罗马字注音的汉语文章，罗马字开始在我国一试身手。

1626 年，法国传教士金尼阁根据利玛窦的注音方法编撰出汉字和罗马字相互对照的词典《西儒耳目资》，对汉文化发展起到了推动作用。随着西学东渐，我国出现了又一次翻译高潮，大量西方科技术语逐步融入汉语之中。

1629年，身为礼部左侍郎的徐光启，带领李之藻和西方传教士龙华民、汤若望、罗雅谷、邓玉函等，对历法进行改革，设立历局专事翻译历书。在1631～1636年间，他们共同成就了译著《崇祯历法》。这部凡137卷约180万字的巨著，介绍了西方16～17世纪天文学的主要成就，并将天文数学、天文测量学及计算工具等完整地介绍到我国，对于我国现代学科布局起到了至关重要作用。

从火绳枪到弗朗机炮、鸟铳，明代基本能跟上时代步伐。国人和传教士先后翻译了《西洋火器法》《西洋火攻神器说》《西法神机》《火攻挈要》等当年的高科技著作，赵士桢、毕懋康等研制出不逊于西方的火器，用以装备军队。（参见2019年10月28日《中国经营报》）至于败给清军，纯属腐败所致，也说明工具并非万能。

随着全球化时代的到来和我国和平崛起，我们又迎来了新的翻译高潮，引进的外来语词汇涵盖政治、经济、军事、科技、文化、外交和民生的几乎所有方面。中国文化能够从古至今世代相继，其根源也正在于此。每一次文化注血都饱含着外语人的贡献和功绩。

所有有血性的人物，都对自己的母语充满感情，不管他的外语说得多么流利，也不管会多少种外语，在国内面对自己同胞，在庄重场合都应该义无反顾地使用母语，不会刻意卖弄外语，让人感到数典忘祖。

3. 碰撞中的坚守

近代，西方对外语人才的重视程度远远超过我们。他们绝不仅仅是把外语当作敲门砖使用，而是当作文化征服、赢得人心的硬功夫。

韦德（Thomas Francis Wade）就是英方精心培育的一位汉语人才。1838年他从剑桥大学毕业后参军，三年后直接参与了鸦片战争。为了便于在中国开展活动，他取了个中国名字——威妥玛。后来，他在英使馆里负责汉语培训。在精心研究汉语的基础上，他以北京话为基准，用20个罗马字母做音标，用时8年数易其稿，最后写成教材《语言自迩集》。

1912年，英国外交官翟理斯（Herbert Allen Giles）把威妥玛拼音发展成"威妥玛–翟理斯式"拼音。这是西文和我们母语擦出火花的又一次碰撞。该拼音诞生后被广泛运用于邮政电信、海外图书馆中文藏书编目、外交护照中国人名、地名的音译等，在西方盛行百年，有很多历史遗存。

由于对"威妥玛–翟理斯式"拼音缺乏了解，清华大学历史系教授王奇在《中俄国界东段学术史研究：中国、俄国、西方学者视野中的中俄国界东段问题》一书中，把蒋介石译成了"常凯申"，将夏晋麟译成了"林海青"，将美国学者费正清译成"费尔班德"；英国社会学家安东尼吉登斯著，胡宗泽、赵立涛译，北京大学教授王铭铭校的《民族–国家与暴力》一书，翻译时将孟子译成了"门修斯"。（参见杨东晓的《威妥玛拼音将蒋介石翻译成"常凯申"》，载于2009年6月30日《新世纪周刊》）不了解文字史就难免会犯这样的错误。

日本原本只有语言没有文字。向我国学习后广泛使用汉字，从政治制度，到精神生活、文化生活、物质生活的各个层面，无不浸透着中华文化成分。"天皇"一词，取自我国道教；被其尊为神器的镜、玉、剑，都源于我国；日本宫廷祭祀中拜四方仪式完全是照搬我国道教仪式；许多天皇的年号取自我国典籍。中国水稻种植、蚕桑养殖、茶酒文化、冶炼技术、工艺美术、服饰等，都对日本社会文化产生过重大影响。

西方发达起来之后，日本又向西方派遣了很多留学生。其中的伊藤博文等人登上了领导维新变法之大位，掌控国家走向；另一些外语人把大量西方书籍译成日文，使社会上层了解了西方优势，推动维新变法顺利进行。

19世纪以来，日本开始把中华文化视为羁绊，认为汉字阻碍了日本文化发展，主张以罗马字为国字。1906年，田凡桌郎公布了《日本式罗马字》方案。次年，日本众议院通过了《罗马字普及案》，以政府行为推行文字改革，把孔庙都改成了图书馆。但是汉字已经深入日本社会所有层面，成为日语文化的根，拔掉根也就毁掉了日本文化。

1887年，我驻日使馆参赞黄遵宪受日本影响，主张"言文一致"。清末最后十年，"言文一致"被提到了关乎民族危亡的高度。

清朝末年，一些中国留洋人士非常激进，他们在巴黎办起《新世纪》报，并以此为阵地以"工具主义"理念为思想武器，提出彻底废除汉字、直接采用"万国新语"等主张。（参见张枬、王忍之的《辛亥革命前十年间时论选集》第二卷下册第1043页，三联书店1963年版）这些人用"工具主义"理念评价包括中国语言文字在内的人类精神文化，得出的结论肯定是荒谬的。他们一面颂扬西方文字优越，一面贬斥祖国文字"野蛮"，并把中国落后的根原统统归咎于"汉字野蛮"上，滑向了民族虚无主义泥沼。

1918年，钱玄同在《新青年》上发表《中国今后的文字问题》一文，提出"欲废孔学，不得不先废汉文；欲驱除一般人之幼稚的野蛮的顽固思想，尤不可不先废汉文"的主张。（参见百度百科）他讨伐的是汉字和汉语文化，已经丧失了文化自信。

1922年，黎锦熙在国语统一筹备会上提出了废除汉字，采用新拼音文字案。那时，汉字确实面临着前所未有的危机。

1928年，以赵元任为首的专家小组设计了国语罗马字方案，按照汉语特点使罗马字中国化了。方案经由林语堂进一步修改，得以在学术精英圈子里流行，没有真正应用于社会。

新中国成立之后，人民政府为了扫除文盲、提高国民素质、推广普通话、统一民族语言，开始在简化汉字、借用拼音文字等方面下功夫。经过专家学者和广大人民群众的共同努力，1956年1月产生了《汉字简化方案》；1964年5月，政府和国家语言文字工作委员会公布了《简化字总表》；1958年公布了汉语拼音方案。

周恩来总理在公布拼音方案时申明：由罗马字母组成的拼音方案是用来为汉字注音和推广普通话的，它不是也不可能替代汉字。

在联合国第三届地名标准化会议上，中国提出用汉语拼音作为拼写中国人名、地名的国际标准；会议认识到，《汉语拼音方案》是中国法定的罗马字母拼音方案，这一方案在语言学上是完善的，用于拼写中国人名、地名是最合适的。（参见百度文库）

2000年10月31日，中国政府公布了《中华人民共和国通用语言文字法》，以法律的形式规范了祖国的语言文字。

汉字如何与信息时代接轨，是影响汉字生命力的一个关键因素。美国官方为方块字在互联网时代会被边缘化而幸灾乐祸。王码诞生后，美国《新闻周刊》在以《古老的文字终于赶上电脑时代》为题的报道中说："古老的文字和硅世界奇特的结合，将给亚洲的经济和文化生活结构带来巨大的变化。"（参见笔者寓公新浪博客2018年7月18日博文）赞颂王码的划时代意义。

4. 一份外语双份母语

母语如母乳，哺育人才成长。母语的听、说、读、写功能都能够向外语正迁移。赵元任的母语听、说、读、写功夫过得硬，他学习英、法、德、日、俄、希腊、拉丁等多种外语，母语功夫可以向各门外语正迁移，学起来比别人省力，还学得十分到位。

几乎所有外语人都依然要仰仗母语功夫，外交官更是如此。无论是外长、大使、参赞还是翻译、随员，在交替使用的两种语言中，更多的还是使用母语。外交部新闻发言人当然会外语，但是必须精通母语，且标准化地使用母语，对于祖国古今文化必须有透彻的了解。华春莹、赵立坚等也经常用英文发帖子，应对国际上的不测事件，但是母语依然是他们的看家本领。

周国平说："母语是民族最重要的特征和精神纽带，中国的文化传统就保存在用母语记载的典籍里，母语让一个人有根。所以，语文教学不是培养作家，而是让我们变成一个有根的人。母语学习的过程会提高人的心灵感受能力，头脑的独立思考能力，这些就是我们常说的人文素质。"（参见 2018 年 1 月 5 日《北京晨报》的报道《"开卷有益，阅读引领青春"主题活动走进校园》）外语人尤其需要"有根"，不然何谈心向祖国？

曹旭教授说："母语再怎么好都不过分……最难、最花时间的，还是懂了外语的意思，但找不到适合的中文表达。以我自己为例……我不仅感到日语不够用，同时也感到汉语不够用。于是天天关起门来读唐诗、宋词……磨炼词句，积累语文知识……师人长技，干一番事业，外语重要，母语更重要……"（参见曹旭 2008 年 3 月 12 日博客）

中国留存的古籍数量浩繁，是全人类的宝贵财富。各国的汉学家们对于中国的道家学说、儒家学说都怀有极大兴趣，古典小说、戏剧都很有魅力，但是读起来十分困难。

林语堂除了在英语教育方面的贡献外，还翻译了《黛玉葬花诗》《桃花源记》《石钟山记》《浮生六记》《板桥家书》《东坡诗文选》等古籍，成为翻译界的一代宗师。（参见王勉的《生活达人林语堂》，载于《作家文摘》2020 年第 5 期）

与林语堂齐名的双语作家熊式一，有翻译英国大剧作家萧伯纳、巴蕾等人作品的基础；20 世纪 30 年代，又远渡重洋到英国深造，得到英国研究莎士比亚的专家聂可尔教授、诗人剧作家亚柏康贝教授等人的指点。他拿出勇气，把我国戏剧《王宝钏》改写成英文话剧，1934 年由英国麦勋书局出版。同年冬天，他亲自执导把《王宝钏》搬上了英国舞台，三年中连演 900 多场，深受好评。次年秋天，《王宝钏》在纽约百老汇上演，美国剧坛也为之轰动。

1935 年 6 月，上海光陆大剧院也上演了此剧，台词是英文的，演员是国人。林语堂看后用英语写了评论，盛赞熊式一的再创作功夫。

后来，熊式一又把《西厢记》译成英文，在对外传播中华文化方面作出了应有的贡献。

2020 年初，我国暴发了新冠疫情。在日本援赠的物资外包装上，出现了"山川异域，风月同天""岂曰无衣，与子同裳""青山一道同云雨，明月何曾是两乡"等感人诗句，体现出真挚的情谊，令中国人大吃一惊。仔细一查，是旅日华人帮助策划的。所起到的作用振奋人心甚至超过了捐赠的物资本身，中国各大报章和自媒体争相传颂，成为"抗疫"新闻的一大亮点。

应该说，有很多日本人对中国古籍、古诗词并不陌生，捐赠人与幕后策划人是不难沟通的；如果你侨居在其他国家，人家听说中国受灾了，让你选几句感人肺腑的诗词，先翻译给他听，再用作寄语，你会做得怎样呢？

二、文学鉴证外语真功

文学是人生的路灯，也是外语的相关量。外语功夫要靠文学滋养，翻译文学作品是外语真功的最好体现。

1. 社会镜子，人生路灯

文学是社会的镜子，我们可以通过它透视千古；它也是人生的灯塔，让我们在历史长河中不迷航。

一部书对社会和人的影响往往超过一场战争。《马可·波罗游记》开启了西方对东方的探索，比成吉思汗的攻伐战争更有效。中国人真正了解西方，是从阅读林纾翻译的西方小说开始的，比通过两次鸦片战争的认识深刻得多。

文学书籍还是社会风俗的缩影，你要想了解中国封建社会，最好读读《红楼梦》。莎士比亚的戏剧就是英国近代社会的缩影，他用《雅典的泰门》把人性总体解释了一遍，然后再用《哈姆雷特》《李尔王》《奥赛罗》《麦克白斯》从不同角度解释一遍，演绎出人的天性。

文学作品对立志、益智和修养都有益处。读一部优秀作品就像与一位智者对话，可以让你在开拓视野、增长知识的同时，获得心灵上的启迪，甚至茅塞顿开。读书可以让读者的生命迅速升华，从此进入一种新境界蜕变为新人，与旧我告别，开拓出新的路径。（参见笔者的寓公新浪博客 2018 年 10 月 20 日博文）自学学会 37 种外语的李盛春，就是通过读"李白醉草吓蛮书"的故事产生灵感、找到偶像、产生动力，决定学外语的。

外语人承担着文化双向交流的使命，与书的关系应当更近，否则就无法在两种文化之间作双向交流。外语人的人生应该接受中外文学的双重洗礼，才能成为世界公民。消弭"理解赤字"，跨越"认知藩篱"，也是外语人的责任。

2. 文学翻译见证真功

胡明扬教授在圣约翰大学学英语时，二年级就要求读长篇小说；高年级的"西方戏剧"课要从希腊悲剧读到捷克作家的《机器人》，共 16 部；"文学评论"课从乔叟到毛姆的作品，23 本为必读书。读这些书，老师不辅导，就靠自己硬啃。他的英语功夫就是靠学原著获得的。（见胡明扬的《外语学习和教学往事谈》，载于《外国语》2002 年第 5 期）

谷超豪说：任何科学文化都要用语言来表达……对于一个科学工作来说，文学修养必不可少。（参见肖春飞、潘洋洋的《谷超豪：美丽的"数学人生"》，载于 2009 年 11 月 3 日《团结报》）连数学家都从文学中学习语言，外语人就更该努力啦！

文学书籍是人生的智库。文学所塑造起来的血肉丰满的活生生的人物，或者会为你提供镜鉴，或者会为你提供人生参照。

对于外语人来说，读文学作品是一条进入西方社会的通道，是接受精神遗产和精粹语汇的捷径。

文学书籍还是经典语言的宝库，中国的成语典故几乎都出自名著；外国也一样，如苏格拉底的"你要知道你自己"，但丁的"炼狱"，卢梭的"人生而平等"，伏尔泰的"种我们的园地要紧"，拜伦的"自由属于人民"，裴多菲的"让人民登天党，让贵族入地狱"等，既有文采又发人深省。修炼外语功夫需要从中挖掘宝藏。外语人学习外语，无一不是通过阅读文学作品积累词汇、了解对方社会的。外语人的素质高低与其文学素养紧密相关。

文学作品是用语言创造出来的艺术品，其时代性、地域性、民族文化特性、作者的个人特性等因素，决定了文学作品的重大差异性。文学翻译是要用另一种语言把原作的意境表达出来，让读者能够像品读原著一样从译作中品读出其中的人性、思想性、艺术性，从中受到启发，获得感动和美的享受。这自然不应是工具性的语言变换，而是要求译者在读懂原作的基础上，深切体会作者的创作意境，进而把自己的思想、情感、生活体验和语言功夫运用到翻译中去，力求从内容到表达方式都能原汁原味地表达出原著的风貌来。

傅雷是翻译界的一代宗师，有人说："没有他，就没有巴尔扎克在中国。"他译介的《约翰·克利斯朵夫》深深影响了几代中国人。他的翻译语言被称为"傅雷体华文语言"，成为翻译界竞相效仿的楷模。

杨宪益和英籍妻子戴乃迭都毕业于牛津大学。他们合作搞翻译的长处在于：两个人都精通汉语和英语，而且各自具有母语优势，不会在理解原著和把原著转换为对象语等方面出问题。常常是杨宪益把中国典籍口译为英语，戴乃迭用打字机将之记录下来形成译作初稿，然后再修改润色，就成了难得的译作。他们共同完成的译作多达百余种。有人说，他们几乎翻译了整个中国。两个人的双语功夫都在翻译中起了重要作用。

四大名著中最令西方人费解的是《红楼梦》。书中众多人物的名字都有深刻寓意，翻译时仅用拼读就失去了魂魄。有位外国翻译因为对"红"的抵触，把"怡红院"译成了"怡绿院"。照此操作，《红楼梦》岂不成了《绿楼梦》？过度迁就西方文化，就会使译著失真。美籍华裔学者陈毓贤和白先勇用英文写了《红楼梦》伴读，逐回点拨难点，也许不失为一种消弭文化差异的好方法。（参见 2020 年 10 月 30 日《环球时报》）

现今，中国每年出版 40 多万部书籍，长篇小说有 4 000～5 000 部；

国外书籍和文学作品更是汗牛充栋。外语人只要有熟练的双语功夫择其优而译之，就会促进中外文化交流。

三、史之根与魂

史学记录着人类社会发展轨迹，是人类智慧之源和根与魂，是外语重要的相关量。离开史学，外语人就无从借鉴，无法做深入交流，说理就没有准星。

1. 不通古今，马牛襟裾

优秀文学作品无不以一定的历史为立足点、散发着历史人物的智慧光芒，寥寥数行古诗词里面就含有历史掌故。历史是文学取之不尽、用之不竭的智慧源泉。文学塑造出来的活生生的人物无不具有庄重的历史感，展现出他们所处时代的历史智慧，为我们提供借鉴。

治国理政更是离不开历史智慧。毛泽东说："读史是智慧的事。只有讲历史才能说服人。如果要看前途，一定要看历史……我们看历史，就会看到前途。"（见《毛泽东怎样读二十四史》，载于《作家文摘》合订本2019年第11期）1939年5月，他谈道："古人讲过：'人不通古今，马牛而襟裾'，就是说：人不知道古今，等于马牛穿了衣裳一样……我们单通现在是不够的，还须通过去。"（见于2019年5月5日人民网）在用史方面他简直是信手拈来。

西塞罗（Marcus Tullius Cicero）说："历史是时代的见证、真理的火炬、记忆的生命、生活的老师和古人的使者……不懂历史，我们就无法融入历史的长河，就无法实现自己的人生价值。"（见于百度文库西塞罗的经典语录）

近代中国与西方签订了那么多不平等条约，其中的一个重要原因就是因为我们缺少了解世界大势的外语人才，在对外交往中瞎子摸象，又聋又哑，无法用合法的外交手段保护自己。

我们对西方不甚了解，而西方却借助外语人才对我们了如指掌。1874 年日本侵略台湾时，清政府采取不抵抗政策，甘愿拿出 50 万两白银做赔偿换取日本撤军，并且默认日本侵吞琉球。于是，身在北京的英国人李欧尔卡克向西方发回报告称：台湾事件等于中国向全世界登载一则广告——这里有一个愿意赔款但是不愿意打仗的富有的帝国。（见于金一南的《中国，不能忘记》，来自 2020 年 7 月 12 日观局势）

恭亲王奕䜣在一份奏折中说："我国语言文字，外国人无不留心学习；其中特别奸诈之人，还潜心研究我国古籍。争论相关问题时，常常援引我国典制律例诘难我们。臣等也想借助他国事例使其不能自圆其说，只可惜外国条例都是用洋字撰写的，臣等为不认识而感到苦痛。"他提议开办"京师同文馆"培养懂西洋语言文字的外语人才。

尽管那时国力羸弱，凤毛麟角的外语人才也起到了应有的作用。这也是历史的组成部分，值得当今外语人借鉴。

陈季同（1851～1907 年）自幼饱读诗书，母语功夫成了他的立身之本；还在福州船政局附设的求是堂艺局前学堂学习了法语，外语相关量也学得到位。1877 年，他以翻译和官派留欧生的双重身份到法国政治学堂学习"公法律例"，成为中国考入该校的第一人。他通晓法文、英文、德文和拉丁文，法文造诣尤其突出。（参见笔者寓公新浪博客 2020 年 9 月 24 日博文）

那时，中国外语人才奇缺。他毕业后兼任中国驻德、法两国参赞，后来述代理过驻法公使并兼任比利时、奥地利、丹麦和荷兰四国参赞，在今天看来简直是不可思议的事情。好在那时外交公务不那么繁忙，而且欧洲国家间的距离往往还比不上中国省与省之间的距离。

当年，清政府驻欧洲使臣常常应邀参加各种庆典、阅兵、宫廷舞会和音乐会等活动。陈季同既然会多种外语、身兼多国参赞，中国别的外交官又鲜有通晓西方语言的，所以往往都派他去参加这些活动。陈季同是个兴趣广泛、性格活泼开朗、善于交际又待人热情的外交官，在上述活动中很受欧洲上层社会欢迎。

德意志皇帝弗雷德里希三世曾经邀请他一同骑马散步。陈季同的德语功夫很好，还具有渊博的知识，再加上东方人的不同视角，交往起来让德皇感到耳目一新。（参见笔者寓公新浪博客 2020 年 9 月 24 日博文）

陈季同甚至与德国首相俾斯麦交上了朋友。中法战争期间，陈季同曾争取到了这位铁血宰相的暗中支持！这说明，即便在那个年代，中国外交也还是有一定的回旋余地的。

陈季同的法语功夫相当过硬，因而得到法国政治家甘必大的赏识，经常邀请他参加政治沙龙，愿意听他发表政治、哲学、文学方面的见解。甘必大还推荐他参加巴黎的其他沙龙，他由此结识了法国社会众多名流。他借助这些社交活动扩大了中国的国际影响。他还译出了《拿破仑法典》和其他一些法国法律文献，翻译了雨果的《九三年》《欧那尼》《吕伯兰》（即《吕伊·布拉斯》），莫里哀的《妇人学堂》，左拉的《南丹与奈依夫人》等；用法文写出《中国人自画像》《中国人的戏剧》《中国故事集》《中国的娱乐》《黄衫客传奇》《巴黎人》《吾国》《英勇的爱》等作品，并被西方人译成英、德、意、西、丹麦等多种文字，在西方产生了很大影响。他也因此被法国政府授予教育勋章。（参见贾熟村的《赫德与陈季同》，载于《东方论坛》2014 年第 1 期；李华川的《陈季同：有外交魅力的福州人》，载于《福建人》杂志 2014 年第 21 期）在晚清中西文化交流史上写下了浓墨重彩的一笔。

同一时期的外语人物还有马建忠、王韬、郑观应、薛福成、伍廷芳等。他们都不是只懂外语的"独眼怪物"，而是知今通古、合璧中西的行家里手。

马建忠是李鸿章办理外交与洋务的左右手。梁启超在《适可斋记言记行·序》中称赞马建忠说："他发表的议论基本是几十年前谈论洋务运动的人所不能企及的；他的每项建议，都是几十年后中国治理者所不能撼动的。"

马建忠的国际视野来自他的外语功夫。他撰写的《马氏文通》参照拉丁语语法体系，开创性地建立了一套汉语语法体系，填补了空白，成为外语人的楷模。（参见张万起、金欣欣的《商务印书馆与中国现代语法学——纪念《马氏文通》出版 100 周年》，载于《出版发行研究》1999 年第 6 期等）

　　较早进入我国的西方传教士利玛窦，依靠的是汉语功夫和对中华历史文化的深刻理解。他在华传教近 30 年，习得一口流利汉语，对中国历史文化的研究一直追溯到孔孟，能够用文言文写书来阐述基督教教义，使中国士大夫们不感到唐突。（参见周宁的《2000 年中国看西方》第 185 ～ 195 页，团结出版社 1999 年版）美国研究中国问题专家费正清的博士论文题目就是《中国海关的起源：1850—1858》。历史视角佐助他们干出一翻非凡的事业。

　　英国公认的英语语法大师是丹麦哥本哈根大学英语教授耶斯佩生。他的《根据历史的原则论现代英语语法》（四大卷），一直被英国学者认为是研究英语的权威著作。他把历史与英语结合起来研究，才作出如此突出的贡献。

　　外语人的一个重要职业就是当翻译。无论是口语翻译还是文字翻译，在翻译过程中都不可避免地会遇到世界各个历史时期的历史事件。比如"十字军东征""玫瑰战争""基辅罗斯""日本黑船事件"等，其中必然涉及地理和人物，不了解历史就难以译得准确。"二战"的历史相去不远，那时的用语如"绥靖政策""闪电战""苏台德区"等，都有固定的外语表述，做翻译的人如果不知道，翻译就会走样，让人费解。前文提到的把"蒋介石"译为"常凯申"，就是不懂文字史造成的。诸如此类与历史关联的事情多如牛毛，外语人稍不小心就会译错。

　　任何复杂的事物，通过历史视角都能把它透视清楚。始于 2018 年的中美贸易战，特朗普来势汹汹，大有将中国置于死地而后快的架势；我国缺乏历史视野的知识精英们被吓坏了，埋怨"韬光养晦"做得不够。其实，只要用历史的眼光拉开距离看，中美之间打打闹闹从来就没有平静过。美国的"战略东移""重返亚太"是干什么的？不就是为了遏制中国崛起吗？美国精英高调唱出的"文明冲突""修昔底德陷阱"，不就是为中美摩擦碰撞制造舆论嘛！炸使馆已经走到了战争边缘，如果不是我方克制，不就打起来了吗？

如果把历史视角再拉得远一些，朝鲜战争、越南战争都是肆无忌惮地跑到我们家门口撒野生事，打也打了，谈也谈了，教训很快就淡忘了。即使在共同抗击德日法西斯时期，你翻翻蒋介石的日记，看看他受了多少窝囊气！

我们祖先对人生哲理有一种特别的悟性，懂得从历史中汲取智慧。只有读史你才能知道，什么叫"多行不义终自毙"；什么叫"得道多助，失道寡助"；什么叫"兔死狗烹，鸟尽弓藏"；什么叫"破釜沉舟""暗度陈仓""围魏救赵"；如果你看不清一个人的真面目，也不妨借用一下历史的眼光，鉴别一下什么是"大奸若忠""大恶若善""口蜜腹剑""阳奉阴违"，免得上当受骗。

历史就是曾经发生过的真实故事。读史的时候就会发现许许多多你所希望做的事情其实历史人物早已经做过了，而且精彩程度往往超出我们的想象。无论成功与失败，都可以为我们提供借鉴，让我们少走弯路，更直接、更快捷地走向成功。

历史往往有惊人的相似之处，每一重大历史事件至少会出现两次，如：两次鸦片战争、两次世界大战、两次国共合作……如果吸取教训，后一次跟前一次的结局就会大不一样。读史，纵览世代风云，从真实的历史人物和历史事件中感悟人生，就会明白成败得失的套路。

历史如大江滚滚东流，绝大多数人都是无名过客，只有极少数典型人物才能被历史铭记，让我们在读史时与他们重新照面，成为我们的历史镜鉴。个人智慧是有限的，只有善于读史、善于从历史中汲取智慧的人，才能成就丰功伟业。

司马迁在《史记·报任少卿书》中说："人固有一死，或重于泰山，或轻于鸿毛。"这就把积极作为、提升生命质量与碌碌无为、醉生梦死区别开来，鼓励人们在有限的生命中为祖国、为人类作出更大贡献，使自私自利、贪生怕死者惧，提升了英勇无畏者的志气。文天祥的震撼人心的诗句"人生自古谁无死？留取丹心照汗青"，也是自此感悟而来的。

历史会教给我们如何权衡利弊、审时度势、着眼大局、以退求进的智慧。鸿门宴上，在"人为刀俎我为鱼肉"的危险形势下，刘邦该逃就逃，"大行不顾细谨，大礼不辞小让。"

《史记·太史公自序》中说："失之毫厘，谬以千里。"《史记·淮阴侯列传》中说："夫功者难成而易败，时者难得而易失也。时乎时，不再来。"这些格言警句，会对我们的人生选择提供帮助，而且是无私的，不求任何回报，只要你认真研读思考，结合实际加以巧妙运用即可！

伟大的人物一般都要从历史中寻求智慧、寻找借鉴。不了解战争史就不会打仗，不了解科技史就不能成为该行业的领军人物，不了解民族史就不可能成为民族脊梁。在跨文化交往的过程中，历史是无法回避的话题。无论你走到哪里，眼睛看到的是现在，值得追溯和回味的都是历史。

历史并不仅仅是一门学问，它在让人增长学识的同时，可以提高自身的修养，令人心胸博大、志存高远，从历史事件中求得镜鉴，从历史人物身上找到样板，使自己不再渺小。

2. 外语人的史学修养

历史是包含语言、地理、政治、气候、经济、哲学、文化等在内的综合性学科，修炼外语功夫必须学习历史。外语人的世界视野一刻也离不开历史视野。

外语人一个常犯的毛病就是不肯深入了解历史，连自己本民族历史都不肯做深入研究，更不用说其他历史了。像王明、博古一类的外语人，俄语功夫过得硬，马列书籍也没少读，可是就因为不了解民族史、不了解国情，"只知生吞活剥地谈外国"（毛泽东语），到处照搬万古不变的教条，只能危害革命，不可能为国家为民族作出贡献。毛泽东在《改造我们的学习》中谈及的那些留学生的品性，至今仍旧没有太大改变。

历史观是与人生观紧密相连的，没有正确的历史观就不可能有正确的人生观，走错路、上当受骗都在所难免。

只有熟读历史、去伪存真，才能树立起正确的历史观、人生观。错误的历史观必然带起错误的舆情，影响国内外政策的制定，分不清朋友和敌人，就必然导致失败。

国家战略都是带刀子的。历史观不正确，制定出错误的对内对外政策，就会误伤了朋友和合作伙伴，结果必然殃及自己；认敌为友更是最大的祸患，是致命错误。

一个对世界史若明若暗的人，在世界舞台上很难获得发言权，讲出来的话、做出来的事情往往会被人耻笑，甚至损害国家主权和利益。

法国前总统萨科齐在阿尔萨斯发表讲话时，说自己身在"德国"。听众对他起哄，因为阿尔萨斯几经易手如今还是法国领土。

《开罗宣言》是具有法律效力的一块基石。"二战"后，整个亚太地区的领土划界和国际秩序的"大厦"就建立在这块基石上。1951 年，周恩来总理兼外长发表的《关于旧金山对日和约》的声明、1972 年中日两国恢复邦交正常化的政府联合声明都把《开罗宣言》作为重要依据。

除了中国之外，亚太地区与日本毗邻的俄罗斯、朝鲜、韩国及其他国家，在处理与日本之间的国家关系时，都要以《开罗宣言》为重要依据。（参见百度百科）

《开罗宣言》草案是美国人霍布金斯起草的，蒋介石懂英文的秘书长王宠惠把译本交给蒋介石审阅。蒋介石看后没跟任何人商量就表示"完全同意，一字不改"，王宠惠本人也没发现问题。

当军令部处长蔡文治少将去通知杨宣诚，让他与商震、周至柔代表中国的陆海空军参谋部，准备在《开罗宣言》上签字时，杨宣诚知道事关重大，提出先要仔细阅读文本。当他看到其中写道"使日本在中国所窃取之领土，如东北四省、台湾等，归还'中华民国'"一句时，便对王宠惠说，应该把"澎湖列岛"加进去。

王宠惠认为，澎湖列岛是台湾的属岛，有了"台湾"二字，也就包含澎湖列岛了。杨宣诚说不对。当年签订《马关条约》时，日本要求明确写出"割让台湾、澎湖列岛"。李鸿章也说，澎湖列岛为台湾属岛，"割让台湾"也包括澎湖列岛了。但是日方毫不退让，他们担心如果不把"割让澎湖列岛"写进条约，中国就有可能把澎湖列岛从台湾剥离出来，划归福建省管辖；或者把它当作租借地，租借给俄罗斯，让俄罗斯与日本对峙。由于日方一再坚持，李鸿章才不得不同意将"澎湖列岛"与台湾并列起来，写进了"马关条约"。

现在谈到归还领土问题，如果《开罗宣言》中不提"澎湖列岛"，便与《马关条约》没有形成对应的相符关系，便会为日后日本争夺澎湖列岛留下口实。

王宠惠一听茅塞顿开，赶紧找美方交涉，将《开罗宣言》的相关内容修改为："使日本在中国所窃取之领土，如东北四省、台湾、澎湖列岛等，归还'中华民国'"。（参见沈飞德的《名扬盟军的军事情报家杨宣诚》，载于《文史精华》总第97期）没写钓鱼岛都惹来了麻烦，如果不把澎湖列岛写进去，那麻烦就更大了。

杨宣诚之所以有如此见识，因为他既懂日语又懂英语，具有广阔的国际视野，担任过民国驻日使馆武官，深入研究过中日交往史，对《马关条约》了如指掌，不用查阅原文就能说出要点。

抗战爆发后，杨宣诚改任司令部二厅厅长，主管对日军事情报工作。他依靠自己和部下的外语功夫，对于珍珠港事件、新加坡战事走向、缅甸战略部署等，都有准确的预判和超乎寻常的见解。因而，在国民党统帅部和盟军中具有很大的影响力，很多人都知道这位"翘胡子"将军。

他以他的外语功夫和史学修养维护了国家权益和世界和平，获得民国政府的云麾、宝鼎等勋章，美、苏、英、法等国也授予他政府勋章，以表彰他在反法西斯斗争中的功绩。（参见笔者的寓公新浪博客2018年11月4日博文）

外语人常常要陪伴国家领导人参与国务活动，而这种活动几乎一刻也离不开历史知识的佐助。国与国之间签订的界约、租约、领事条约、贸易条约、军事条约，以及政府间的宣言、公告、协议、声明等，都与历史及现实利益纠缠在一起，一旦脱离了历史，就会造成不可想象的后果；一个国家与联合国、国际组织之间的约定及合作文件也要以相关历史为参照。

赫鲁晓夫要与中国建立联合舰队、在海南岛设立长波电台，毛泽东为什么坚决反对？就是因为他通过历史的眼光看穿了赫鲁晓夫想要图谋中国主权、海权的可耻用心。

20世纪90年代初，一些缺乏政治远见的苏联政客被美国利用，使一个完整的国家走向分裂，70年间几代人建立起来的公有制社会制度毁于一旦，强大的陆、海、空军也迅速瓦解，巨型轰炸机、运输机和大型舰只、核潜艇等被当成废铁拆解卖掉，主战坦克卸掉火器后廉价卖给美国农民做农用机具，休克疗法让俄罗斯经济一蹶不振，国家跌落为二级国家，民众生活陷入苦难之中。

如今，美国想用对付苏联的办法逼我们就范，一些缺乏历史眼光的人被其所谓的"民主""人权"欺骗了，以为仗一时还打不起来，结果"运十"下马了，刚刚建立起来的导弹防御系统也不要了。忘战给国家造成了相当大的损失，也带来了重大忧患。而更多的国人通过苏联解体的历史眼光看穿了美国的图谋，就没有上当。

美国对世界上第二经济体挑起的大规模贸易战已经不止一次了。20世纪80年代初期，美国胁迫日本签订了《广场协议》，想通过打压日本经济的手段来改善它自己的经济状况。

《广场协议》签订后的前五年里，日本股价每年以30%、地价每年以15%的速度增长，泡沫经济离实体经济越来越远。从1989年起，日本政府开始施行紧缩的货币政策，试图解决泡沫经济造成的危害。结果，短期内其股价、地价就下跌50%左右，银行形成大量坏账，日本进入了十几年的经济停滞期。

美国并没有因此就可怜日本、放过日本。在美国的威逼下，2019年9月25日，美日双方签署了初步贸易协议，取消或降低了对美国有利的一些农产品和工业品关税，日本所关切的汽车进口关税却未提及。该协议于 2020 年 1 月 1 日生效，日本将对产自美国的牛肉、猪肉、奶酪和葡萄酒等价值大约 70 亿美元农产品减免关税。日本农户将因低价美国产品流入而面临更加严酷的市场竞争。该协议被日本在野党批评为"不平等协议"。（参见 2019 年 9 月 26 日中国经济网）

没有外语功夫就无法从世界史中寻求借鉴。美国当然想逼迫我们签订类似于《广场协议》的协议，我们是坚决不能上当的。

世界上的热点问题都会涉及历史。香港暴乱、新疆反恐、西藏反独、统一台湾、解决钓鱼岛争端、解决南海争端等，必然涉及历史版图、殖民统治、"颜色革命"，以及鸦片战争、第二次世界大战、开罗会议、波茨坦公告等一系列历史问题。外语人要争夺这方面的话语权，就必须把外语功夫和历史知识结合起来，发表有质量、有水平的言论或文章，才能据理力争、以理服人，使国人清醒，使世界回归公平正义。丢掉了历史视觉，就会陷入迷途、任人宰割、为他人所利用。

有没有历史厚度，是衡量外语人才的重要尺度。大外交家周恩来在日内瓦会议、万隆会议上都创造了历史，在中苏关系、中美关系、中日关系、中非关系等方面，都有非常精彩的表现，可以成为外交官的教科书。顾维钧口述的回忆录达 600 万字，涉及他的档案资料多达 30 万页，都是外交界、史学界应该加以研究、借鉴的宝贵资料。（参见刘周岩的《顾维钧档案回归记》，载于《三联生活周刊》2017 年第 31 期）德国的卑斯麦、美国的基辛格等人的外交活动，也可以为我们提供借鉴。如果我国外交官能够从外交史中获得借鉴，就会少走弯路。

任何一个学科都有自己的发展史，外语也不例外。所有大师级人物，都以精通学科史为自豪；不懂学科史的人，就没有参照、没有路标，根本就没有可能在自己的学科领域里称雄。

学科史中有许多令人肃然起敬的人物，也有许多感人的故事，可以让我们从中受到启发、鞭策和激励，激励我们不断奋斗，修炼好外语功夫。弄懂了学科史，你会找到许多命题，可以结合当今的实际加以研究，为外语人指明奋斗方向。

四、哲学瞭望台

哲学是知识之母。从总体上说，学习就是学规律，外语也不例外。哲学不但是外语的重要相关量，而且是外语学习的指导原则。懂哲学才能学好外语。

1. 哲学构架起文明筋骨

2013 年 12 月 3 日，习近平在政治局第十一次集体学习时说："我们党自成立起就高度重视在思想上建党，其中十分重要的一条就是坚持用马克思主义哲学教育和武装全党。学哲学、用哲学，是我们党的一个好传统。"（见于《习近平：推动全党学习和掌握历史唯物主义》，来自 2013 年 12 月 4 日新华网）

马克思主义哲学以及西方其他哲学理论都是外语人译介过来的。吴亮平翻译的《反杜林论》，被毛泽东赞誉为"功盖群儒，其贡献不下于大禹治水"。（转引自郭德钦的《延安时期知识分子群体与马克思主义哲学大众化》，载于《社会科学家》总第 214 期）中国哲学思想的对外推广也得靠外语人，同样功德无量。

一切事物都离不开哲学思辨和哲学指导。哲学思想体系是各种文明的筋骨，支撑起各自文化大厦。如果抽调了哲学思想体系，文明就会崩塌。

康德说："人如果受一门狭隘知识所具有的那种偏见的蒙蔽，这是一种致命的缺陷。"（见于参考网：《一个让人仰望的人》）又说："如果一个人是科学利己主义者，而他则需要再长一只眼睛，以便能够从他人的角度来看事物，这是使科学人道化的基础，即科学人性标准。"（转引自张会永的《康德自然观的生态论理意蕴及启示》，载于《马克思主义与现实（双月刊）》2009 年第 1 期）

教育是培养人的，衡量人才质量高低首先要看有没有哲学头脑。孔子的"己所不欲勿施于人"，已经是"再长一只眼睛"，不再是"独眼怪物"，懂得约束自己、想着别人；柏拉图希望培养"哲学王"来治国理政，也是怕出现"独眼怪物"，祸国殃民。

法国师范生的摇篮——高等师范学院，选拔人才时总是把哲学放在首位。他们认为：教师首先要成为哲学思想的传承者，这是教育体系的核心内容；排在后面的才是各种技能的传授。

用哲学思想武装起来的师范生，走上工作岗位后才更能懂得辩证思考，懂得主次关系、相邻关系，在师生关系上才能懂得换位思考，了解学生的心理状态，会用自己人格去塑造学生人格。师生关系融洽了，教学活动才能够顺畅进行。这所学校因此成为名人荟萃之地，很多大师级人物都出于此。

政界为什么推崇"哲学王"？因为只有"哲学王"才具有超常的政治远见和决策能力，能够明察秋毫之末，透过细微的想象看到事物的本质，知道自己和对方的优势、劣势所在，化被动为主动，指引人们冲破黑暗、奔向光明，夺取胜利。

世界上那些战争狂人，无论是希特勒，还是东条英机，都是缺乏哲学头脑的。他们穷兵黩武，过高地估计了自己的力量，过低地看待人民反抗的力量，总想置别人于死地，不知道有压迫就有反抗的道理，不相信"得道多助，失道寡助"，最终必将陷于泥沼而不能自拔。

"美国第一"，用制裁大棒、贸易战横扫全世界，就是特朗普缺乏哲学头脑的具体表现；奉行单边主义、孤立主义、长臂管辖、关税壁垒、科技脱钩、毁约退群，把全世界每一只羊的毛都剪到自己的布袋里，以为自己可以摆布一切。不懂哲学的"独眼怪物"，不经意就会做出不理智的事情。

没有哲学头脑的政治家、军事家、企业家往往只顾眼前利益不顾长远利益，不准备"备胎"，跌大跤、吃大亏，"赔了夫人又折兵"就在所难免。任正非具有哲学头脑，华为因此而立于不败之地。

2.哲人才是聪明人

聪明人是懂得思辨的人，"不畏浮云遮望眼"，看得清、看得远、看穿迷雾、懂得反思，能注意到背光的一面。见别人所未见、闻别人所未闻、想别人所未想，既能明辨过去和现在，又能预见未来的人，才可称为哲人。（参见笔者的寓公新浪博客 2019 年 12 月 29 日博文）

马克思读大学时是学法律的，他却把大部分时间花在学习哲学和历史上。他获得的是哲学博士学位。他的博学使自己成为思想家、政治学家、哲学家、经济学家、革命理论家、历史学家和社会学家。（参见百度百科）

列宁在克山大学也是学法律的，博学使之成为思想家、哲学家、政治家、革命家。（参见百度百科）

毛泽东认为，懂哲学是干成大事的必备条件；哲学在一切学问中居于最高地位，其他领域的著述不过是一些具体经验的总结和具体政策的表达，是根据哲学观点结合实际的运用。他说："没有哲学家头脑的作家，要写出好的经济学来是不可能的。马克思能够写出《资本论》，列宁能够写出《帝国主义论》，因为他们同时是哲学家，有哲学家的头脑，有辩证法这个武器。"（参见陈晋的《文章千古事——毛泽东在新中国成立后对自己著述的评价》，载于 2017 年 3 月 30 日人民网 – 中国共产党新闻网）

尼克松是美国十分著名的右派政治家，曾经不遗余力地反共反华。对于这样一个人物，多数人都表示厌恶。毛泽东则说，我喜欢右派，愿意与右派打交道。这是他从哲学层面看透了"物极必反"的哲理。

尼克松在一次演说中说："美国无力孤立像中国这样的人口大国。"仅仅一句话，毛泽东就看出了尼克松知道边界在哪里。毛泽东断言，如果这个人当上美国总统，就有可能改善中美关系。他所获得的信息，当然少不了外语人的功劳。

哲人的过人之处就在于明察秋毫，如果事物已经出现了明显的变化才发现，那就属于常人了。

1968 年，尼克松当选美国总统，毛泽东下令在《人民日报》上刊登了他就职演说的全文，美国情报机构和敏感的西方媒体当然会注意到这种变化。

美国通过罗马尼亚和巴基斯坦两条渠道表达了改善美中关系的愿望。

中方除了外交渠道外，还通过毛泽东与斯诺谈话的方式，表示欢迎尼克松访华，还十分巧妙地运用"乒乓外交"来达到目的。

周恩来接见美国乒乓球代表团的消息传到美国后，1971 年 7 月 6 日，尼克松在堪萨斯城发表演讲，把美、苏、中、西欧、日本称为世界五极，强调"美国政府必须首先采取步骤来结束中国大陆与世隔绝的状态"。

毛泽东在家国情怀上深明哲理，懂得大爱与小爱、大我与小我的辩证关系，为求大爱肯割舍小爱，为了大我敢于放弃小我；变革社会，革帝国主义、军国主义、剥削阶级的命，同时也修炼自我、改造自我，敢于革自己的命，是辩证唯物主义和历史唯物主义的真正实践者。哲学使他成为时代巨人。

3. 哲学与外语

如同其他学问一样，外语也不能不受哲学规律支配，它的功夫性、实践性、内因决定性、主次关系、相邻关系，各种关系间的对立统一、相互影响、相互转化等，无不涉及哲学命题；不能孤立地、静止地、工具性地看待外语。

外语的五大功夫完全受哲学规律所支配。这些功夫的高低，既要看内因决定性，又要看功夫修炼的实践性，在实践中增长功夫，又要接受实践检验，一刻也离不开哲学的指引。

前文谈到的马克思、列宁都有长期旅居国外的经历，他们在哲学方面的作为无不与依托外语功夫广泛阅读紧密相连；不只是哲学研究和创作，甚至可以说外语功夫支撑着他们的生命。

除母语外，马克思还会英语、法语、俄语、西班牙语。恩格斯除母语外，还能流畅地使用法语、希腊语、拉丁语等 12 种语言，能阅读近 20 种语言文字书籍。恩格斯把《共产党宣言》译成了多国文字；他的哲学著作《反杜林论》被称作"马克思主义的百科全书"。（参见百度百科、360 百科等）

外语学习的数量和质量统一，也是哲学命题。丹麦人 R.H. 拉什，不但通晓 230 种语言，还编辑过 28 种文字的词典，可以说是既有数量，又有质量。学习外语不要迷信，你的语言功夫未必就赶不上土著族。美国高校中不乏华人顶尖教授，这符合辩证法，也是外语人的骄傲。

李盛春出身市民家庭，没读过高中、大学，没有赵元任那样的天赋和内外环境。他自学 37 门外语，不是为了混饭吃，而是旨在利国，这么大的动力可以把精力聚焦起来，冲破一切险阻，化被动为主动，让精神变物质，在外语学习上上演了"以弱胜强"的成功范例。哲学在其中起到了不可替代的作用。

孙宁一直是学霸级人物，但是他总是肯下笨功夫，不靠机灵取胜，这也正是他懂辩证法的表现。

从哲学的角度讲，人与人之间的时空因素、内外环境、心理因素、脑体能力因素、意志品质因素等都不一样，所以成功可借鉴但不能简单复制。

外语的九大相关量之间也存在着主次关系，也有各自的独立性、相关性，彼此之间也会相互转化。你如果长期在国外生活，母语和外语之间的关系就有可能倒置过来；在相关量的主次关系方面，一位外交官与一位文学家、教育家、科学家、军人等肯定会不同；人的岗位变动了，相关量的主次关系也会随之发生变化，不能平均使用力量。这些都涉及哲学命题。

撒切尔夫人嘲笑我们只能输出工业品，不能出口思想。其实我们的五千年文明积累的核心价值观不逊于西方。一方面是我们翻译队伍的功力不够，另一方面是西方社会有意阻挡着我们世代积累起来的核心价值的输出，以便于他们用自己所控制的语言霸权维护自己的支配地位。

近来，尽管有"茅台酒""普洱茶""中国大妈"一类的语汇堂堂正正地进入了英语文化圈，但这些并不属于反映中华文化核心价值的词汇。像"圣人"一类的词汇，本来就应该直译为"shengren"，而西方仍旧依据他们自己的文化，拒绝使用"shengren"一词，套用"圣徒""先知"等他们固有的文化，使词义变性。

语言定义权属于文化主权，也是思想主权的组成部分。我们的翻译只有自己具备更高的双语功夫，才能订正西方的谬误，维护好自己的文化主权，输出思想才有根基。外语人应该振奋起来，为了民族而拼搏！

外语人即使当不了"哲学王"，起码也要当一个"哲学使者"，使自己的眼界宽一些，在纷繁的现实世界中保有定力，不至于迷失方向。

五、撑起法律保护伞

外语人活跃于国际大家庭，就要遵守大家庭的规则，知法守法、用法律武器保护国家利益、维护自身权益。因此，法律也必然成为外语相关量。

1. 旧伞可用

鸦片战争打开国门后，我国被动地进入国际大家庭，却没有懂英、法等西方国家语言的人作为交往的支撑，参与谈判签约的清政府官员面对西方列强的代表"耳聋眼瞎"语不通，只能任人宰割。

恭亲王奕䜣在 1864 年的奏折中说："臣等在与各国使臣彼此无纠葛的时候，闲聊探访，得知有《万国律例》。想要拿来看看，并且托付译成中文，又担心他们秘而不宣。今得丁韪良译稿，仔细读过，大多数是谈论交往结盟和战争策略等问题的，在发生摩擦争执时可以相互制约，更有各自的解决办法。只是译得不太通顺，如果不当面询问，就不能透彻理解原意。正好可以借他的请求加以校改。"

奕䜣让四位衙门章京与丁韪良仔细商酌、删改润色。经过半年通力合作，译著终于完稿。奕䜣拨银 500 两资助印行，把其中三百部书分发给各地方官员以资参考。（参见徐中约的《中国进入国际大家庭：1858—1880 年间的外交》，商务印书馆 2018 年版）自此国人开始学习运用国际法。

此后，我们逐渐看到了国际法在保护民族利益等方面的功效，到西方学法的人数也逐渐多了起来，马建忠、伍廷芳等人就是其中的佼佼者。他们在"弱国无外交"的形势下，仍旧用国际法维护了一部分国家利益。

1945 年 10 月 18 日，美国国务院照会各受降国政府，说即将组织远东国际军事法庭对甲级战犯进行审判，请各国提出法官人选，以便加以任用。国民政府提名梅汝璈代表中国去东京执法。

受到委任后，梅汝璈于 1946 年 3 月 20 日飞抵东京。他说："我既受国人之托，定将勉力依法行事，断不使战争元凶逃脱法网！"（参见《梅汝璈：正义审判千秋凛然》，来自 2019 年 9 月 17 日新华网客户端）

梅汝璈的长处在于懂国际法、懂英语及人文历史等相关量，为其代表祖国伸张正义带来了便利。

到东京后不久，他便与一些西方同行发生了争执。首当其冲的就是座次之争。

在各种国际场合，安排座次都是一件非常有讲究的事情，是国家地位和荣誉的象征。11 名法官就座次安排问题激烈争论了好几天，也没有定论。梅汝璈精通英语，便于直接阐释自己的主张。

正式开庭的前一天下午，法庭还要进行"预演"，各国记者会涌入拍照。庭长韦伯宣布法庭席次为：美、英、中、苏、法、加、荷、新、印、菲，宣称这是经过最高统帅同意的。

梅汝璈当场质问韦伯："这项安排既不是按照受降顺序，又不是按照英文字母顺序，这样安排有何道理？我无法接受这种安排，也不能参加这个预演。"说完脱去法袍愤而离场。加拿大法官也因为被安排在法国之后而离场。

韦伯来到梅汝璈办公室劝说道："盟军统帅的意思是觉得英国和美国对英美体系的法律程序更熟悉，才这样安排，仅仅为了工作便利，并没有歧视中国的意思。而且中国的席次依然在苏联、法国之前。这样安排，坐在你身边的是美国和法国法官，而不是苏联将军，你也会比较愉快。"

梅汝璈当即反驳说："我不是为了愉快来这儿的，中国遭受日本侵略长达 50 多年，对我来说审判日本战犯是一件非常严肃且沉重的事情；至于苏联将军，我倒觉得他很容易相处。"

韦伯用带有威胁性的口吻说："这是盟军最高统帅的意思，如果你拒绝而导致中美关系不愉快，那也很遗憾，你的政府也未必会同意你的看法。"

梅汝璈凛然地说："中国是遭受日本侵略最惨烈、抗战牺牲最大的国家，而在审判这些战犯的国际法庭上，席位竟然比一贯只知道向日军投降的英国低，这是让人难以接受的。我不认为我的国家会同意这个安排！"

韦伯诱骗说："这只不过是个预演，等预演完了，我们再一起讨论正式席位安排问题。"

梅汝璈说："预演虽然只是临时的，但新闻记者会到场拍摄，我的国家绝对不会允许我同意这项安排，何况以受降签字顺序安排席位，多数法官都同意，也没有人提出过更好的办法，我看没必要再次开会讨论，应该按受降签字顺序安排，否则我绝不参加，哪怕是预演。"

韦伯只得同意按受降签字顺序安排席次，这是梅汝璈据理力争的结果。英语和法理帮了他的忙。

盟军总部国际检察处确定东条英机等 28 名甲级战犯为远东军事法庭审判对象。战犯名单中不包括日本天皇裕仁。

裕仁作为日本的国家元首，应对侵略战争负主要责任。战后，国际社会要求审判裕仁的声浪极高，但出于对战后利益的考量，美国政府和麦克阿瑟以《波茨坦公告》允许日本在战后保留天皇制度为由，宣布不逮捕也不起诉裕仁。

梅汝璈认为，保留天皇制度与起诉裕仁并不矛盾，可以由新天皇即位，同时起诉裕仁。梅汝璈的主张得到了其他一些法官的支持，裕仁差一点儿就被送上了法庭，由于麦克阿瑟的固执，才侥幸逃脱了法律的制裁。

东京审判进入起草判决书阶段时，梅汝璈提出日本侵华罪行这部分应由中国人执笔。理由是：中国人民在日本侵华战争受害最深，最具发言权。法庭采纳了他的建议。

梅汝璈和他的助手竭尽全力从堆积如山的证据材料中梳理出有用的东西，然后加以综合阐述，充分揭示了日本侵略者的罪行。最后用英文向法庭提交了 200 多页、长达十余万字的判决书文书，得到了法官会议的认可。

法官们对国际法的理解不同，在给被告定罪时产生了严重分歧。庭长韦伯主张将战犯统统流放荒岛；印度法官主张无罪开释；美、英法官虽然认可死刑判决，但是实行双重标准：对于那些发动太平洋战争和虐待英、美战俘的战犯毫不手软，对于侵华战犯则想网开一面。

面对这种复杂的局面，梅汝璈忧心如焚，夜不能寐。他对助手说："若不能严惩战犯，绝无颜再见江东父老，惟蹈海而死，以谢国人。"他向法庭提供了充足的证据，建议对在侵华战争中犯下滔天罪行的土肥原贤二、松井石根、板垣征四郎等必须处以极刑。经过法官投票表决，土肥原贤二、松井石根、板垣征四郎等受到了应有的惩罚。（参见梅汝璈的《远东国际军事法庭》，法律出版社 2005 年版）

梅汝璈不只是业内行家，而且娴熟掌握了外交上的应变功夫，才不负祖国和人民的期望。

2. 服务当下

国际贸易法规文卷浩繁、条目众多，读解和应用都十分费工夫。国际法要应用于外交和国际贸易实践，用法理保护自身权益，就非用到外语功夫不可。外交层面涉及领土主权和国家利益，阐释主张总得让对方听得懂，这就离不开外语。发生争执时最有力的语言就是法言、法语。外贸层面，有外语功夫护驾，可以日进斗金；离开外语功夫，就可能赔得血本无归。

张向晨精通英语、法语和 WTO 规则，在中国入世谈判中作为龙永图的助手发挥了重要作用。基于他的学识、能力、威望和对 WTO 规则的了解，2021 年 5 月 4 日，世贸组织总干事伊维拉宣布任命张向晨等为世贸组织副总干事。（参见 2021 年 5 月 7 日《时代财经》的相关报道）他善于利用法言、法语阐述自己的见解。

国际经济信息瞬息万变，从能源、原材料到产品的生产、销售、仓储、运输、市场行情等，无不集结着大量信息。如果信息不畅，稍有迟疑就会全盘皆输。商场如战场，人们历来把经济运作比作"没有硝烟的战争"。大凡在国际商海中拼搏过的人，对此深有体会。美国政府和企业都设置首席信息官一职，来统筹信息的掌控和运用。国际信息必须靠外语人去收集。

经济情报上的明争暗斗，丝毫也不逊色于政治情报、军事情报上的争斗。如果说政治、军事情报的搜集主要由国家情报部门承担的话，那么经济情报的搜集则应该是官民并举。外语人才要在信息搜集、掌控和使用上大展身手。

张捷是北京的一位地产商兼律师。2007 年的一个偶然机会他认识了欧洲贵族波舍尔家族中的人，双方谈到了在中国十分热门的矿业投资问题。波舍尔不失时机地说，力托在南非的子公司是一个上市公司，它的采矿证书已经到期，如果张先生感兴趣，可以联手拿下该公司下属的一座大型铁矿的采矿权。张捷觉得机会来了，带上英语翻译和朋友，立即随波舍尔飞赴南非。

招待是高规格的。到了该看矿的时间，主人先是带着他们坐飞机在矿场上空兜了一圈，再用高级轿车拉着他们在矿场周围转了一圈。车外到处都是野兽，看矿就同逛野生动物园一样惬意。那座露天铁矿矿石储量约有一亿吨，而且都是含铁量约为 60% 的优质矿，矿石成本每吨为 50美分。加上运费，到我国上岸价也不过是每吨 70 多美元。

波舍尔提出的条件是：双方平分股份，由张捷出资在当地建冶炼厂，由波舍尔负责经营，把铁矿中的钛提炼出去，既可降低运输成本，又可提高铁矿石的品位，还可突破南非对于初级产品出口的限制。一切听起来都是那么入情入理，张捷觉得没什么不可接受的。波舍尔就拿出早就准备好了的合同文本，催促张捷抓紧时间签字。

张捷毕竟是当过律师的人，知道签字意味着什么。他叮嘱翻译把合同条文看仔细。这几十页的合同文本，主要是用英文撰写的，还夹杂着多种其他文字，让翻译也摸不着头脑。翻译担心里面埋伏着"地雷"，建议张捷找位熟悉当地矿业法律的律师咨询一下，以免上当。

在翻译的陪同下，张捷与熟悉当地矿业法的律师接触，逐步获知：南非矿业法所涉及的内容极为广泛，包括矿山归属权、土地使用权、地下土地所有权、毗邻权、环境保护的相关规定等，文字多达数百万页，而且实行的是判例法，司法过程中往往要援引既往案例。律师既要拥有法的知识，又要熟悉司法史，否则就难有作为。像他们购买矿山这样的大合同，根本不可能由几十页文本所包容，至少也要几百页。

获得这些重要信息后，他们回到谈判桌上就不得不变得格外谨慎。翻译发现，原来谈过的协议文本，对方竟然不声不响地改动了多处，而且都与双方的利益博弈紧密相关。比如：诉讼地的约定原为新加坡，对方悄悄改为南非当地。一旦出现纠纷，张捷就有可能因为不熟悉当地法律而败诉。

指出这些埋伏后对方就翻脸了，要求立即归还他们提供的样品介绍书和样品。

翻译仔细查阅了样品介绍书，发现矿石中钛的含量占 8%～12%。国际上每千克钛的售价十多美元，仅从每吨矿石中提炼出来的钛就可获利 800～1 200 美元。除铁矿股份外，波舍尔还想借鸡生蛋、无本牟利；提炼过钛的矿石让张捷运走，就等于免费运走了垃圾。用欺瞒手法剥夺了合作者的知情权，所以才暗自更改诉讼属地，为自己留下后路。而且，张捷他们始终也没有看到对方的采矿许可证。据当地华侨介绍，在当地取得采矿许可证是一件非常困难的事情。张捷只得知难而退。

纵观张捷南非淘金案，因为合作双方所掌控的信息不对等，落入对方圈套的可能性极大。多亏翻译为他踏翻了地雷，又借助当地律师补足了相关信息，才没落入对方设置的陷阱。

随着"一带一路"战略的实施，到海外淘金的规模也越来越大。无论是何种形式的海外淘金，都需要依靠外语功夫。

外交上的交锋往往需要逻辑与法并用才更有效。2021 年 4 月 5 日，国务委员兼外交部部长王毅同日本外相茂木敏充通电话时强调："双方应珍惜和维护中日关系来之不易的改善发展大局，恪守中日四个政治文件原则和精神，确保两国关系不折腾、不停滞、不倒退，不卷入所谓大国对抗。"他说："日美有同盟关系，中日也签署了和平友好条约，日本同样有履行条约的义务。"（参见 2021 年 4 月 5 日澎湃新闻）王毅整段话逻辑严密、无懈可击；谈到"中日四个政治文件""中日和平友好条约"，又从法的角度加重了谈话分量。

习近平指出，要坚持统筹推进国内法治和涉外法治。要加快涉外法治工作战略布局，协调推进国内治理和国际治理，更好地维护国家主权、安全、发展利益。要强化法治思维，运用法治方式，有效应对挑战、防范风险，综合利用立法、执法、司法等手段开展斗争，坚决维护国家主权、尊严和核心利益。（参见 2020 年 11 月 17 日新华社客户端）

我们所面临的全球性挑战是多方面的。法律保护伞，首先还是西方制造的那把旧伞。要用外语功夫了解它的全貌，趋利避害，为我所用。

随着中国国际地位的提升，我们在世界上争取到了更多话语权，我们有责任积极参与各项国际法律建设，把西方制造的那把旧伞翻为新伞，使之更好地造福于世界人民，为创建人类命运共同体服务。为此，我们需要培养出更多的精通国际法学的外语人才。

国际法院是根据《联合国宪章》于 1946 年设立的。中国法官徐谟 1946 年当选为海牙国际法院大法官。大法官离不开法言、法语。

史久镛于 1993 年当选为国际法院法官，2000 年当选为国际法院副院长，2003 年 2 月当选为国际法院院长。2006 年，他卸任国际法院院长职务，继续担任国际法院大法官。2010 年 5 月，他辞去国际法院大法官职务。

薛捍勤毕业于北京外国语大学英语系，于 2010 年 6 月当选为国际法院法官；2018 年 2 月，当选为国际法院副院长；2020 年 11 月，她再次当选国际法院副院长，任期 9 年。

上述人员无论是学外语的，还是学法的，都不是外语与法或法与外语的简单复合，而是在突出法学、外语的基础上，注重相关量功夫修养，才能适应国际法律实践的需要，政治、经济、军事、历史等，一项都不能少；往往还要把相关国家的国内法和国际法衔接起来，才能判案准确。我们培养国际法学人才，应该以此为参照，预判世界走势，培养具有前瞻视野的人才。

一个不争的事实是，国际法院还从来没有判处过美国首脑的战争罪行，甚至想启动调查就会遭到美国的严厉制裁；而被害国家的元首却往往遭受不公正的判决。这反映出西方制定的国际法缺失公正性，需要我们团结世界各国的正义法官对此加以修补，结束"刑不上大夫"的局面。

2020年，全世界爆发新冠疫情，我国利用制度优势迅速控制住自己的疫情，成为全世界抗疫之典范，给其他发生疫情的国家以巨大的支持；美国政府面对疫情不作为，用谎言欺骗民众，把科学问题政治化，一再对中国甩锅，甚至声称对中国索赔。国际法对于美国无视民众生命的反人类罪、颠倒黑白的诬陷罪、无中生有的诈骗罪束手无策，反映了法理法条和执法手段的缺失。这都是国际法学工作者应该补救、有所作为的项目。

对于我们来说，联合国改革和国际组织改革既是机遇也是挑战。做好充分准备积极应对这场改革，把既往留存的不合理成分清除掉，使正义诉求得以伸张，形成有利于构建人类命运共同体的法律制度与和平发展大环境，是各国法学工作者义不容辞的义务，中国法官应该起引领作用。

随着社会发展，大气污染和环境治理、消减军备竞赛、海洋开发和治理、极地开发和治理、外太空开发和治理等一些新的利益疆域已经摆在我们面前，还有一些新的未知利益疆域将会不断涌现。我们的法学工作者要以人类卫士的身份撑起新的更加公正的保护伞，守卫人类社会健康发展。

六、科学之光

鲁迅在《科学史教篇》中写道："故科学者，神圣之光，照世界者也。"可见他对科学的估价之高。在同一篇文章中，他把科学修养看作是"人性"的重要组成部分。外语人的修养当然也少不了科学这个相关量。

1. 科学与人类

人们对先进科学技术的认识往往落后于时代。只有那些既懂外语又懂科技的人才能站在时代前沿，外语能帮助他们获取可靠的信息，进而占领学术前沿阵地。

罗斯福是一位备受称道的美国总统。1939 年，德国法西斯在原子能开发方面已经取得某些突破，爱因斯坦等科学家对此感到忧虑，他们想劝罗斯福重视原子能开发。同年 10 月，美国经济学家萨克斯获得了面见罗斯福的机会，他们委托萨克斯把一封长信带给罗斯福。罗斯福读不懂这封信，对这项事业不感兴趣，就敷衍说："政府干预此事为时尚早。"

萨克斯决心说服罗斯福。第二天，他与总统共进早餐时，刚想开口，罗斯福马上阻拦说："今天不许再谈爱因斯坦等人的信，一句都不能谈。"

萨克斯说："今天只谈历史。英法战争期间，陆地作战拿破仑总是获胜，海战则屡战屡败。发明家富尔顿建议他去掉战船上的桅帆，装上蒸汽发动机，把木质甲板换上铁甲板。拿破仑觉得去掉桅帆战船就无法航行，换上铁甲板战船就会沉没。他气愤地把富尔顿赶走了。如果拿破仑听了富尔顿的话，历史就将被改写。"

罗斯福仔细品味萨克斯的话后，接受了爱因斯坦等人的建议，（参见金鸣编著的《成功领导者的语言魅力》第 181～182 页）所以才在广岛用上了原子弹。

北京大学教授朱青生说："人们容易产生一个误解，以为文科不属于科学范畴。从其历史源流与所秉持的精神来看，文理科本属一宗，只是人性为了理解世界与自我而显现为不同方式。文理的分划显得过于粗糙，文科可分为社会科学与人文科学，理科又可分为自然科学和技术科学。作为人性中因对自身发问而生的人文科学，其研究的程度和算计的方式表明它确属于科学，并且因其引领人对人性的整体进行思考而具有重要的价值。然而，科学并非万能的，人的存在也并非完全理性，在全面复归人性的道路上，现代艺术以其特殊的干预方式显示出独特的价值所在。"（参见朱青生《十九札》中的第 18 封信：《关于科学的局限》，北京联合出版公司 2013 年版）

科技发展是永无止境的。1900 年，德国大数学家希尔伯特提出了 23 道数学难题。一个世纪后，22 道难题已经得到完全或者部分解决。解这些难题的一个必要条件就是得懂外语，不然连题目都读不懂。

1954 年，杨振宁和米尔斯创造了"杨 - 米尔斯理论"。20 世纪 60～70 年代，许多学者引入的对称性自发破缺与渐进自由观念逐步发展成今天的标准模型。"杨 - 米尔斯理论"被看作是 20 世纪下半叶最重要的物理成就，是现代规范场理论的基础。（参见笔者的寓公新浪博客 2020 年 1 月 3 日博文）杨振宁有雄厚的外语功底，所以才能捕捉到学术前沿信息，进而把自己的能量发挥出来。

2000 年初，美国克雷数学研究所公开向世界征求七大数学难题的答案。这七大难题意义非凡，解答了每一道难题就意味着找到了未知真理及隐匿在其背后的巨大宝库。解决这些难题还得用到外语功夫。

现代科技来自西方。不学外语就不会知道航母、隐形机、航天器、导弹是怎么造出来的；尖端技术被卡住脖子也不会知道如何解套，就会任人欺侮、宰割，甚至领土主权也会丧失。难道还有比这更可怕的事情吗？

人类要走出地球，在广阔的宇宙中寻找和扩展生存空间，就必须依赖科学技术的发展和人类对尖端科学技术的运用。诸如此类的相互借鉴及国际合作，都离不开外语功夫。离开外语功夫，就会产生"巴比塔"效应。

任何一种科学技术，如果仅仅用于谋利，必然会贻害社会。如何使用好科学技术这把双刃剑，正在考验全人类的智慧。外语人同样担负着这份责任，决不能置身事外。

2. 科学与祖国

科技实力是国家实力的基础，经济实力、军事实力等无不依赖科技实力。

任何一个国家或民族最基本的需求就是解决衣、食、住、行、用的问题。为此，就必须研究自己所处的环境，在认识自然、改造自然的过程中，科学就会随之发展起来。不懂外语就无法吸纳别的民族研发出来的先进科学技术。

科学无国界。中华文明所产生的科学技术都毫无保留地奉献给了全人类。当牛顿发现万有引力，瓦特发明蒸汽机，爱迪生发明电灯、电话，西方研制出铁甲舰、飞机、大炮时，我国因为外语教育滞后，却对此知之甚少，还躺在农耕文明中睡大觉，遭受侵略、受人欺凌就难有还手之力。

但是中华民族毕竟是有五千年历史文化积淀的民族，有系统思维、天人合一的文化传承，有"求真务实"的科学精神，知道科技落后了就急起直追。"洋务运动"实质上就是向西方学习近代科技，"五四运动"的旗帜就是科学与民主。很多有识之士远涉重洋奔赴西方，以"取经"精神学习西方先进的科学技术，转而报效祖国。外语功夫为之保驾护航。

1911 年 1 月 18 日，中国人冯如研制的飞机"冯如 2 号"试飞成功，为中国龙插上了翅膀；"取来真经"的詹天佑、钱三强、钱学森、郭永怀、邓稼先等著名科学家，为铁路运输、"两弹一星"、航空航天事业作出了突出贡献，也给祖国加装了安全阀。华为的 5G 技术尽管遭到美国的绞杀、围剿，仍旧无法阻挡它对世界的深刻影响。

吴文俊院士以其深厚的几何学、拓扑学功底，成功地用计算机来证明几何定理。这种方法在国际上被命名为"吴方法"。（参见 2017 年 5 月 11 日大同思想网所载《数学泰斗吴文俊：中国古代数学是一部算法大全，有着世界最早的几何学、最早的方程组》）

"量子之父"潘建伟是中国新生代科学家的光辉代表，是 2017 年

《自然》杂志评选出的十大科学人物之一。《自然》杂志赞扬他是远距离量子通信技术的领导者。(参见《"量子之父"潘建伟》,载于《瞭望周刊》2017年第52期)

耗散结构理论创始人、诺贝尔奖得主普里戈津认为,中国文化具有一种远非消极的整体和谐。这种整体和谐是各种对抗过程间的复杂平衡造成的。(源于2011年5月11日豆丁网所载《现代科学发展与传统文化保护》)这话是说到点子上了。

文化自信、制度优越和领袖引领都会推动科学技术的进步。钱学森、李四光、竺可桢等著名科学家都是毛泽东的座上宾。(见《作家文摘合订本》2019年第12期第5~6页)

《管子·霸言》中说:"国大而政小者,国从其政;国小而政大者,国益大。"

看一个民族要看它的社会动员能力、创新能力;领袖是这种能力的组织者,他的施政能力和号召力、影响力直接关系到这种能力的强弱。旧中国民众如一盘散沙,与缺乏有影响力的领袖有直接关系。

有好的领袖的引领,又有五千年积淀的文化基因,有民族文化自信,祖国科学技术的大发展就成了水到渠成的事情。外语人的责任之一就是要把国外的先进科学技术译介过来,把国内先进的科学技术推广开去。为此必须修炼好外语功夫。

3. 科技与外语

科技使人类更强大,科技使社会更富强,没有科技,人类就只能退回原始社会。科技与外语互为相关量,现代科技人无不是外语人。修炼外语的同时,必须把科技作为外语的重要相关量一起修炼,才能为社会、为人类作出贡献。

科技与外语人的关联包括科学宇宙观和方法论、用科学头脑指导实践、按科学规律办事、传播先进的科学技术等。人人都应该用科学宇宙观武装自己,人人需要用科学去战胜荒谬和愚昧,按照科学发展观创造未来。

科学不仅需要探索精神，还需要献身精神。"两弹一星"元勋无不具有这种精神，所有想成就事业的人都需要这种精神。世界上的成功人士几乎都是拥有科学宇宙观、按科学规律办事的人，外语人也不例外。如果我们能够清醒地认识客观规律、准确地把握客观规律，按照客观规律办事，就一定会成功；假如失去科学宇宙观、违背科学规律，不按客观规律办事，只凭主观愿望一味蛮干，那就会受到客观规律的惩罚，造成严重的后果。（参见笔者寓公新浪博客 2018 年 7 月 17 日博文）

只顾眼前利益，过度开发污染环境的人，也是不具备科学宇宙观、不按科学规律办事的人；贪污腐败还求神佛保佑、生产黑心产品又抢烧头炷香、害怕空难向乘坐的飞机发动机投掷硬币的人，都是不具备科学宇宙观、不按科学规律办事的蠢人。这些"蠢人"的存在，时刻提醒我们树立科学的宇宙观、用科学去战胜荒谬和愚昧，仍旧任重而道远。我们老祖宗留下来的中医中药学，几千年来一直守护着国民的健康，中国人口众多，与此不无关系。可是，在 1929 年 2 月 23～26 日召开的南京国民政府卫计委第一届中央卫生委员会会议上，竟然通过了余云岫提出的《废止旧医（即中医）以扫除医事卫生之障碍案》（见于百度百科）；时至今日，中南大学张功耀教授还说："我强烈请求取缔中医。""中医不灭，天理难容"！（见 2020 年 10 月 29 日易网首页）

20 世纪 90 年代兴起的"法轮功"，中国政府早已经把它定性为"邪教组织"，时至今日，美国等西方国家仍旧对它予以支持，我们国内也潜伏着一些信众。

科学宇宙观对于世界和平、社会安定都是必不可少的客观因素；对于社会发展、人类进步，同样是必不可少的客观因素。科学进步总是伴随着人们认识上的飞跃，人们认识上的飞跃总能促进科学进步，推动社会向前发展。外语人作为人类文化的播火者，很难想象如果脱离了科学的宇宙观会是什么样子。外语人从工作、生活到修身，必须遵从科学的严谨性，使自己尽量少犯错误。

20 世纪 60 年代的一个冬天，周恩来出席阿尔巴尼亚驻华使馆举行的国庆招待会。会前与阿尔巴尼亚驻华大使的交谈中，谈到中国气候时说："中国每年刮两股风：冬季刮的西北风来自戈壁，有时带着沙尘；夏季刮台风。"说到这里他停下来问翻译范某某："台风来自哪里？"范某某说："来自台湾海峡。"（参见杨金发的《周恩来和他的翻译们》，载于《党史博览》2019 年第 5 期）这是一个气象学问题，不学习、不懂得就会露怯。

传播先进的科学技术本来就是外语人的责任。我们的四大发明被译介到西方，才带来他们的枪炮制造，才迎来大航海时代；我们的农耕技术译介到朝鲜、日本、东南亚，极大地促进了那里的农耕文明。

同样，把外国先进科技迎接到国内，才促进了我们由农耕文明向工业文明的转型。现代高科技的传播流转，还是要靠懂得高科技的外语人去运作。外语人必须以科学态度对待科学技术本身，翻译科技文献时才能做到一丝不苟。不懂科技而去译科技著作，一词跑偏就可能谬以千里。

改革开放后有大量外资外企涌了进来，与之相关的国外资料、网站、软件等需要本土化，从而催生了新的翻译市场。翻译能力不足，制约着经济的发展：来自国际社会的巨大信息流得不到消化，大量有用的信息被挡在门外，使我们失去了很多商机；译者不够专业，致使大量外文资料在翻译过程中产生偏差、错误，会直接危害到企业研发、决策和市场布局；来自世界 500 强的外企，宁愿出高价到港澳台找翻译。

技术引进、科技创新，向国外推广新技术等，都需要外语人才参与其中。能不能搞得好，当然要看外语人才懂不懂科技；不懂外语和科技恐怕连引进设备的说明书都读不懂，哪里谈得上应用与创新？对外推广新技术、新成果也是如此。

袁隆平是外语人，"发展杂交水稻，造福世界人民"是他毕生的奋斗目标和最大的心愿。他搞的杂交水稻不但造福于国人，也为全世界带来了福音。2016 年，杂交水稻在国外的种植面积是 9 000 万亩，印度最多，其次是孟加拉国、越南，还有美国。美国杂水交稻种植面积占其总种植面积的 60% 以上，增产幅度为 20% ~ 25%。（参见 2018 年 6 月 4 日的凤凰财经）向世界推广杂交水稻技术，需要大量懂这一技术的外语人的参与。核电站"华龙一号"等相关技术的推广也是如此。

外语人不论从事何种工作，都不可避免地要与现代科技发生交叉，如果没有相应的科技知识，外语人恐怕无法过现代人的生活，甚至无法从网上购物、无法扫码支付、无法了解天下大事，就会被边缘化。一个人只有掌握了科学技术，才能上天下海自由驰骋，变得无比强大。

无论你是外交官、情报官员，还是从事经济工作的，都与国家安全战略紧密相关，无不涉及科学技术问题，而且往往是高科技和尖端技术；全球流通的"中国制造"，也得靠科技含量来增加附加值；即使你是单纯从事文字工作的，起码也要懂得办公自动化技术、网络技术，更何况文字之中就包含着科技术语，不懂得这些也会出问题，出了问题就不会是小事。

2021 年 3 月 17 日，美国号称最反对种族主义的主流媒体《纽约时报》，竟刊登了一篇赤裸裸地煽动歧视中国人的恶毒报道，竟然说中国政府批准上市的第五款新冠病毒疫苗是用"仓鼠的卵巢细胞"制造的。这款疫苗其实使用的是全世界疫苗研发和生物制药领域常见的"中国仓鼠卵巢细胞表达系统"，报道在科技层面将其曲解为"仓鼠的卵巢细胞"。（参见 2021 年 3 月 18 日《环球时报》）不懂科技的人很容易被蒙蔽，造成对华人的种族歧视；不懂外语和科技的人很难对其谬论加以驳斥。

科技和外语互为相关量。外语自身也是一门科学，有自身的严谨结构和科学体系，有不可替代的规律，有兴起、壮大的发展史。外语人对待外语，不但要有科学态度，而且要尊重学科本身的规律，按规律办事。

科学精神之一就是批判和创造。天体运行学说是对地心说的批判，也是对上帝主宰一切的批判。同样，外语功夫说也是对外语工具说的批判，是在科学精神指导下的批判和创造，对于总想"靠神仙超度"的浮躁情绪是一种制约，能使外语学习回归理性，也是真正的"授之以渔"。

七、经济是民生之本

经济是民生之本，经济学是外语的重要相关量。借助外语学习域外文化的精华，可以使国民生活更加美好。

1. 交流与发展

民族经济往往靠交流而促进发展。张骞出使西域，把中国精美的手工艺品，特别是丝绸、漆器、玉器、铜器传播出去，也促使西域的苜蓿、葡萄、胡桃、石榴等一大批产品陆续传入中国。这种交往使双方都能从中获益，汉代的兴盛也与此有着密切关系；这些物种和美食我们享用至今并将继续享用。这是张骞、班超、班固等外语人对中华民族的伟大贡献之一。

唐朝著名外语人玄奘等人带回的精神文化，在一定程度上促进了社会的和谐稳定。盛唐时期，长安、洛阳、广州、扬州等是当时世界上最繁华的都市。

唐朝的政治制度、经济贸易和文化生活吸引着天下客。日本人、高丽人、天竺人、波斯人、大食人、僧加罗人、突厥人、回鹘人、吐火罗人、爪哇人、粟特人等，在长安城里都有专属居住区，不但可以从事文化、贸易、宗教活动，还可以娶妻生子，产生了众多双语家庭。汉语成了通用语，其他民族的优秀文化也逐渐融入汉文化之中。

在长安的东西两市上，可以自由买卖大食的鸵鸟、没药，天竺的红莲花、白莲花、孔雀和菩提树，爪哇的犀牛，林邑的大象，吐火罗的狮虎，波斯的树脂，西域的龙马，回鹘的骆驼；各种珍珠翡翠、异禽怪兽、奇花异草也都应有尽有。胡姬酒肆成了长安城里的一道风景。

这种交流与合作离不开外语功夫。

交流总是双向的。国人对以上提到的各国经济文化也产生了重大影响，以对朝鲜、日本的影响尤为显著。很多国家向唐朝派遣过留学生，这些人学得中国语言（对于外国人来说也是外语）、文化、经济技术、政治制度回国后，对于推动本国的经济发展起到了不可估量的作用。

中国也有很多人跨海东渡，为日本经济发展作出了贡献。他们也许并未受过外语教育，但是即使是为了生存也必须学习当地语言，可以视为自学成才的外语人。

开始于 8 世纪中叶的阿拉伯百年翻译运动，历时 200 多年。依靠外语人的努力，把古波斯、古印度、古希腊、古罗马及我国的古代四大发明等译成阿拉伯语，使先进生产力走向世界；欧洲文艺复兴也是站在阿拉伯巨人的肩膀上兴起的。外语功夫在促进人类进步方面起过不可低估的重要作用。

外语人在交流与发展中也付出过血的代价。翻译家艾蒂安·多雷被尊称为"法国译论之父"和"欧洲近代史上第一位比较系统地提出翻译理论的人"。他提出的"翻译五原则"，享誉世界翻译史。这样一位贡献卓著的外语人，因为他翻译的一则柏拉图的对话录——《阿克赛欧库斯》中有否认灵魂不死的意思，被教会指控为"曲解"柏拉图的愿意，他因此多次受到迫害和监禁。在他 37 岁生日时，教会对他施以绞刑，同时焚尸灭迹。他的 13 部著作也被一并烧毁。（参见笔者的寓公新浪博客 2019 年 9 月 22 日博文）

1289 年，元朝设置了"回回国子学"，教授阿拉伯语、波斯语，被看作是我国外语教育的肇端，培养了一批懂波斯语、阿拉伯语的外语人才，在对外交往中起到了重要作用。意大利人马可·波罗就是在这个时候来到中国的。他学汉语，对于意大利人来说也是外语。尽管当时并非汉唐盛世，眼前的景象还是令他激动不已。《马可·波罗游记》宣示："中国在哲学家治理下政治清明、人民勤劳并且德高知礼、崇尚学问，每寸国土被耕耘成秀美的田园……"

基督教会东方巡视使范礼安读过《马可·波罗游记》后得出的结论是：在已经发现的国家中，中国是最富庶、最和平、治理得最好的国家。他下定决心，无论用什么方式一定要进入中国。

明朝开设"四夷馆"，使外语教育走向正规。明朝初年与蒙古打交道较多，精通蒙汉双语的翻译人才紧俏。朱元璋命翰林院侍讲火原洁（蒙古人）和编修马沙亦黑（色目人）编纂首部蒙汉词典——《华夷译语》，供翻译人员学习使用。

据《大明会典》记载："永乐五年（1407年）设四夷馆，内分八馆，曰鞑靼、女直、西番、西天、回回、百夷、高昌、缅甸。"教授的外语种类已经不少了。

郑和下西洋值得国人骄傲，导致郑和成功的必要条件之一，就是他身边有外语翻译，而且不止一两个。

西方传教士都是西方的外语人才。他们能够熟练使用汉语，才能立足传教；我方在包容传教士的同时，也学到了西方文化，徐光启等人还跟着传教士学会了西方语言，跟着利玛窦等人翻译了一些天文历法和科技书籍，为我国近代科技布局奠定了基础，他的《农政全书》《甘薯疏》《农遗杂疏》《农书草稿》《泰西水法》等，是不朽的学术著作。

民以食为天，我国的甘薯种植技术就是从东南亚引进的，在他的大力倡导下立住脚并发展起来的。我们今天享用甘薯美食、无忧温饱时，不能忘记这位外语人的恩德。

产自南美的玉米，传入中国已经数百年。虽然无法查到第一个引进的人，但是毫无疑问是个懂外语的人。有据可查的是：罗振玉1900年在书刊中介绍了欧美玉米良种和栽培技术，接着《农学报》也开始介绍玉米良种及种植技术。

罗振玉在政治方面表现不佳，是一位自学成才的外语人，翻译过一些西方书籍，介绍推广玉米良种及种植技术，有利于农业经济、有利于民生。（参见百度百科）

文艺复兴时，西方需要一盏明灯去照亮中世纪的黑暗、解放生产力。靠传教士用外语功夫获取的信息，他们通过赞美中国来批判神权，进而带来了人性解放。在推进西方社会进入资本主义时代的进程中，外语功夫起到了不可替代的作用。

德国哲学家莱布尼茨说过："唯有相互交流我们各自的才能，方能共

同点燃我们的智慧之灯。"（见于 2019 年 12 月 8 日新华国际时评：《超越"认知藩篱"，消弭"理解赤字"》）

他认为，儒学包含自然神学，中国人的上帝形象与基督教别无二致。他认为上帝是理性的，人或天使必须依靠理性与上帝沟通。（参见《莱布尼茨自然哲学著作选》第 135～136 页，中国社会科学出版社 1985 年版）他所说的"相互交流"，只有凭借外语功夫才能实现。

在《单子论》中，他主张"世界和谐"。鉴于西方道德败坏，他提议中国派传教士去传授自然神学。他希望中国传教士能用一盏灯点亮另一盏灯，带来普世光明。（参见安文铸等编译的《莱布尼茨和中国》第 105 页，福建人民出版社 1993 年版）这当然离不开外语功夫。

文艺复兴返回希腊文化原点也好，借鉴中国智慧也好，都离不开外语功夫。工业革命又翻转过来警示我们用外语功夫打破封闭。文明的发展往往就是这样交互进行的，经济发展、社会进步都离不开外语功夫。

当年，几乎所有启蒙哲学家或多或少地在自己的著作中赞美过中国。他们把中国看作是"第二个欧洲"，希望彼此携手共创世界文明，带动土耳其、伊朗、印度、俄罗斯等国家的发展。

即便是在 1750 年发生反转之后，重农学派还在赞美中国的开明君主，赞扬中国领土广阔肥沃，资源丰富，运河、桥梁、公路等设施完善。

但是，这种印象对于"西方中心"的理念构成了严峻挑战，对于基督教教权也构成了严重威胁；更重要的是殖民主义者总需要以劣等民族为借口，发动侵略战争，就像他们占领美洲、非洲、印度、大洋洲那样。所以，哲学家们毫不犹豫地调转枪口，毫不留情地批判中国哲学、道德和君权，颠覆既往西方人心目中的中国形象，尽管中国还是那个中国，而且正处于康乾盛世。

这也怪不得外语功夫，是思想意识使然。

按照英国著名经济统计学家安格斯·麦迪森的说法，1700～1820 年，中国在世界经济总量中排名第一，占比从 22.3% 增长到 32.9%。麦迪森认为：中国在之前近两千年的时间里一直是世界上最大的经济体，直到 19

世纪 90 年代，它的这个位置才被美国所取代。（参见孙力舟的《晚清中国 GDP 世界第一照样挨打》，2009 年 7 月 1 日中国网）

19 世纪，中国仍旧是个工业落后的农业国。1890 年，中国现代制造业仅占 GDP 的 0.1%，加上现代运输业和商业也仅占 0.5%，军事武器严重依赖进口。（参见中国经济网的《英国工业革命的进程及其后果》）

工业革命之后，英国已经建成了纺织、钢铁、煤炭、机器制造和交通运输五大工业体系，在工厂制度下工人的劳动生产率高过手工作坊的几倍乃至几十倍，先进的工业生产支撑起英国在世界贸易中的垄断地位。

1860 年，英国生铁产量占全世界的 53%，煤产量占全世界的 50%，其现代工业的生产能力相当于全世界的 40%～50%，人均工业化水平是中国的 15 倍。（参见中国经济网的《英国工业革命的进程及其后果》）这个时候需要西方警醒我们了。我们当时缺少外语人才，根本做不到知己知彼，在竞争中居于劣势，生存权一度都得不到保证。

俄罗斯的兴盛起源于彼得改革。彼得改革的诱因就是他运用外语功夫对西欧社会的考察。日本原本倚重中华文化，西方打上门来就向西方派遣留学生，而这些外语人回国后成为明治维新的骨干，推动日本成为世界列强之一。孙中山能够建立亚洲第一个共和国，他身上的外语功夫功不可没。

2. 经济建设中的外语人

1949 年以前的中国，民众像一盘散沙，民族观念淡薄，是一个军阀割据、匪患丛生、娼妓遍地、恶霸横行、经济凋敝的中国，从国防到民生使用的都是"洋货"，自己的工业体系还没有建立起来，各界外语人才都不充足，一些懂外语的顶尖人才滞留国外。

新中国的诞生结束了军阀割据的局面，根除了匪患，惩治了恶霸，娼妓、吸毒、贩毒等社会丑恶现象基本绝迹，贪污腐败受到了严厉惩治，出现了民族团结、万众一心、路不拾遗、夜不闭户、经济繁荣的升平景象，侨居国外的懂外语的各类人才纷纷归国，参与祖国的建设事业当中，且起到了非常重大的作用。

李宗仁归国前对程思远说："帝国主义者讽刺中国是一个地理上的名词。直到中华人民共和国成立后，中国才成为一个真正统一的国家。如今民族团结、边陲归心，国际地位与日俱增。这样一个祖国，是值得我们衷心拥护的。想想在我们政权下的糜烂和孱弱，我是服输了。"（见于沈雪刚的《归根——李宗仁与毛泽东、周恩来握手》第 400 页，解放军文艺出版社 2009 年版）

跟随美国乒乓球队进入中国的美国记者发现，与既往看到的西方报道完全不同，中国人民肯于为集体做奉献，正在目标明确、信心十足地建设自己的祖国。

据联合国亚太事务理事会统计，1949 年新中国成立时，我国人均收入 27 美元。当时印度人均收入 57 美元，亚洲人均收入 44 美元。（参见道客巴巴 2014 年 9 月 14 日上传的文件）

1952 年，我国水稻亩产 161 千克，小麦亩产 49 千克，玉米亩产 90 千克，高粱亩产 79 千克，谷子亩产 78 千克，甘薯亩产 126 千克。（参见林毅夫的《为什么中国一直人口众多》，载于《青年文摘》2009 年第 20 期；《北方人》2010 年第 7 期）单产那么低，是科技落后造成的。不管愿意不愿意，人们都必须接受和继承这样的基础。

中国人民在中国共产党的领导下创造了人间奇迹：1949～1978 年这30 年间，中国国民经济总产值年均递增 8.43%；生产总值从 466 亿元提升到 3 624.1 亿元，增长 7.78 倍；工业总产值从 140 亿元提升到 4 230 亿元，增长 30.26 倍；农业总产值从 326 亿元提高到 1 397 亿元，增长 4.29 倍；粮食产量从 1.131 8 亿吨提高到 3.047 7 亿吨，增长 2.69 倍；棉花产量从 44.4 万吨提高到 216.7 万吨，增长 4.88 倍；钢产量从 16 万吨提高到3 178 万吨，增长 198.63 倍；煤产量从 3 200 万吨提高到 6.18 亿吨，增长 14.31 倍；发电量从 43 亿度提高到 2 566 亿度，增长 59.67 倍。（参见金冲及的《如何看待新中国的"前 30 年"》，载于《党的文献》2009 年第5 期）

外语人是新中国建设事业的一支中坚力量。23 位"两弹一星"功勋人物无一不是外语人；在苏联留过学的外语人，有 200 多人入选两院院士和学部委员，后来成为党和国家领导人的江泽民、李鹏、李岚清等，都有留苏经历，并且在苏联援建的重点企业中起过重要作用。

谈家桢是现代遗传学之父摩尔根和杜布赞斯基的嫡传弟子，也是一位外语人。因为懂外语，他才能站在巨人的肩膀上成就中国的遗传事业，并成为中国科学院院士、美国国家科学院外籍院士、第三世界科学院院士、意大利国家科学院外籍院士、纽约科学院名誉终身院士，国际编号 3542 号小行星就是以他的名字命名的。（参见百度百科）

1979 年 12 月，邓小平会见日本首相大平正芳时谈到，当时中国的人均收入为 250 美元。这表明：新中国"前 30 年"人均收入已经翻了三番还多，还建立起一支军兵种齐全强大的人民军队，建立起门类比较齐全的工业体系。"两弹一星"奠定了一个有自卫能力的世界大国地位；农业基础设施得到明显改善……人民教育、健康等方面的国民素质得到了根本提高，消灭了天花、麻疹、血吸虫、麻风等严重危害人身健康的疾病，对于肺结核、鼠疫等传染病也进行了有效的预防、救治，人均预期寿命从 1949 年的 35 岁增加到 1978 年的 68.2 岁。（参见程美东的《以大历史的眼光审视毛泽东的历史价值》，载于 2014 年 2 月 10 日《中国社会科学报》）各项指标向好，都蕴含着外语人的功绩。

大三线建设修筑了十条干线铁路。成昆铁路突破"筑路禁区"，联合国把它与美国阿波罗带回的月壤、苏联发射第一颗人造地球卫星并称为"20 世纪人类征服自然的三大奇迹"；其成果还有攀枝花钢铁基地，重庆兵器工业基地，成都航空工业基地，西北航空航天工业基地，电子、光学仪器工业基地，核工业基地，酒泉钢铁集团，金川有色冶金基地，西昌航天中心，葛洲坝、刘家峡水电站，第二汽车制造厂等。（参见胡新民的《毛泽东为何决心搞三线建设？》，载于《党史博览》2019 年第 5 期）很多外语人隐姓埋名，为大三线建设作出了突出贡献。

社会学家费孝通说："三线建设使西南荒寒地区整整进步了 50 年。

没有当初的三线建设，就没有现在西南、西北的工业基础。"（参见胡新民的《毛泽东为何决心搞三线建设？》，载于《党史博览》2019 年第 5 期）

如今，成都已经跻身世界 30 座科技城市之列，从成都开出的一列列中欧专列，正在为"一带一路"建设贡献力量。看到酒泉、西昌发射场发射的载人航天器、探月装置和北斗导航卫星，人们心中的敬意不禁油然而生。

新中国前 30 年，经济上做到了既无外债也无内债，按照"价值理性"为后续发展留有足够的储备；在发展经济的同时，国民素质得到了极大的提高，劳动光荣、不劳而获可耻，奉献光荣、自私自利可耻，节俭光荣、贪污浪费可耻等观念深入人心，共同富裕成为基本一致的理想追求。

改革开放前 30 年，GDP 年均增速为 9.8%，使国家上升为第二大经济体，成就非常可观。实现了从站起来到富起来、强起来的大跨越。

不能轻视领袖的战略引领作用。搞垮一个国家，一个戈尔巴乔夫就够了。建设一个强大国家，需要一代接一代领袖人物动员民众与之一起奋斗。

当代工业都是与高科技结合在一起的。由于我国工业起步晚，借鉴别人、引进技术、引进设备、引进人才、引进资金都是常有的事。

大亚湾核电站就是从法国引进的项目。引进之前，需要懂法语人才翻译相关资料，为主管部门的评估做好准备；对等谈判、办理相关手续、签订合同也都少不了外语人员的参与；从工程选址、施工、技术培训、设备安装调试，到全过程协同外籍工程技术人员操作沟通，都离不开外语人。中间还要有另一批懂外语的我方工程技术人员到英、法接受技术培训，这些人学成后就会成为核电站运转、核电技术创新、技术转化的中坚力量。拥有自主知识产权的核电技术成熟之后，就要转为对外出口，到别的国家去建核电站，那当然更需要懂外语的技术人才了。

经济离不开金融支撑，人民币外汇业务需要朱民那样懂外语也懂金融的出色人才运作。金融大鳄索罗斯曾几次出手想搞乱我们的金融市场，我们必须有技高一筹的国际金融专家去积极应对，为国家筑牢"防火墙"。

因 5G 技术领先于世界的华为，研发团队中有 700 多名数学家、800 多名物理学家、120 多名化学家，在世界各国设有 26 个研发能力中心。这不但是个外语人集聚的团队，而且有众多外国人参与其中，获得专利技术 74 300 多项。华为终端云服务生态已覆盖 170 多个国家和地区，外语人遍布各个基站。（参见百度百科）可以说外语人撑起了华为。

中国有 4 亿外语人，其中的精英如果再学习一下金融知识，参与国际淘金活动，自然也会成为国际金融市场上一支不可小觑的力量。据说，中国有威客 2 000 多万人，主要从事网上翻译、设计和提供点子、创意等服务，也有不菲的收入。

无论是大的跨国公司，还是微型跨国公司，其员工团队都将是由多地多国人员组成的联合团队。如果你想到跨国公司中一展身手，外语将是助你成功的重要推手。如果你想自己创建一个跨国公司，那你就更需要懂得外语，以便在团结自己员工的同时，与世界各国打交道，实现你的经营目标。

杂交水稻之父袁隆平也是一位外语人，他所培育的高产杂交水稻，被称作是继造纸术、印刷术、火药、指南针之后的中国第五大发明。他既懂俄语又懂英语，英语的听、说、读、写等方面达到了娴熟的程度。不懂外语就无法利用别人提供的平台达到自我的新高度；借助外语，他才能站在遗传学巨人米丘林、李森科、孟德尔、摩尔根等人的肩膀上，拓宽学术视野；他成名之后，经常参加国际学术会议或者访学，外语功夫仍旧是他生命中的重要支柱。（参见百度百科）

粮食安全是国民经济中的大事。良种选育历来为我们这个农耕民族所重视。滴灌技术的引进、消化和创新，工厂农业的兴办等，都在呼唤懂农业技术的外语人去奋力攻关。

面对西方对我们的错误认知，外语人还有一项特殊任务，那就是动用自己的学识引领一些人跨过"认知藩篱"，消除"理解赤字"，对恶意攻击者给予有力回击，根据我国的实际情况构建起新的国际经济学体系，对我国经济的快速增长，做出高屋建瓴式的理论阐述。

当代经济绕不开的一个问题就是国际大循环，知己知彼才能少走弯路、实现超越，外语人的作为因此显得格外重要。译介世界先进经济理论和管理经验，也是外语人的责任。

美国有一大批基辛格、费正清、白邦瑞、纳瓦罗之类的中国问题专家，他们发表言论也好、写书也好，外语人要率先研判，该译介的译介，该批判的批判，为领袖和人民提供管用的信息；世界有一大批经济理论家、著名企业家，他们的理论和经验通过外语人译介过来就可以为我所用，增加经济效益。

中国外语人有信心有能力经由自己的艰苦努力，使世界越过"认知藩篱"，共同致力于构建人类命运共同体。冲突常常是学习对手的一种方式。在交手的过程中使出的套路比平常交往更绝、更严谨，给人的印象更深刻，因而更能学到东西。但愿中美双方都能从对手那里学到新的东西。

八、美学与完美人生

美学事关人生。与美学无关的人生是暗淡的人生。外语人追求完美人生，就离不开美学支撑。

1. 美学与美育

美学是研究人与现实审美关系的学问。它既不同于一般的艺术，也不单纯是日常生活的美化。没有审美活动，人就不能实现精神自由，也不能获得人性完美，就不是真正意义上的人。

美学源于诗学。史诗是英雄主义的赞歌，美学也保留了英雄主义的境界，崇尚真善美，使人拥有超凡入仙的精神境界。成大事者要有这种精神境界。（参见笔者寓公新浪博客 2020 年 1 月 14 日博文）

美育属于人文教育。孔子认为，人经过教化知书达理，温润得像打磨过的玉一样，那才是最美的。从美学上讲，东方人确实偏爱玉。

《论语》把读书看成一种精神大餐、美的享受。据《论语》记载，除非有丧事，否则孔子每天都要歌唱。

孔子之所以能够成就事业，与他的审美观有重要关系。一个不懂美学、不追求真善美的人，就不会有创造，也很难成就一番事业。

人类对于美育的认识较早，远古的岩画、象形字等都可以看作是美学美育的源头。天地有大美而不言，可谓美的最高境界。

人有物质需要，也有精神需求。审美属于精神需求，给人以美的享受；学校通过审美教育引导学生去追求人性美，学会构建完美人生，并对人生产生无限爱恋，使其精神境界得到升华。

唐宋八大家中的柳宗元，因为参与永贞革新被贬到永州任司马员外置同正员，官阶降为正六品，不得干预政务，没有官舍，等同于流放。好在隆兴寺主持重巽和尚与他是旧交，将其一家收留在寺庙居住。他听不懂当地方言，寄人篱下缺少朋友，心中十分苦闷，很快就病倒了。家中老母和长女先后死在寺庙中，给了他更大的精神压力。三年后才购得一块荒地建起房子有了居所。（参见 2020 年 1 月 3 日《新华每日电讯》所载聂作平的《柳宗元的贬谪岁月》）

他在永州生活十年，透过凄风楚雨看到了当地人熟视无睹的美，写下赏心悦目的《永州八记》，把隐藏于深山无人问津的美景展现于世，使永州山水闻达天下。这就是文学大师的审美情趣，反映了他的心灵之美。

美育即审美教育，1912 年蔡元培任民国教育总长时率先在全国推行。他在德国留学时就特别重视美学和美育，出任北京大学校长后，更是把美育贯彻到教育中。（参见张建安的《蔡元培：海外游学三站路》，载于 2020 年 1 月 17 日《中国档案报》）

美育与德育有一定的联系，但又不能取代对方。美育可以使人通过审美活动而超越"自我"，在精神上达到自由境界；德育所注重的是品格修养，比美育更具备外显性。

美育常常能够激发人的创造冲动。在科研中，美感对于发现新规律、创建新理论具有推动作用。美感要靠美育来培育。

所有的发明创造几乎都与美学相关联，其中不乏对自然美的审视，还有对宇宙美的联想，不然船就不能下海，飞机、航天器就不能升空，人类社会就只能处于原始状态。再美的工具都是靠人的审美功夫去发明创造和驾驭使用。

人通过审美活动能使自己生命充满活力和创意。文人审视山水中的自然美，才喷涌出美的诗句、美的篇章；科学家仰望星空感受到美，才产生探索宇宙的冲动。审美的人生产生创意人生，有了创意人才能超越前辈、使人生多姿多彩，活得有价值；缺乏创意的人生是贫乏的、索然无味的、暗淡的人生。

爱因斯坦认为：在科学思维中常常伴随着诗的因素，真正的科学和真正的音乐一样，具有想象过程。他甚至认为：想象力比知识更重要，因为知识是有限的，而想象力概括着世界上的一切，推动着进步，并且是知识进化的源泉。严格地说，想象力是科学研究中的实在因素。（引自百度快照）

爱因斯坦在《论内在自由》中讲道："科学以及一般精神创造活动的发展还需要另一种自由，或可称为内在自由。这种精神自由在于，思想独立于违背哲理的常规和一般习惯，也不受权威和社会偏见的束缚。这种内在自由是大自然罕见的馈赠，也是值得个人追求的崇高目标。"

他所强调的"内在的自由"，就是在审美情趣下思想自由驰骋，可以超越"外在的自由"，不为强权所威慑，不为权威所吓倒，表现出"富贵不能淫，威武不能屈"的坚毅本色，自在地遨游于多彩的精神世界，才能创造出人间奇迹。

审美有时还是心灵的安慰剂，是一种独一无二的精神享受。失落时，如果你仰望星空，就会豁然开朗，增添百倍的信心和无穷的力量；你会觉得自己是上帝的使者，有不可替代的作用。发明创造、普度众生，就会成为你的欲望，你才可能进入新的境界，获得事业成功。

对于美与丑的审视，有正态的，也有病态的。审美观不同，可以带来截然不同的人生：公务员以为人民服务为美，就会尊崇人民，给民众带来幸福感、满足感，促进社会和谐，带来国泰民安；科学家以发明创造为美，就可以推动社会进步；企业家和工人以创业为美，就会不断增强国家实力，为民众带来福祉；农民以辛勤耕耘为美，就可以享受丰收带来的喜悦，让天下丰衣足食……诸如此类的美，都是造福于人类充满阳光的美、符合道德情操的美、值得追求的美。

公款吃喝、公费旅游、贪污受贿、中饱私囊的人，也许会有一时的快乐，却败坏了社会风气，降低了公信力，影响了社会安定和谐；骗人、骗财、骗色，也能使某些人获得暂时的满足，却突破了道德底线，侵犯了他人利益、危害社会、违反道德和法律；好吃懒做、不劳而获、巧取豪夺、奶嘴乐，也是某些人追求的欢乐，却只能是寄生虫般的生活；裹脚、束腰、淫乱一类的美，都是病态美；匈奴可汗用大月氏国王的头骨盛酒、华盛顿用印第安人的皮做筒靴、日本侵略者的杀人竞赛等，他们也曾经自以为乐，却是病态的、邪恶的、反人类的美，为人类所不齿。

2. 诗意人生无怨无悔

同样的风景在不同人眼里、心里会有不同的反映、不同的感受，由此可以分辨出人生境界的高下。泰戈尔说："尘土承受屈辱，却以鲜花来回报。"这就是他人生观、审美观的生动写照。雪莱说："冬天来了，春天还会远吗？"他的审美情趣穿越了严冬，让人在困难面前鼓起勇气、看到希望，激励人们奋进。

人生审美也会使人产生诗意境界，有利于创新和发明。诗意人生往往能够跳出自我，用审美的眼光看待世界，体验它的无限情趣，构建起自己的精神家园。

人生充满诗意和创造，不只是会提升自己的人生境界，创造出更高的人生价值，也一定会给他人带来喜悦、给社会带来康宁。

贝聿铭少年时期生长在园林城市苏州，狮子林就是他家的私人花园。他在狮子林中长大，每天接触园林中的亭榭楼阁、假山真水，对建筑艺术有很深的感悟，园林建筑中不少奇特的构思印在他童年的脑海中，使他终生难忘。

建筑是凝固的艺术。美国前总统肯尼迪遇刺身亡后，第一夫人杰奎琳决定以丈夫的名义建一座图书馆，作为永久的纪念。杰奎琳被称作"美国最优雅的女人"，对于他人的言谈举止要求甚高。专家给她推荐了三位建筑师：一位是大名鼎鼎的密斯·范德洛厄，他在杰奎琳面前显得漫不经心，立即就被否定了；另一位是名声很高的路易·康，他不修边幅、唯唯诺诺，同样没被选中；贝聿铭作为美籍华人，英语说得比前两个人都好，了解美国文化，而且仪表堂堂、衣着得体，言谈具有绅士风度，所以设计和主持修建肯尼迪图书馆的工作，就非他莫属了。

贝聿铭设计的肯尼迪图书馆，由一套圆台、长方体、三角形相互搭配的几何体组成，矗立在海边，黑白分明，完美体现了肯尼迪家族"不为歌功颂德，只求面向大众"的建筑理念。这一标志性建筑，立即在美国引起轰动。杰奎琳赞赏到："贝聿铭的唯美世界，无人能比。"（参见《贝聿铭传》湖北人民出版社 2008 年版）。

文学创作，无论是诗歌、散文、小说，都与美学休戚相关，尤其是诗歌，写景状物抒情、赋比兴，都要通过美学表达出来。可以说，离开美学就没有文学。

诗人李白的美感度相当高，想象力极为丰富，他自称为"谪仙人"。他的很多诗句体现了高度的美学价值。"天生我材必有用"，至今鼓舞人们充满自信、成就事业。苏东坡身处逆境发出"明月几时有"的追问，那种"高处不胜寒"的感悟，给人以深刻警示。读他的诗句是一种不可多得的精神享受。

诗意人生无怨无悔，不只是自己享受着美，也将读者、后人带入美的境界。生活中不乏美，只要你用眼睛审视、用心灵感应。杨丽萍的舞蹈《雀之灵》，就是她用眼睛审视、用心灵感应、用舞蹈创造出来的。每个人应该这样审视美、感悟美、传播美、创造美，使我们生活的世界更加美好。

3. 从外语中审视美

美学也是外语的重要相关量。如果你懂得美学，就能从心灵深处感受到外语的美，从声律美到文字美，把每一个字母、每一个单词、每一个句子、每一篇文章、每一部作品看成有灵性、有色彩美的东西，听起来、读起来、学起来、说起来、唱起来，就会有实足美的享受，让你心情愉悦，脑细胞会从抑制状态苏醒过来、活跃起来，乐于接受这些信息，对外语学习就不会再感到头痛，而会变得惬意愉快！很多外语学得好的人都会进入这种审美境界，从而提高了学习效率。

许国璋把金钱看得很淡，他稿费收入不菲，大多用于资助困难学生和同仁。

20 世纪 80 年代中期，一位常年在北京外国语大学校门口摆地摊的皮匠，托英语系一位老师带话给许国璋："您老是著名教授，一个月工资还不及我两三天的收入，您做何感想？"

许国璋回话说："我们两人都靠自己的劳动维持生活，大的方面没什么两样，要说有什么差别的话，那就是审美对象不同：你一锤子砸下去，砸得准，打得牢，就获得一种美感；我读书写文章，偶得一佳句，也能高兴好几天。真正全神贯注工作的时候，你和我追求的都是成功所带来的喜悦。"（参见 2016 年 11 月 2 日《中华读书报》等）

从童年起，鲁迅除了热爱文学外，还酷爱美术。他所喜欢的书中插图都要动手临摹下来，加以研究、欣赏。

在日本留学期间，他读过一些美学书籍，懂得了美学原理，从哲学角度研究过主体与客体、和谐与统一等美学表达方式。

归国后，他利用外语优势翻译过卢那察尔斯基的《艺术论》《美学是什么》《文艺与批评》，以及普列汉诺夫有关美学的一些文章，校订过瓦勒夫松的《普列汉诺夫与艺术问题》，使自己的美学功夫达到了相应的高度。

有的学者称：鲁迅是我国对于世界美术史的一位通人，他不但读过西洋文艺史，而且还编译过《近代西洋美术史潮论》，评议过高更、蒙克、梵高等名家的画作，收藏的画册包括西洋画的所有流派。

有人统计过，鲁迅收入的 10% 用于购书，其中美术书籍约占他购书量的 20%，而且还有相当数量的金石拓片、碑帖、版画、古钱币等方面的收藏。他还自费出版过一批国内外版画作品，连送带寄加以推广。直至病逝的前一年，还自费出版了《凯绥·珂勒惠支版画选集》，为了推广而允许"盗版"，书的扉页上赫然写着"有人翻印，功德无量"。（参见笔者寓公新浪博客 2020 年 3 月 11 日博文）

民国初期，鲁迅曾经与许寿裳、钱稻孙一起受命设计了国徽图案，容纳了日、月、星辰、龙、凤等 12 种吉祥物，称作"十二章图"。北洋政府曾经在钱币、旗帜、图章上使用过这一图案。他为北京大学设计的校徽受到广泛称道，北京大学现在使用的校徽仍旧以鲁迅设计的图案为基础。

鲁迅一生设计过近 70 种书籍封面，对人的着装也有研究，认为体型瘦的不适合穿黑衣裳，体型胖的人不适合穿白衣裳，如此等等。在自己的著作中，他也曾经发表过掷地有声的美学见解，这方面的内容，请参阅唐弢的《论鲁迅的美学思想》、刘再复的《鲁迅美学思想论稿》、黄薇的《一生爱好是天然——美术通人鲁迅》等。正因为鲁迅修炼了美学功夫，他才能写出脍炙人口的文学作品来。

反过来说，一个不懂美学的人是根本不能把文学作品译得圆润丰满有滋有味的，其硬译必然会严重损伤原著的思想性、艺术性，因而就不会具有可读性。翻译界的一代宗师傅雷之所以受称道，也得益于他的美学修养。

1928 年 9 月，傅雷考进巴黎大学主修文艺理论，同时在卢浮美术史学校听课。同年，他在巴黎结识了来自上海美专的留学生刘抗，朝夕相处十分融洽。两人一起参观博物馆、画廊，去得最多的地方就是卢浮宫。他被刘抗带进了一个在巴黎的美术圈子，其中有刘海粟、庞薰琹、滕固、汪亚尘、王济远、张弦等人。这些人后来成了中国美术界的名流。

1931 年 5 月，傅雷与刘海粟一起去意大利欣赏米开朗琪罗、拉斐尔的作品，加强了美学素养。他的人生和事业，从此与美学交织在一起，还担当起了儿子傅聪的美学启蒙之师，直至把儿子送上了"钢琴诗人"的宝座。

因为懂美学，傅雷成为翻译界不可多得的一代宗师。他一生译出的32部作品，部部是精品。（参见《傅雷传》湖南文艺出版社1993年版）

从事口语翻译的人劳动强度是很大的。如果不懂美学，看不到自己工作的深远意义、历史意义，再遇到棘手的语句，就会产生逆反心理，就会抱怨，当然就当不好翻译。

陕西法制网2020年6月20日发表了一篇本地资讯创作者的文章，题目是《累死你的不是工作，而是不快乐的工作》。这是作者对于工作和快乐的审视。从日复一日的工作中寻找快乐，从单调枯燥中生成美，才会有所创造、活得有滋有味。外语人也要以这样的审美观来对待自己的工作。

九、修身健体，完善自己

人的各种本领都需要身体这个载体。一旦失去载体，一切本事都会化为乌有。人的健康需要品格修养，也需要体能强壮。任何事业、任何学业，都以自身品德修炼为根基。所以，修身健体也是外语功夫的重要相关量。

1. 有追求就要修身

有人说，人的出生分为两次：一次是从娘胎出生，一次是灵魂觉醒。从娘胎出生哭着寻找爱；灵魂觉醒才开始真正活着，才懂得爱、创造爱！

爱与慈悲是净化并提升人品的必经之路。你替天行道、利泽天下，天就会帮助你；你谋取私利，与真善美背道而驰，天就会惩罚你。一念天堂一念地狱，选择在你。宇宙资源是无尽的，宇宙愿意为每个人服务。当你停止探索和成长，你的资源也会停止。

圣贤之道在于修内圣而外王。有道德才被赞颂、受敬仰；"替天行道""伐无道"，总是得道多助。

人必须活得有操守、有品格，不能只为自己活着，不能把自己的幸福建筑在别人的痛苦之上，不能只图自己快乐而对他人的感受置之不理。一个自私自利、只顾自己快活的人，不可能受到拥戴，不可能获得事业成功！

新东方文化发展研究院院长徐小平，做任何事情都全身心地投入。他在美国留学时，当比萨店的外卖小哥也保留着那份激情。他相信，成功者并不单纯指百万富翁，也包括那些完美完成每件工作的人。他说："假如上帝暂时没有给你很多机会，就让你扫厕所，那么你就必须面对现实，把厕所扫好。不管做什么工作，你能做到别人无法替代的程度，才会感动上帝，获得成功。"（参见羽毛的《假如上帝让你扫厕所》，载于《风流一代·青商》2009 年第 9 期）这就是一种境界、一种修养。

一个自爱的人，才能谈得上博爱、爱人。一个人如果修养不好，就无法应对生命征程中所遇到的各种挑战，很难获得幸福感，甚至还会给别人带来危害。

中国传统文化就是一本修身养性厚重的书。道家主张天人合一，信奉道法自然，主张按自然规律办事，人与自然和谐相处；这样一来，就会平和寡欲，知雄守雌，少了争斗，多了安宁，对自己、社会、他人都有利。儒家讲究入世，主张为人持重、勤谨、慎独、正气、担当、自省、中庸，身心修养要打磨得圆润如玉、受人尊重又有见地，才能具有领袖气质，变得具有影响力和感召力。佛家主张慈悲宽大、包容忍让、四大皆空，视世间万难为无物；重因果而不怨天尤人，超脱修心以图来世。这种心境让人远离仇恨，避灾得福，变得豁达而坚韧，容易获得人生的成功。

如果能够把传统智慧有选择地运用于现代生活中，可在做人、做事与修养心性方面有所借鉴。

人世间所有兴亡成败，尽管原因复杂，最终都会落在人品上。毛泽东的队伍能够打败蒋介石、建立新中国，归根结底还在于得人心，用高尚的品格战胜了不得人心的腐败专制统治。政权跳不出"兴亡周期率"，就是执政团体贪污腐化、不知道自律、中饱私囊、视民众如草芥造成的。

"富不过三代"是家长修身不够、对子女教育不到位造成的。1814～1914 年的百年间，是罗斯柴尔德家族最辉煌时期。德国大诗人海涅曾赞扬说："金钱是我们这个时代的上帝，罗斯柴尔德则是金钱的先知。"

这个家族从 1838 年起就与中国发生了贸易关系；现今在北京、上海、香港都设有办事机构，是中海油收购优尼科、吉利并购沃尔沃的幕后推手。（参见林俞的《罗斯柴尔德家族的中国纪事》，载于 2013 年 12 月 30 日道客巴巴；腾讯网的《罗斯柴尔德家族发迹背后：拨开阴谋论，还原"金钱先知"真相》等）。其家族延续 200 多年常富不衰的秘诀在于注重修身、节俭、低调，儿孙不为既有的财产所腐蚀，像祖辈一样重新创业，从"零"开始，一切全凭自己。

简朴是人类的一种美德。追求简朴、抵制物欲，不随意占有，就能防止腐败。人活到极致，不是物欲横流、腐化堕落，而是不做万物的奴隶。内心富足的人，用不着炫富；刻意炫耀的人，只能说明他精神上拥有得太少。生活简单更迷人，心不复杂就幸福。简单是复杂的高级形式，越是高级的东西其道理越简单。简到极致，便是大智；简到极致，便是大美，这就是"大道至简"。

人的品行来自习惯，习惯是日积月累养成的。有人说，习惯像一条巨缆，人们每天都会为它辅上一条细细的缆绳。它会一天天变粗，一旦成型，你就无法抗拒它的惯性。所以，修身还是要从点点滴滴做起。

外语人要行走于世界不同民族、不同文化之间，人身修养功夫显得尤为重要。不但要懂得本民族的修身法则，还要懂得交往民族的风俗习惯，学习对方的美德。要洁身自好，要充分尊重不同文化、不同民族的风俗习惯，以良好的文化使者形象展现在世人面前，更需要多一分文化修养功夫。大外交家周恩来靠什么赢得了全世界的尊重？当然是靠人格修养功夫。

一个群体如果有足够的修养，即便是个别人出现失误，也会得到谅解。外交战线也是一样，国家和使领馆的集体声誉如何，直接影响到驻在国民对国人的态度。

李同成在利比里亚使馆工作期间，遇上了一桩人命案，是中国援助利比里亚医疗队长开车撞死了该国一名8岁男孩。

相类似的是：北欧某国驻利比里亚使馆一位司机将利比里亚一名骑自行车逆行的青年人撞死。当地居民出于气愤将该司机扒光衣服、反手捆绑起来拳打脚踢，关押了五天。其使馆来人探视必须先交钱，每次不得少于50美元，看一次交一次。使馆官员害怕这位司机被折磨死，不惜花钱请客托人说情，最后用两万多美元才了结此案。

李同成处理那起案件时，真诚地对死者家属和族人说："在座的朋友都知道中国人民是利比里亚人的真诚朋友。中国医疗队不远万里来到这里，本来是要救死扶伤的，可万万没有想到会发生这样的车祸，给你们带来了痛苦。每一位中国人听到这一不幸消息，心里都会感到十分难过。我们完全理解你们失去亲人的痛苦心情。朋友们，和大家一样我们也有儿女，我们也十分疼爱自己的儿女。如果能够用我们儿女的生命使这个孩子复活，我们会分外高兴！"（参见李同成2011年11月18日博客）

死者家属和族人听到这番感人肺腑的话，对中方表示理解。最后只收了1 500美元的安葬费就结案了。

李同成谦恭得体的言论功不可没，中华民族的整体美德也感动了对方。

2. 有作为更需要健身

生命的质量很大程度取决于身体强弱。当年在京城备受奚落的齐白石，如果短命就不会有"衰年变法"和事业的巅峰；肯德基的创始人哈伦德·山德士一生坎坷，直到88岁才获得成功，影响了全世界的饮食业。马哈蒂尔92岁再次当选马来西亚总理，杜特尔特70多岁才当选总统，这都是身体强健帮了他们大忙。（参见笔者的寓公新浪博客2020年4月13日博文）

袁隆平认为，脑细胞是用不尽的。他把学习看成是做"脑力操"，认为学外语、背单词，能使脑力得到锻炼，提高记忆力，并能延缓衰老。他曾在电影里自己扮演自己，用英语阐释他的两大梦想。他说："英语中有句谚语：在严峻的事实面前，要放轻松一点；对平常小事，则要严谨一点，一个人拥有好的心态最重要。"（参见 2019 年 10 月 29 日的《大连晚报》等）

恶劣心境和不良情绪都会直接影响健康，甚至缩短人的生命。医学研究表明：人体每天都会生成 3 000 多个癌细胞，同时生成一种"自然杀伤细胞"，专门攻击、消灭癌细胞。积极情绪能够促进"自然杀伤细胞"的生成，消极情绪会使"自然杀伤细胞"的威力降低 20% 多，癌细胞就会因此积聚起来逐渐形成肿瘤。所以，应该喜欢、爱好自己的工作，最好陶醉于工作之中。

2021 年，钟南山院士以 85 岁高龄仍旧活跃在防病治病第一线。他说："锻炼和吃饭同样重要。"他工作那么忙，每周都要抽出三四天业余时间运动 40～50 分钟，所以每天都能精力充沛地工作、学习。

他认为，运动不是单纯追求延寿，对生活、工作等各方面都有好处；只要认识到这一点，就会觉得运动和吃饭、睡觉一样重要。

他强调，最好的医生是自己。一个人怎么处世，身体就会怎么去表现。他甚至认为，疾病是我们最好的朋友之一。因为它会告诉你，你的生活出了问题。如果你听它的，然后改正，那它自然就会走掉。如果没有好的习惯，医生也没办法。（参见笔者的寓公新浪博客 2020 年 2 月 14 日博文）

身体好坏不是一己私事，小则关系到家庭幸福，大则有时关系到国家命运。

外交官整天要面对八面来风，没有健康的体魄、强大的心脏、机敏的大脑，自己吃亏是小事，使国家遭受损害就会成为千古罪人。

像周恩来那样的外语人，担负着领导一个国家的责任，更需要有健康的体魄和强大的心脏。他忙于国事，日理万机，每天只能睡三个多小时，实在困乏了就在乘车期间打个盹儿。外国领导人也是如此。"铁娘子"撒切尔夫人刻意训练自己每天只睡四五个小时，要求自己必须困乏了才上床，不把担忧的事带到床上去，争取上床马上入睡。她在首相任期内每天工作16个小时以上，会见客人时始终神采奕奕，连头发都没有一丝凌乱。（参见《百名寿星长寿经》第31~32页，农村读物出版社1992年版）

联邦德国前总理阿登纳，73岁当总理，执政14年，87岁才退出总理高位。这位高龄总理头脑敏捷、身心健康、精力非常旺盛，国务活动得心应手。他生活有规律、饮食有节制、喜欢运动、兴趣广泛，88岁时还在孜孜不倦地学习英语，90岁时还出国参观访问。（参见《百名寿星长寿经》第32~33页，农村读物出版社1992年版）

1966年1月4~10日，巴基斯坦前总统阿尤布·汗和印度前总理夏斯特里，在苏联部长会议主席柯西金的斡旋下，在塔什干就克什米尔争端问题进行会谈，最终签署了《塔什干宣言》。几小时后，夏斯特里突发心脏病，在塔什干去世，时年不足62岁。（参见笔者的寓公新浪博客2020年8月5日博文）这说明，从事紧张的外事活动和国务活动，没有好身体是不行的，身体值千金。

脑科学研究证明，脑脊液内碱性越高，相应的智商就越高。动物蛋白的摄入会提高脑脊液的酸性；相反，植物蛋白能使脑脊液酸碱平衡。很多神经学及生理学实验证实，素食对大脑组织极其有益。

无论是出任外交官，还是出国办厂、经商，参与"一带一路"建设等，都需要一副好身体作为支撑条件。

任正非和孟晚舟面对美国政府的霸凌行径表现出泰山压顶不弯腰的气势，用胸有成竹的布局去粉碎对手的阴谋。外语人应该有这份担当！

最好把健身与健脑，提升智商、情商、胆商结合起来，使生命质量显著提高。大脑是人生最可宝贵的财富，是思维的发源地，智慧的藏府，每个人的大脑是一个取之不尽、用之不竭的富矿，人的巨大潜力就在大脑。所以健身必须首先健脑。专门研究脑力的科学家指出，脑力不只是指人的智商高低，也不是专指人的记忆力好坏，还包括意志力、耐受力等。

　　睡眠是脑保健的方式之一，适度睡眠等于洗脑，贪睡反而不能让头脑清醒。李敖时常在电脑桌下放床简单的被褥，写作疲劳时马上躺下小憩片刻，"洗"一下脑后继续写作。这当然要因人而异，可以借鉴，不能简单模仿。

　　按摩是一种很有成效的健脑健身方法，几乎适合所有人，但必须持之以恒坚持一生，想要三天两早解决问题，那是根本不可能的。

　　很多人把读书当成健脑的基本方式，因为书中的智慧会刺激脑发达，使脑产生更多神经突触；神经突触连接起来，就会提高人的智商，使人变得聪明起来。有一个聪明大脑，就会主动趋利避害，使身体得到自我保护。读一读关于脑健康一类的书籍以及《求医不如求己》一类的保健书籍，也许会达到提升智力和自我保健的双重目的。

　　一切事物都相互关联。外语功夫的深浅与母语、文学、史学、哲学、经济学、法学、科技学、美学、道德修养和身心状况等相关量有着密切关系。即使拥有相当多的词汇量，精通语法知识，如果相关量不行，外语功夫也不可能达到应有的高度。阎学通是学外语的，现任清华大学国际关系研究院院长、世界和平论坛秘书长。他讲起国际大势，政治、经济、文化、科技、历史、哲学无所不包，相关量起着重要支撑作用；如果抽掉相关量，学问也就塌了。

第四章

职场功夫有千秋

外语人的人生舞台几乎涵盖政治、经济、军事、外交、教育、文化、安全、智库等所有领域，总体思维包括职场的功夫运用。外语人见识一下不同职场的不同功夫，才能提早找准人生坐标，找到人生榜样，提升生命质量。

一、人师执教费功夫

教育职场包容的外语人才众多，从幼儿园到高等教育，外语人才都是师资队伍的重要组成部分。文化靠教育传承，教育堪称最好的国防。教师教学离不开相关量、离不开总体思维。

1. 先师的工具与功夫

孔子私学"六艺"并举，让以单一型为对手的"复合型"理论颜面尽失。孔子的教学工具竹简而已。"韦编三绝"体现着他读的功夫，《论语》展现他教的功夫。他因材施教、鼓励个性发展，这种教育理念至今仍有鲜活生命力；他所创造的举一反三、启发诱导等教学方法，仍然为当今教育界所推崇和沿用。他的"学而不思则罔，思而不学则殆""学而不厌，诲人不倦""发愤忘食，乐而忘忧"等功夫修炼理念，（参见易杰雄主编的《世界十大思想家》第 36～94 页，安徽人民出版社 1990 年版）至今仍是学子治学的座右铭。他主要不是凭工具而是凭功夫教出 72 贤人，使拥有现代教学工具的教师感到汗颜。

苏格拉底终身从教，也没有什么特别的教学工具，连竹简都没有，只凭学业功夫在广场、庙宇、街头、商店、作坊、体育馆等处讲学，也是有教无类，是为城邦利益而教人的义务教师。

造纸术和印刷术的传播，使教学工具得到了根本改善，教科书、讲义、挂图、工具书、笔记等才有了着落。但是，功夫修炼还是一刻都不能少。

尼克松在《抓住时机》中说；"当欧洲还处于中世纪的蒙昧状态的时候，伊斯兰文明正经历着它的黄金时代……几乎所有领域里的关键性进展都是穆斯林在这个时期里取得的……当欧洲文艺复兴时期的伟人们把知识的边界往前开拓的时候，他们能眼光看得还远，是因为他们站在伊斯兰世界巨人们的肩膀上。"（转引自艺术中国中的《伊斯兰为欧洲播下文明复兴的种子》）

黑格尔也说："阿拉伯人之获知亚里士多德的哲学，这件事具有这样的历史意义：最初乃是通过这条道路，西方才知悉了亚里士多德。对亚里士多德作品的译注和亚里士多德的章句的汇编，对西方各国，成了哲学的源泉。"（转引自孟定勇的《自己的历史不像说的那么真实 唐朝败给了阿拉伯》，来自百度文库）

由此可知，在阿拉伯语与古希腊语、古拉丁语的转换中，翻译对历史进程起到了巨大的推动作用。中国的四大发明通过阿拉伯的"百年翻译运动"传入西方，对西方历史进程起到了重要的推动作用。

14～17 世纪，欧洲掀起了文艺复兴运动，旨在使以古希腊、古罗马为代表的注重人生需要、重视人的价值的古典文明得以"复活"和"再生"。

文艺复兴运动推动了尊重知识社会风气的形成，使教育事业获得了大发展。在高等学校里，人文学科得到重视，在教育活动中占据了重要地位，逐渐挤占了神学的固有地位。后来，经由科学革命、工业革命，西方教育走上了现代教育的轨道。成功地造就出哥白尼、伽利略、培根、牛顿、伏尔泰、康德、马克思、达尔文、爱因斯坦等对全人类作出了杰出贡献的科学家和思想家。这些名人的成功，还是靠功夫修炼。

建于1898年的京师大学堂，具有近现代高等教育的基本形态。建校伊始，美国、意大利等西方国家就想对教育权加以控制，遭到管学大臣张百熙的坚决抵制。（参见莫军念、张曦宇的《"中国大学之父"张百熙》，载于《文史博览》2019年第5期）可见教育事业何等重要。

抗日战争时期，设备简陋的西南联大、抗日军政大学等成为培养祖国栋梁之材的摇篮，教师靠学识传授功夫，救亡意识推动学生刻苦修炼功夫，成就了教育事业的光辉篇章。有人说，跪着的教师培养不出站着的学生。从精神层面讲确实如此。

中华人民共和国成立后，人民教育事业走上了大众化的道路。人民政府用助学金、半工半读等多种形式，使工农干部及其子女获得了就学机会；用扫除文盲和普及九年义务教育的形式，使教育真正实现了大众化。根据提高国民素质和建设强大现代化国家的需要，中共中央和国务院曾多次颁布教育改革文件，并制定了"科教兴国"的基本方针。在这一战略思想的指引下，多种体制多种类别的办学形式正在为普及教育作出贡献。高等教育走出"精英教育"的独木桥，正走向大众教育的宽广大道。各种教育形式都在力图与国际接轨。2018年，全国现有各级各类专任教师1 673.83万人（数字来自2019年9月4日《中国教育报》），人民教育事业正以前所未有的速度向前发展着，为外语人提供了一展身手的大舞台。教学工具优化之后，功夫理念不能丢。

2. 挺起民族脊梁

凡是有作为的人都会弘扬师道、不忘师恩。孔子学说、亚里士多德学说都是他们的学生弘扬起来的，这也是对师恩的一种回报。

毛泽东的老师杨昌济唯一的愿望就是"欲栽大木柱长天"，培养经世治国人才。他说："欲救国家之危亡，舍从事国民之教育，别无他法。"他培养出毛泽东、蔡和森等一批经世治国人才，最终靠学生改变了国家和民族命运。这些人才都是立体型而非"复合型"的，他们善于总体思维才能成就大业。

同一时代的蔡元培、梅贻琦、陈独秀、李大钊、瞿秋白、梁启超、胡适、鲁迅等一大批立体型而非"复合型"外语人，都怀着教育救国的志向走进高校，担当起"未来大使"的责任，尽管他们中的一些人没教外语，可是因为他们懂外语，具有语言文化的比较优势，更懂得该如何培养人才，为国家造就了一大批栋梁之才。

青年毛泽东最大的人生愿望就是当教员。1913 年他报考师范学校是经过认真思考的，他觉得自己最适合教书。六年后他真的走上了教书育人的道路，对这份职业极为珍视，引为自豪。他在给同学的信中说："无有几个从事小学教育之人，后路空虚，非计之得。"在延安窑洞中，他对斯诺讲起过自己对教师的人生选择；在成为新中国领袖之后，还多次提起他的教师身份。（参见韩延明的《小学教师——毛泽东终生感念的职业》，载于《党史博览》2019 年第 3～4 期）他还提出"启发式""精讲多练""少而精""教育与生产劳动相结合""实践出真知""德智体全面发展"等教育理念，把希望寄托在青年人身上，成为真正的一代人师。

吴宓终生从教，开出英语、英诗、翻译、英文散文、外国文学等 15 门以上课程。能开出这么多门课，不但需要外语功夫，而且需要很多相关量功夫。他还编写了《世界通史》《外国文学》《外国文学名著选读》《中国文学史大纲》等一大批讲义和教材，也是对教育事业的一大贡献，同样需要相关量功夫。还培养出像钱锺书、季羡林、徐中舒、高亨等一大批立体型而非"复合型"高端人才，其功绩彪炳史册。（参见笔者寓公新浪博客 2020 年 7 月 2、4 日两篇博文）

钱三强被称为中国原子弹之父，他是科学巨匠，也是一位人民教师。1955 年 1 月 15 日下午，他与李四光一起到中南海菊香书屋给毛泽东、周恩来、朱德等党和国家领导人讲解原子能和原子弹问题，领导人恭恭敬敬地当了两个多小时的"小学生"后，集体决定要搞原子弹。(参见徐剑的《中国导弹、原子弹启动始末》，载于《作家文摘》合订本 2019 年第 10 期)钱三强还为中国培养了一大批人才，如今中国物理界许多泰斗级人物都把他视为授业恩师。也正是因为这批人的存在，中国的核能技术才能发展到如今的程度。(参见笔者的寓公新浪博客 2020 年 2 月 22 日博文)

同为"两弹一星"元勋的钱学森、郭永怀，都是当之无愧的外语人，也是教授。钱学森拿着粉笔板书讲课的画面为大家所熟悉，他自编讲义，向力学所的同事普及导弹知识；我国"卫星之父"孙家栋、"载人航天之父"戚发轫等，称其为"启蒙之师"；他也是载人航天总设计师王永志的伯乐。这些名家把钱学森定位为"思想家、战略科学家"。(参见央视网 2019 年 4 月 16、18、19 日《国家记忆》)

郭永怀身兼中国科学院、北京大学、清华大学教职，还是中国科技大学的创始人之一，培养出了胡文瑞、戴世强、尹协远等一大批专业技术人才，使中国航天事业后继有人。(参见央视网 2019 年 4 月 2 日《国家记忆》)

郭永怀的夫人李佩曾长期担任中国科技大学和中国科学院大学英语教授，许多知名院士和学者都曾是她的学生。她创办了"应用语言学"专业研究生师资班，为该学科的建立作过开拓性贡献，被称为"中国应用语言学之母"。(参见央视网 2019 年 4 月 8 日《国家记忆》)

上述名师都具有深厚学养功夫，他们也使用工具，但是没有一个人为工具所困。学养功夫才是他们成就事业的根本。他们都是立体型而非"复合型"人才。

许国璋毕业于西南联大外文系，得到过英籍教师燕卜荪的真传。他回忆说："我永远不会忘记，1937 年秋和 1938 年春，在南岳和蒙自他同我们一起研读过的那些伟大诗篇。读着美妙的诗篇，诗人燕卜荪替代了先生燕卜荪，随着朗读升华为背诵，词句犹如从诗魔口中不断地涌出，大家停下了手中的笔记，个个目不转睛地盯着诗泉。这时，学生、先生共同沉醉于莎翁精神之中。"这才叫教人，而不是教应考术。

季羡林在清华西洋文学系读书时，遇到过吴宓、石坦安那样的好老师，也遇到过华蓝德、毕莲、叶公超那样混饭吃的老师。德国人华蓝德脾气古怪，课堂上动辄破口骂人；美国人毕莲只会背诵乔叟的《坎特伯雷故事集》开头几段借以吓人，拿不出其他干货；叶公超的教学方法是找学生读《傲慢与偏见》，读一段后问学生有什么问题，当学生真的提出问题时，他就大声吼叫："查字典去！"（见胡光利的《季羡林西洋文学系的老师们》，载于《作家文摘》总第 297 期）

2016 年 9 月 9 日，习近平到北京市八一学校看望慰问师生时说："一个人遇到好老师是人生的幸运，一个学校拥有好老师是学校的光荣，一个民族源源不断地涌现出一批又一批好老师则是民族的希望……教师做的是传播知识、传播思想、传播真理的工作，是塑造灵魂、塑造生命、塑造人的工作，理应受到尊敬，要在全社会弘扬尊师重教的良好风尚。"

他又说："今天的学生就是未来实现中华民族伟大复兴中国梦的主力军，广大教师就是打造这支中华民族'梦之队'的筑梦人。"（见于 2017 年 9 月 9 日央视网）教师的责任任重而道远。

3. 师德挚爱真功夫

教师的身心修养功夫，决定着教育成败。教师的人格魅力是教师学识、操守、个性所透出来的感染力，会不知不觉地影响着学生、同人乃至学术界，其影响力远远超出学术范围，衍生出修身、处世、待人等道德教育意义，起着树立标杆、净化学术生态环境的作用。如今学界纠纷不断、师生屡屡失和，尤其呼唤那样富有人格魅力的老师起引领作用。

陶行知也是一位留美归来的外语人。他说："人生天地间，各自有禀赋。为一大事来，做一大事去。"他要做的大事就是：通过平民教育，提高国民素质。他誓言：捧着一颗心来，不带半根草去。他自编《平民千字课》和《老少通千字课》，发行量达 300 多万册。一个人只要答应能教会身边两个人识字，他就会免费赠送教材。

他发自肺腑地说："为了劳苦大众，我们吃草也干；为了受苦小孩，我们要饭也干。"他最著名的教育理念就是：千教万教教人求真，千学万学学做真人。（参见《陶行知传》四川教育出版社 2010 年版等）

他用自己的生命践行了自己的理念。毛泽东用"伟大的人民教育家"来赞誉他的光辉一生。

教师是先进文化的弘扬者和推动者，是学习型社会的先行者和示范者。有人说：赢得教师，才能赢得 21 世纪的教育。这句话千真万确。

教育者育人必须燃起热情。苏霍姆林斯基说过："我竭力要防止的最大恶习，就是冷漠，缺乏热情。"（见他的《给教师的建议》）

作为教育家，防范冷漠是完全必要的。但是，与其防范儿童冷漠，不如防范教师冷漠；与其防范教师冷漠，不如防范校长冷漠。凡是"向钱看"的教育，必然是变味的教育。只有教育者满腔热忱的爱，才能消融、解冻儿童的冷漠。

教育是一个多向互动的过程，老师影响学生，学生也影响老师，学生和学生之间更是相互影响，这种影响力有时会大得不得了。

教育者要在迷恋他人成长方面下功夫、做学问。如若对他人的成长达到"迷恋"程度，那只有付出真爱才能做到。

老师不要吝啬使用爱的情感，要用爱心去感化、鼓励孩子，促使其健康成长；不要因为自己居于师长地位就横挑鼻子竖挑眼，在还未真正了解孩子的时候就妄下结论，如同爱因斯坦的老师那样。这种"预言家"百分之百是要跌跟头的。家长向学校和老师托付鲜活的生命，谁也不希望"种下龙种，收获跳蚤"；生命的增值比什么都重要。

历史在变，上帝在变，可是学校的育人使命没有变。教育可以救国，也可以祸国，关键在于校长如何掌控教育这艘航船。

大学管理者的一项优良传统，就是志在报国，不谋私利。高校因为涉及的学科广泛，校长即使是著名学者，也不会全知全能，必须尊重各方面的权威，尊重他们的人格地位，尊重他们的治学理念，尊重他们的办学思想，尊重他们的劳动和创造。只有在充分尊重的前提下，才能充分发挥他们办学的潜力。

列宁在一个世纪前就说过："学校的真正性质和方向，并不由地方组织的良好愿望决定，不由学校委员会的决议决定，也不由教学大纲等等决定，而是由教学人员决定的。"（转引自吕文硕主编的《现代教师素质》第4页，哈尔滨工业大学出版社1989年版）

美国有世界上一流的大学、一流的教育。面对新世纪，他们依然大声疾呼"教育改革势在必行""国家处在危险之中"。尽管他们教育的国际化程度已经相当高，前总统布什还带领校长们制定《国家语言安全战略》，期待着能够用外语功夫武装到美国士兵。他们对外语教育的重视值得我们借鉴。

二、立言立说靠功夫

曹丕在《论典·论文》中说："盖文章，经国之大业，不朽之盛事。"他认为，"立言"比立功、立德重要。杜甫也说："文章千古事。"

著作人堪称雕琢人类灵魂的工程师。一本好书可以改写历史、改变世界。立言立说，非做总体思维下苦功夫不可，需要广泛的相关量。

1. 书的征服力

人类社会不乏暴力强权和征服者。没有哪一种暴力强权、哪一位征服者能够赢得人心、持续久远。强权和征服者是历史的匆匆过客，也是万民痛骂的恶贼。

征服人心在德、在智慧，而书籍往往就是德和智慧的载体，离开这一载体，传不上几代，就会淹没在历史的长河中。有了龟甲竹简，才有了《周易》《论语》《老子》《庄子》《孟子》等流传下来，成为人类宝贵的精神财富。

美国作家威廉·福克纳被称为"作家中的作家"。他说："经典从未消逝，它甚至不曾过去。"（见于 2019 年 7 月 31 日搜狐网·九久读书人）

俄罗斯在欧洲的地位原本微不足道。彼得大帝的改革以西欧为参照系，他也一直把俄罗斯定位为欧洲国家，但是欧洲人并不买账。托尔斯泰的《战争与和平》问世后，俄罗斯挺直了腰杆，根本扭转了欧洲视俄罗斯为蛮夷的错误印象。（参见刘晨的《"战争与和平"150 年》，载于 2019 年 5 月 29 日《文汇报》）

可以说，书的生命力不逊日月，书的锐利程度胜过枪炮。所以一位英国前首相说："一部书的影响往往超过一场大的战争。"

一本书可以改写历史、改变世界。中国曾经被认定为"贫油国"。李四光的《中国地质学》论证了地壳运动与矿产分布的规律，提出"构造体系"理论。十年后相继发现了大庆、胜利、大港等油田，从而将中国贫油国的帽子甩进了太平洋。

一本书的力量足够大，大到能够改变一个人的内心世界，大到可以改变一个人的人生轨迹。洪秀全拿到《劝世良言》，掀起了一场"太平天国"运动；孙中山读了林肯的"民有民治民享"演化出他的"三民主义"；陆家羲阅读了孙泽瀛的《数学方法趣引》，破解了"柯克曼女生问题""斯坦纳系列问题"两大世界难题。

莎士比亚说："书籍是全世界的营养品。生活里没有书籍，就好像没有阳光……"

明白人都懂得：书是知识的海洋、力量的源泉、智慧的渊薮、人类进步的阶梯，书像神一样拥有魔力和魅力；书是开发智慧的钥匙，是医治愚昧的良药，是观察世界、探视历史的望远镜，是传承历史的纽带，是社会进步的基石。书可以陶冶情操，也可以启迪智慧。

先进的理念和智慧都源于知识。是有知识和掌握先进理念的人改变了中国落后挨打的命运，是智慧和先进的理念给了我们这个民族韧性和远见，是人民用智慧建设了中国，创造出蒸蒸日上的大好局面；知识赋予我们伟大复兴的动力，知识也是无穷无尽的力量源泉，在你不断汲取知识营养的同时，知识已经化作一股力量，让你无往不胜。

有句话叫作"知书达理"。就是说，读好书就掌握了真理，只有掌握了真理才能掌握世界。爱因斯坦在读伽利略、牛顿的书的基础上，发现了相对论，使物理界进入一个新纪元。

你要成为某一学科的专门人才，就得攻读该学科的书。一位世界级的伟人必定是知识分子、读书人，甚至是读书最多的人。

传诵千古的书，就是作者不朽的丰碑，比王陵更永固、更值得膜拜。

能写出好书就是对人心灵的雕琢、对灵魂的净化，堪称为人类灵魂的工程师。写书、读书都靠功夫。

2. 文章魅力来自功夫

赫尔岑说："书是行将就木的老人对刚刚开始生活的年轻人的忠告……种族、人群、国家消失了，书却留存下去。"（见于 2019 年 11 月 1 日人与书相携）

梁衡说："每个人作为历史长河中的一个旅行者，搭船时既然得到前人书的馈赠、享受过获得知识的欢乐，就应该想想要为后人留下点儿什么。如果说读书是一个人有没有求知心的标志，那么写作就是一个人有没有创造力和责任感的标志。读书是吸收，是继承；写作是创造，是超越。当一个人读懂了世界，吸足了知识，并经过了实践的发展之后才可能写出属于自己而又对世界有用的东西，这就叫贡献……我们不妨把每个人留给这个世界的文章或著作算作他搭乘历史之舟的船票，既然顶了读书人的名，最好就不要做逃票人。这船票自然也轻重不同，含金量不等，像《资本论》或者《红楼梦》，那是怎样一张沉甸甸的票据啊！书的分量，其实也是人的分量。读而后有作，作而出新，是大智慧。"（见梁衡的《书与人的随想》）

好书不是随便就能写得出来的，它不但要有知识积累、生活实践的切身体验，还要有表达的时机，在内心成熟了，觉得不吐不快时，才能喷涌而出。

《史记》的作者司马迁，有良好的家教、世代的史学积累，十岁已读万卷书，父亲司马谈为他延请大儒孔安国、董仲舒为师，在名师指导下，他学业精进；20岁时，父亲给他一辆马车，指导他有目的、有计划地到社会中实地考察，搜集历史传说与各种史料。

通过"读无字之书，禀山川豪气"，最后终于能"究天人之际，通古今之变，成一家之言"。正在不吐不快之际，遭受宫刑，他的悲愤连同感悟喷涌而出。刀笔昏灯，写出《史记》那样的鸿篇巨制，何其不易！这是他读写功夫的结晶。

他在《报任安书》中说："文王拘而演《周易》；仲尼厄而作《春秋》；屈原放逐，乃赋《离骚》；左丘失明，厥有《国语》；孙子膑脚，《兵法》修列；不韦迁蜀，世传《吕览》；韩非囚秦，《说难》《孤愤》；《诗》三百篇，此皆圣贤发愤之所为作也。此人皆意有所郁结，不得通其道，故述往事、思来者。"

人在困境下写出传世之作，证明"成功需要有敌人"的论断是正确的。毛泽东的《论持久战》等名篇也是在大敌当前、民族危亡、在延安艰苦的窑洞中写成的。

美帝国主义如此欺负我们：炸使馆、撞军机，对我们闹新冠肺炎幸灾乐祸，当成它的机遇，无时无刻不在宣传"中国威胁论""债务陷阱"，鼓吹"黄祸论"，把我国发展称作"搭美国便车""经济侵略"，插手港台、新疆、西藏事务，挑起南海事端，妄图分裂中国等，为外语人写驳论提供了重要选题。

至于阐释文化自信、制度优越、"一带一路"和人类命运共同体、航天探月、建设国防、精准扶贫等议题，也是多得不得了，是外语人立言立命、大显身手的天赐良机。

写这类文章、著这类书籍，都需要通过外语查核资料、运用外语相关量的知识积累、花费十足的气力和功夫，用足自己爱国、爱民、爱人类的感情和维护公平正义的一腔热血，把真知灼见表达出来，才能感动有良知的人、震慑谎言制造者，给不明真相的人以正确引导。

　　如果能用母语和外语同时写出来，就更能在世界上发挥出应有的作用。不用说正论、驳论，诗歌、小说、戏剧、电影都能用上此种题材。但是必须花费功夫，不能靠侥幸取胜。

　　对于任何人来说，写出一部好书都不是一件轻松的事情。托尔斯泰的《战争与和平》，书名本身就做过多次修改，开头部分改写了 15 遍，全书重大修改 8 次，细节修改 26 次，出书后作者仍旧对结尾不够满意。喜剧大师莫里哀、易卜生等人为了写出好作品，常常躲在咖啡店、街角等公共场所偷听市民的街谈巷议，大海捞针般地捕捉对自己写作有用的信息。美国传奇诗人艾米莉·狄金森花费 30 年时间写下 1 800 多首诗，最后只拿出其中 7 首公开发表。雨果初步构思好《巴黎圣母院》的腹稿后，买了一大瓶墨水，把自己软禁在家闭门谢客，直到写成。（参见刘晨的《"战争与和平" 150 年》；梅森·柯瑞著，庄安琪译的《创作者的日常生活》，《作家文摘》2019 年第 4 期等）外语人中的许多人只要拿出这种精神、下同样的功夫，也能写出不朽的作品来。

三、外交官的折冲功夫

　　有人说，外交官就是文装军人，用舌和笔打仗，维护国家权益。机敏、睿智、折冲樽俎的外交官，是令人羡慕的职业；其中的甘苦往往不为人知，系列的、过得硬的折冲功夫更是常人所不具备的。

　　首要的是身心修养功夫，言谈举止为人们所敬重，道德修养成为楷模，忠诚守信不怀二心。

　　此外，还要有深厚的母语功夫、外语功夫、相关量功夫，伶俐机敏智慧的口舌功夫，精炼准确笔头功夫，亲和友善的人际关系和团队精神，手段灵活的谈判功夫、止战功夫、变通功夫等，甚至幽默、沉默也是不可或缺的功夫。

1. 止战功夫

外语人在国际交往中大有用武之地，国际上不战而屈人之兵，少不了外语功夫。

中国从历史源头上就奉行和平外交、睦邻外交；后来发展为朝贡体系（实际上是周边国家为我国的和平外交、礼仪文化所吸引），很少对外使用武力，基本不靠战争开疆扩土，政府未主导过海外殖民。开疆扩土的机会是不少的，如果像西方那样主动到海外殖民，那么东南亚、日本、印度、澳大利亚甚至非洲都有可能被占领。但是国人知彼此，人家的就是人家的，给也不要。乾隆年间曾有一位国人在印尼赢得一方土地，想划归天朝，国家都没受理。这与西方征伐不断、投入大量精力开发殖民地、抢掠财富形成了鲜明的对照。

互尊、互敬、互利、互信是国与国之间外交关系的基本准则。交涉总不能自说自的话，外语功夫是顶用的功夫。周恩来曾经深有体会地说："……没有翻译，重要的事，双方一起相对无言，动都不能动了。"（引自施燕华的《外交翻译 60 年》，见于百度文库）

不要以为有了翻译就万事大吉了。翻译常常由涉世不深的年轻人担任，他们的经验和学识往往没有达到应有的高度，需要外交主官加以教导。周恩来教导过很多翻译，包括让冀朝铸学习古诗、古文等。

给周恩来当过翻译的施燕华在《周恩来指导外事翻译工作》（见于2017 年 5 月 27 日人民网）中说："我们几乎隔三岔五都要被"敲打"一下：专名没写对，这个译法查了没有？打字缩行太短……"

那个"敲打"翻译的人就是周恩来。不"敲打"就难以形成严谨的工作作风。据施燕华讲，1951 年，翻译上呈文件的同一页纸上对缅甸大使的名字出现两种译法：吴敏敦、吴敏登。周恩来在上面批示："姓名未统一译好，请注意！"

1972 年夏季，斯里兰卡总理班达拉奈克夫人访华，向周恩来表示自己治国经验不足，希望周恩来能给予帮助。周恩来说："我们会尽力帮助你们，愿意就各种问题与你们交换意见；但是，国情不同，我们不能越俎代庖。"翻译章含之不明白"越俎代庖"是什么意思，周恩来解释说："就是跑到别人厨房里替人家做饭。"（参见杨发金的《周恩来和他的翻译们》）

不只是周恩来，其他外交主官也都有教导翻译的责任。据施燕华讲，一次，周恩来与一位非洲国家元首会谈，提到木薯淀粉的利用问题。冀朝铸不知道木薯用英文怎么讲，就兜圈子说："贵国有一种植物含淀粉量很高……"中国驻该国大使听出冀朝铸遇上了"地雷"，赶紧告诉他木薯是"cassava"。（参见施燕华的《周恩来指导外事翻译工作》）

1963 年 12 月至次年 3 月，周恩来率团访问了亚非 14 国，取得了很大成就。周恩来在《关于访问十四国的报告》中特别提到了翻译们的功劳，甚至说："这次访问如果没有他们当翻译，就很困难。"还说："现在翻译太少，跟我们国家大不相称，七亿人口才那么几个翻译，我想起来就难过。"（参见杨发金的《周恩来和他的翻译们》）外语功夫在对外交往中的作用，由此可见一斑。

如今的外交官，常常是自己直接用外语发表演讲或者写文章发表见解，使驻在国的受众感到亲切，也节省时间和人力。不可想象：一位大使如果带着翻译上驻在国电视台接受采访，会是什么效果！

作为外交官，不仅需要外交智慧，而且需要外交道德。一个没有外交道德的人，不仅会把国际关系搞坏，还会像特朗普那样把国家搞得只有敌人没有朋友。

新中国成立后，无论是对美、对苏、对印、对越战争，都没有离开过自卫防御的底线。这种外交路线的好处是容易与别人共处、建立命运共同体；坏处是缺乏积极防御，容易遭受侵略。繁荣的宋朝、强大的清朝的灭亡，都有这种因素包含在内，应当引以为戒。

在强敌面前不能缩手缩脚、犹疑徘徊，当出手时就出手，不能总是抱着"不战而屈人之兵"这一条原则不放，能战方能止战。

克劳塞维茨说过："当一个国家容许他的敌国无限制扩张侵略野心而不加以阻止的时候，这个国家就注定要衰败了。"

我们珍视和平，但也不惧怕战争、反对战争，要毫不迟疑地给挑衅者以迎头痛击。

2003 年 2 月 5 日，美国国务卿鲍威尔在联合国发表演讲，挥舞着一只装有白色粉末的小瓶子，指责伊拉克拥有大规模杀伤性武器，为美国攻打伊拉克制造借口。

联合国安理会拒绝了美国攻打伊拉克的提案。可是，一个半月后，美英联军避开安理会，悍然发动了对伊拉克的战争，造成伊拉克民众 65.5 万人死亡，至今也没拿出鲍威尔所说的"大规模杀伤性武器"的任何证据。

美国政府也想以"新冠病毒"为抓手造谣中伤诋毁中国，我们必须提高百倍的警惕，不要仅仅局限于打防御战，要抓住线索追查到底，让害人者露出本相。不要以为特朗普下台了就完事大吉，追查病毒源头的工作远没有结束。

弱国外交官更要舍生取义，维护祖国的正当权益。如果遵从弱国无外交的理念而无所作为，那么当今世界就只能任凭美国横行霸道！

在抗美援朝战争的停战谈判中，中国也居于弱国地位，却充分展示了外交官的止战功夫。谈判进行了两年多，其间两次变更谈判地点，五次中断谈判，双方代表团举行了 58 次会谈、各种层级的小会开了 733 次。最后，美国四星上将克拉克不得不在"停战协定"上签字。精通英语的乔冠华、柴成文等都是谈判的骨干力量，冀朝铸当时还只能打杂；"停战协定"文本是经过外语人反复推敲的。没有外语人出面，双方都等于"耳聋""眼瞎"兼"哑巴"，怎么谈得起来？

回顾朝鲜战争时美国人说，不怕中国军队现代化，就怕中国军队毛泽东化。美国人大卫·哈伯斯塔姆在《最寒冷的冬天》一书中认为，朝鲜战争在惨烈搏斗的背后是信仰的较量，"毛泽东的军队正因为有信仰，他的军队就具有强大的力量"。（引自《战斗文化形态之变：打赢制胜的价值取向之变》，载于 2016 年 2 月 15 日《解放军报》）他们也知道信仰比战争工具更可靠。

外交家谈赢了可以名垂千古，失败了就可能遗臭万年。外交成败取决于谈判艺术，更取决于实力，但是没有外语功夫就根本无法沟通。

第二次世界大战中我国人民对侵略者的不屈不挠、顽强抵抗，让我们重拾大国地位。当然，这种地位还是十分脆弱的，连战败的日本都有些不服气，美、苏两国也有一种"救世主"的感觉，根本没把我们当回事儿。朝鲜战争让全世界看到了中国的动员能力、不可战胜的民族精神。

2. 战略视野与首脑外交

1949 年 10 月 1 日，毛泽东在天安门城楼上宣读了《中华人民共和国中央人民政府公告》(参见 2013 年 10 月 8 日人民网 – 中国共产党新闻网)；当晚，周恩来签署了由王炳南起草的《中华人民共和国外交部公函》。《中华人民共和国中央人民政府公告》和《中华人民共和国外交部公函》作为新中国的首份外交文件，由外交人员送抵当时各国驻华代表机构，告知他们：中华人民共和国中央人民政府是代表全中国的唯一合法政府。第一家收到这份文件的是苏联驻华总领馆。总领事谢尔盖·齐赫文斯基马上把文本译成俄语发回国内。(参见张宏喜的《新中国第一份外交文件》，载于《作家文摘》总第 290 期)

经国大事必须作总体思维。作为精通历史的伟大战略家，毛泽东当然会估计到新中国的成立有可能引起英美帝国主义国家的武装干预。为了化解风险，从解放军占领南京时起，就派精通英语的黄华与美国驻华大使司徒雷登周旋，动员后者以过生日为名到北京与周恩来、毛泽东晤谈，商讨双方建立外交关系的可能性。

司徒雷登请示其政府后提出种种难题设置障碍，企图找借口不去北京，包括要当着毛泽东的面宣读美国的谴责声明等。

毛泽东的策略是先谈起来再逐步化解危机，连无理要求都答应了。忍别人所不能忍，这就是功夫。

当司徒雷登再请示其政府时，美国国务卿答复："无论如何都不能去。"

司徒雷登打道回国，毛泽东才写了《别了，司徒雷登》。礼数到了还不买账也就客气不得了。

1954 年的日内瓦会议讨论朝鲜和印度支那问题，成为新中国登上国际外交舞台的绝好机会。周恩来有在西方留学的经历，"二战"时期和解放战争时期，他同美国军政要人史迪威、赫尔利、马歇尔等打过多年交道，对西方社会的风土人情、思维习惯、谈判手段等都有相当的了解，积累了一定的交往经验。

周恩来深知外语翻译对于外交成败的不可替代作用，他指示从全国选调最好的翻译，仍不放心，又指示副外长章汉夫、外交部办公厅主任王炳南等组织人力对翻译逐一进行考核。

以法语翻译的考核为例，考核内容包括中法文书面、口头互译，中英文书面、口头互译，同声传译等，考官为原"中华民国"驻法公使凌其翰和一位越南驻华使馆参赞。最后确定中国留法学生会主席董宁川、留法归国的袁宝华、北大教授陈定民、北大毕业生张锡昌为会议法语翻译。

其他语种的考核也大致如此：英语考官为章汉夫，俄语考官为刘泽荣。结果，浦寿昌、冀朝铸出任英语翻译，师哲任俄语翻译，张翼任越语翻译等。（参见杨发金的《周恩来和他的翻译们》）在日内瓦会议上，这些人确实成了周恩来的得力助手。

出席会议的官员，从团长周恩来，副团长张闻天、王稼祥、李克农，秘书长王炳南，顾问雷任民、乔冠华、黄华、雷英夫，到代表团成员陈家康、柯柏年、宦乡、龚澎、吴冷西、熊向晖、章文晋等，几乎都是外语人。

外交官讲究人身修养功夫。周恩来头戴礼帽、身穿深色长风衣，一只手插在风衣兜里，风度翩翩地从大家面前走过，展现了大家风范、君子胸怀，立即引起各方媒体注意。

周恩来懂得如何构建统一战线以孤立最大的敌人。英国对于"二战"后世界格局的安排与美国并不一致，在香港问题上有求于我国。所以在新中国成立后，马上就想建立正式外交关系，因为横亘在两者之间还有许多历史问题没解决，中方不可能无视这些问题与其建交。交涉过程中爆发了朝鲜战争，英国追随美国参战，谈判就此停止，但是彼此仍旧保留着非正式的外交关系。

周恩来于 4 月 30 日拜会了英国外交大臣拜登。和周恩来一样，拜登也以英俊优雅的绅士风度著称，彼此都留下了深刻印象。此后，他们又多次当面沟通，取得不少共识，并且多次携手把会议从破局边缘挽救回来。两国政府于当年 6 月达成互派外交代办的协议，彼此有了正式官方关系，由此带动英国政界、实业界、教育界、学术界人士来华访问。我方也派员参加英国皇家学会成立 300 周年庆典，后来竺可桢又率领中科院代表团访英。从 1963 年秋季起，中科院在三年内派出 25 人到英国皇家学会进修。（参见李响的《周恩来破局对欧外交》，载于《国家人文历史》2018 年第 6 期；徐丁丁的《中科院与英国皇家学会往来》，载于《当代中国史研究》2019 年第 3 期）

法国当年占领着印度支那，越南要求其撤出侵略军，遭到断然拒绝。

周恩来指示援越的中国军事顾问团帮助越南打几个漂亮仗。奠边府大捷之后，法方态度有所松动，周恩来及时提出先谈停战、再谈战后政治构建问题，并且通过英国外交大臣拜登进行协调。

周恩来对当年的法国外长皮杜尔说："我曾到过法国，我了解法国人民和他们的许多优点。法国人民是有自尊心的，我希望看到法国民族的国际地位在为和平的奋斗中日益提高。"（参见李响的《周恩来破局对欧外交》，载于《国家人文历史》2018 年第 6 期）

法国在两次世界大战中丢了面子，被英、美瞧不起。周恩来这些意味深长的话和君子胸怀，让法国人十分感动。他的话被传到法国后，法国新总理孟戴斯·弗朗斯赶到它驻瑞士大使馆，邀请周恩来到那里与其晤谈，并就印度支那问题达成共识。弗朗斯对周恩来十分敬佩。（同上）

在多边外交场合，有时会上解决不了的问题可以在会下解决。周恩来充分利用会议间歇马不停蹄地与西方外交官展开私下晤谈，广交朋友、拉近了感情距离，又可以力所能及、实实在在地解决一些实际问题。中英之间代办级外交关系和经贸往来，就是在日内瓦会议间歇期得到解决的；尽管中法当时没有建立起正式外交关系，也为后来建交打下了基础。

周恩来了解东西方文化上的差异。为了拆解文化藩篱，他把国产彩色影片《梁山伯与祝英台》带到日内瓦，利用会议间歇期请西方外交官到中国代表团驻地观看。他向外宾介绍说："这就是中国的'罗密欧与朱丽叶'。"（同上）这些外交活动中的创举，在一定程度上消减了西方对我国的敌意。

1955 年 12 月，英国照会美国：将单方面逐渐取消"中国差别"（即对华禁运方面与苏联、东欧的差别——笔者注）；1957 年 5 月 27 日，英国宣布废除"中国差别"，欧洲一些国家也随之跟进。（参见刘禹辰、林孝庭的《50 年代美"百万人委员会"闹剧》，载于《当代中国史研究》2017 年第 4 期）

1960～1961 年，蒙哥马利元帅两次访华，毛泽东抓住机会与他交谈，使之了解我国的内外政策。蒙哥马利回去后到法国拜访戴高乐，劝他发展与中国的外交关系。有独立意识的戴高乐，也频频做出挑战美国霸权的举动。

1963 年 10 月，法国前总理富尔以戴高乐密使身份访华，带来了戴高乐的亲笔信，表示愿意与中国建交，周恩来给予积极回应。双方通过正规外交途径，于 1964 年 1 月达成建交协议，被称作是外交上爆破的"原子弹"。（参见《周恩来破局对欧外交》）

1964 年 3 月，美国总统约翰逊授意美军参谋长联席会议主席泰勒，制订了一项对苏联和中国进行先发制人的核打击计划，想要摧毁苏联 150 座城市和 70% 的工业，使其社会瘫痪；想要毁灭中国 30 座大城市，杀死两亿多人口，使中国社会崩溃。（参见 2018 年 9 月 11 日《环球时报》的相关报道）后来因为中苏关系破裂、中国也拥有了核武器等错综复杂的因素，该计划没能付诸实施。

尼克松访华产生的扩散效应：《上海公报》发表两周后，中英关系升格为大使级；数月后，中日恢复邦交正常化，荷兰、希腊、联邦德国等

18 国与我国建交或升格外交关系，同时也打开了我国与西方的经贸之门。

摆脱美方的封锁后，我方立即派出两个考察组前往西欧和日本，开始引进先进技术和设备。我国社科院当代中国研究所学术委员陈东林说："'四三方案'引进规模大，引进设备的技术水平较高，催生了新中国成立以来对外引进技术设备、开展经济交流的第二次高潮。"（参见隗延章的《大变局：中国 1972》，载于《中国新闻周刊》2019 年第 23 期）

1990 年，以美国为首的多国部队对伊拉克发动了海湾战争。美军首次将大量高科技武器投入实战，展示了压倒性的制空、制电磁优势。（参见百度文库 2011 年 5 月 10 日发布的《海湾战争》）通过这场战争，美国进一步强化了在该地区的军事存在，改变了自越南战争以来的颓势。

苏联瓦解后，美国成为唯一的超级大国，我国成为最显眼的共产党政权，以美国为首的西方资本主义国家，开始全力围堵我国。

美国媒体承认：1994～1999 年间，美国通过散布"中国航母威胁论"多次拦截中国航母计划。结果不只是航母建造受阻，还包括由建造航母所能带起的现代制造业、新材料、新技术、新工艺等。（参见红色文化网《戴旭：美国多次成功拦截中国航母计划》）中国的海疆安全也因此大打折扣。

20 世纪 90 年代是我国外交、国防最为艰难的时期之一。发生了1993 年的"银河号"事件、1996 年的台海危机、1999 年的驻南斯拉夫使馆被炸等一系列重大事件。"韬光养晦"外交展现了隐忍功夫，外交官和智库中的外语人充分运用折冲功夫化解了一场又一场危机。

新冠病毒疫情检验着各国领导人的应对能力。中国依靠应对得力和制度优势很快控制住了疫情，为全世界赢得了防疫时间和宝贵经验；美国尽管有雄厚的物质资源和医疗资源，却因为其领导人只会甩锅没有应对疫情的真功夫，结果"后来居上"，成为此次疫情的重灾区。特朗普等人散布"病毒无害论""疫情局势良好论""全世界都将美国视为应对疫情的领导者论"，自欺欺人的说谎功夫达到了登峰造极的地步，让全世界贻笑大方！

中国领导人曾明确表示：中国无意挑战美国地位。奥巴马来访有瀛台夜话，特朗普来访游览故宫、签署 2 500 亿美元的贸易大单，都是超常规的；美方无理发动贸易战、科技战，打压华为、关闭我驻休斯敦领事馆，制裁外交人员、记者甚至留学生，挑动台独、港独、疆独、藏独，公然侵犯南海主权，无底线地向我国甩锅，我们都是冷静处理并留有余地，在一定程度上还是韬光养晦，当然不能只用单一策略；我们不能毫无原则地大撤退，不能不坚守底线，不能不对美国的侵略野心保持高度警惕，也不能害怕军事较量。怕没有出路，不怕才能打得一拳开、免得百拳来。

美国的根本战略在于颠覆我们的社会制度，他们养了那么多懂中文的战略家，智库里有那么多"中国通"，还有余茂春那样的华人助纣为虐，岂是韬光养晦就糊弄得了的？

3. 系列功夫

李道豫、李肇星、张业随、崔天凯等我国驻美大使在对美关系方面都发挥了独特作用。无论如何驻美大使的英语功夫必须过硬。

1990 年，懂英语、法语的李道豫出任中国常驻联合国代表。上任不久就遇上了第一次海湾战争。在安理会紧急会议上，他对谴责伊拉克入侵科威特的决议草案投了赞成票，这一表态得到了国际社会的广泛称赞。

李道豫说："在联大发言首先要快，否则可能会插不上嘴或被别人打断；第二，一个观点提出来一定要站得住脚、喻理成章，不能轻易被推倒；第三，身体要顶得住，因为很多时候开会都是通宵达旦连轴转，非常疲劳。"（参见 2019 年 10 月 14 日新华网：《共和国荣光 | 李道豫：不忘初心、不辱使命》）

1993 年，李道豫出任驻美大使，五年任期也是在疾风骤雨中度过的。克林顿政府把贸易最惠国待遇同人权问题挂钩，威胁要在一年期限后取消对中国的最惠国待遇。美方让李道豫苦苦等了两个月才安排递交国书，这也需要忍耐功夫。

1995 年，美方允许李登辉访美，两国关系骤降至谷底。他与克林顿进行了激烈交锋，申明中方立场。此后他奉命回国述职以示抗议，直至美方承诺遵守一个中国原则后，他才返任。

在美期间，李道豫除了做好政府间的外交外，还十分注重公共外交，积极与政界、企业界、学术界、媒体等打交道。为了让更多的美国民众了解一个真实的中国，他跑遍了美国 50 个州，发表了 200 多场正式演说，并经常接受美国媒体采访，阐释中方立场和观点。这些活动都需要过得硬的外语功夫做支撑。

1998 年他离任时，120 多名议员在美国国会曼斯菲尔德大厅为他举行欢送会。（参见笔者寓公新浪博客 2020 年 2 月 16 日博文）与到任时的冷遇形成鲜明对照。

2019 年 9 月 17 日，习近平签署主席令，授予李道豫"外交工作杰出贡献者"国家荣誉称号。（参见 2019 年 10 月 14 日，新华网等相关报道）

外交官是个高风险职业。1955 年的"克什米尔公主号"事件，就是美蒋特务针对周恩来的一起暗杀阴谋。尽管周恩来躲过一劫，但中国代表团成员石志昂、李肇基、钟步云等八人遇难。

1960 年 4 月，周恩来率团访问印度，与尼赫鲁举行了七轮会谈，希望和平解决边界争端。尼赫鲁自恃有美、英、苏支持，态度傲慢，没有解决问题的诚意。

会谈后本该共同举行记者招待会，阐释相关立场。可是尼赫鲁拒绝出席记者招待会，印方还想在周恩来单独举行的记者招待会上大做文章。

英国《泰晤士报》记者韦尔娜拦住正准备步入会场的周恩来，告诉他："这不是招待会，是射击场，您是唯一的靶子，上千支枪口都瞄准了您，您不能进去！"

常人在这种情况下会望而却步，周恩来则大义凛然地说："放心吧，新德里的子弹打不倒我！"他走进去，发表了 45 分钟的演讲，阐释了中方通过谈判和平解决纠纷的立场，博得好评。（参见顾保孜的《摄影记者眼中的 1960 年周恩来大出访》，载于《名人传记》2019 年第 6 期）这是民族大义面前智勇兼备的果敢功夫。

外交官情系祖国安危，不只表现在斗智斗勇上，还表现在对于时局的把握上。中苏关系经过严酷对峙之后，1982 年勃列日涅夫发表了"塔什干讲话"，放出缓和对华关系的积极信号。

邓小平接到外交部报告后指示立即做出回应，表示愿意心平气和地坐下来谈，共同排除影响两国关系的障碍。

双方举行了 12 轮谈判，排除了影响两国关系的三大障碍，并借出席第 43 届联大会议之机举行外长级别会晤，商定中国外长访苏，为两国首脑会晤做准备。

1989 年 5 月，戈尔巴乔夫来华与邓小平举行高级别会晤，双方发表公报，宣布结束过去、开辟未来，两国关系实现正常化。

苏联解体时，精通俄语的李岚清以外经贸部长身份正率团在莫斯科访问。会见俄罗斯副总理绍欣时，他传达中国领导人口信：中国政府决定承认俄罗斯联邦政府，支持俄方接替苏联在联合国和安理会的合法席位。（参见田曾佩的《亲历中俄关系史上的关键时刻》，载于 2019 年 5 月 27 日《参考消息》）这一及时表态，一下子拉近了中俄两国间的距离，使国际战略格局朝着更有利于我们的方向发展。

中国驻外使节都担负着维护世界和平、维护人类命运共同体、维护多边主义、维护国家安全和利益的共同责任，很少有人知道其中的苦辣酸甜。

高海拔驻外使领馆，高原紫外线辐射强，缺氧严重。在玻利维亚，一些馆员常感到胸闷，有的患有周期性头疼症，上下楼呼吸困难，上三个台阶就要停下来歇歇。使馆的每个办公室、使馆工作人员床头都配备有氧气瓶，以防万一。

孙必干前大使常住非洲，遭遇的惊险不可胜数。他常驻也门时经历了五次政变、两次总统遇害事件；在利比亚他目睹了美国 B-52 重型轰炸机轰炸时的惨状；20 世纪 90 年代海湾战争期间他在利雅得，伊拉克的"飞毛腿"导弹发射到离我使馆直线距离仅 500 米的地方。

除了战乱外，还有可怕的传染病、超倍的水污染、不可知的核辐射、极端气候等。

崔永乾前大使在中非工作三年时间内多次患疟疾，最厉害的时候连续两个月不停地"打摆子"，被戏称为"单打冠军"。他还出任过驻刚果（金）大使。那是个战乱不断的国家，政府一度只能控制全国三分之一的地区。崔大使先后七次深入叛军腹地会晤他们的首领，协调政府与他们之间的关系。每次只能乘坐联合国驻刚国代表团的型号老、噪音大、安全系数低的运输机。上飞机之前必须签"生死状"。（参见笔者寓公新浪博客2020年2月17日博文）忠诚是外交人员的根本素质之一。

非洲人民对我们是十分友好的，那里也是外交高官成长的摇篮，黄华、钱其琛、刘华秋、李肇星等一批外交家都曾在驻非洲使馆工作过。为了和平，外交官往往就得甘冒生命风险。

世上没有廉价的成功和胜利。《西游记》展现的"九九八十一难"躲也躲不过去，只能用十八般功夫直接面对。外交官必须有时刻应对风险的心理准备。

我们所谈的外交官，并不专指外交部所属的官员，也包括使馆武官、经济参赞、文化参赞、教育参赞等，他们来自外交部以外的其他部门、其他行业，也属于外交官。活跃在国际舞台上的外语人，也不只是外交官，还有商务和企业代表、驻外记者、访问学者等。他们在这个大舞台上实现自己的人生价值，也为祖国、为人类的和平发展作出了贡献。

四、现代智库，领导参谋部

现代智库是领导人的参谋部，需要具备总体思维的系列功夫。像金一南、傅莹、阎学通这样的外语人，容易成为智库领军人物，他们的得力助手也多为外语人。智囊需要拥有母语功夫、外语功夫、相关量功夫、综合判断能力、前瞻视觉、预测功夫等；领导人面对智库方案，要有通古知今的判断能力、决断能力、独立思考能力等，做整体思维才能减少决策失误。

中共中央办公厅、国务院办公厅印发的《关于加强中国特色新型智库建设的意见》（以下简称《意见》）指出，新型智库是国家软实力的重要组成部分……在对外交往中发挥着不可替代的作用。《意见》强调重视智库外语人才培养、智库成果翻译出版和开办外文网站等工作。简化智库外事活动管理、中外专家交流、举办或参加国际会议等方面的审批程序。

外语人应该为此受到鼓舞，把智库当成自己一展身手的舞台。

1. 智库建设得与失

鸦片战争的失败，很大程度上在于信息不明，决策盲目被动。信息不明与缺少外语人才息息相关，决策失误在于帝王受蒙蔽，不识天下大势，连英国在哪里都搞不清楚。

1839 年 9 月，英国政府已决定对我国动武，清政府完全蒙在鼓里，以为把主张禁烟的林则徐撤职发配，就能平息英方怒火，结果适得其反。抗英禁烟英雄被无端定罪，从精神层面上就瓦解了国人的斗志，又怎能阻止英军进犯？

1840 年 8 月 9 日，英军舰队抵达大沽口，递交"英国宰相致中国宰相书"，提出赔偿被销毁的鸦片、索要岛屿、索还商欠、赔偿军费等无理要求。因为中方无外语人才，只得借助传教士。

大臣们为投皇帝所好，对翻译文本进行精心修改，将"索赔"改成"昭雪"，将"抗议"改成"告明"，将"匡正"改成"申冤"。

人家是来征讨的，道光得到的信息是"告御状"，他怎么会有兵临城下的危机感？他说："英夷在天津海口投递呈词，甚觉恭顺，吁恳恩施，派直隶总督琦善'相机妥办'。"这样的统帅指导战争，怎么能不失败？

蒋介石当政时有参谋部也有情报系统，智库建设还不完备，重大决策失误屡见不鲜。国内决策失误自不待言，国际上从对日不抵抗到首都沦陷、丧失了半个中国还不敢对日宣战，直至太平洋战争爆发后才对日宣战；开罗会议关于琉球主权的失误、与苏联签订友好条约时关于外蒙主权的失误等，都令人痛心疾首，给祖国造成了无法挽回的重大损失。

我们党的优良传统之一，就是重大决策发扬民主，听取不同意见，集体决策。

毛泽东强调，没有调查就没有发言权，他的决策失误就少一些。1939年谈起长征时他说："没有二局，长征是很难想象的。有了二局，我们就像打着灯笼走夜路。"（见于2015年1月29日人民网）参谋部等部门提供的资料，都是他决策的依据之一。后来看外语人编辑的"内参"，也是他获取信息的重要渠道之一。通古知今是他决策正确的原因之一。

朝鲜战争，毛泽东为什么能够做到知己知彼、全局在胸？除了他的明察之外，外语人就国际大势提供的信息也是至关重要的。美国人钢多气少、战线太长等结论，都来自外语人提供的信息。没有这些信息他也难于做出出兵的决定。

那时，美国已经拥有像"兰德公司"那样的著名智库，情报部门的情报搜集能力和通信手段都比我们优胜得多。

有人说，朝鲜战争爆发前夕，兰德公司得出"中国将出兵朝鲜"的结论，想以200万美元的价格卖给美国对华政策研究室，被婉拒。但是该公司否认传闻中它对中国出兵朝鲜的预判，（见2014年11月21日环球网记者朱晓磊的报道）说明它那样的智库当时也没有参透中国文化，也没能得出正确结论；然而美国驻港间谍机构确实获知了中国军队的调动情况，并且报回了美国，美方仍然做了错误的决策，这是"上帝选民"意识在起作用。

麦克阿瑟已经骄横到了连总统召见都要讲等距离的程度；他所带领的骄兵悍将对中华文化知之甚少，一切都想凭实力说话，对中国领导人的决策不会作出准确判断。

1950年，美国钢产量8772万吨，工农业总产值2800亿美元。当年中国钢产量只有60万吨，工农业总产值100亿美元；（数据来自2020年11月5日求是网，徐辉冠的《抗美援朝战争，我们不能忘记这些人和事》）美国还拥有原子弹、飞机、大炮等，武器也是世界一流的，中国的装备根本没法与之相比。

但是，中华文化历来讲究"辅车相依、唇亡齿寒""舍生取义，救人于危难"；历史上也不乏"以少胜多、以弱胜强"的战例，这恐怕是美国人所不熟悉的。楚汉成皋之战、新汉昆阳之战、袁曹官渡之战、魏吴赤壁之战、吴蜀夷陵之战、秦晋淝水之战等，都是以弱胜强的典型战例，毛泽东在《论持久战》中就引述过相关战例作为他立论的依据。美国缺少这种宝贵财富，通古鉴今的功夫当然无法与毛泽东相比。

当年，"麦卡锡主义"当道，美国极力惩治信奉共产主义理想的人士，中国友人史沫特莱等人都遭到迫害，原来美国驻华使馆谢伟思等同情共产党的官员都不能幸免。消灭共产主义成了美国的战略目标，朝鲜、台湾不过是它所要夺取的前哨阵地。

麦克阿瑟野心勃勃地说："美国可以以台湾为中转站，用空军控制从海参崴到新加坡的每个亚洲港口，进而阻止太平洋地区任何针对美国的敌对行动。"他还说："我每晚都跪地祈祷，希望中国参加这场战争。"（参见美国大卫·哈伯斯塔姆的《朝鲜战争前夕杜鲁门与麦克阿瑟》，载于《世界军事》2018年第4期）他自信满满，忘记了毛泽东把它们比喻成了"纸老虎"。

1950年6月27日，美国派海、空军入侵朝鲜领海、领空，对朝鲜城市狂轰滥炸，攻打朝鲜人民军。同时命令第七舰队进驻台湾海峡，阻挡中国人民解放军的对台攻势。30日，又命令美国陆军在朝鲜参战。（参见2020年10月23日北京日报客户端：《跨过鸭绿江》）

美国把中国领土台湾当作它们"不沉的航空母舰"，这是公然对我国领土主权的侵犯。杜鲁门推翻《开罗宣言》对中国领土的划定，公然宣称"台湾地位未定"；中国领袖如果看不到美国战略对我国的严重威胁，或者被这种威胁所吓倒，那就不会有今日的中国。

毛泽东对形势做过这样的分析："……现在美帝的矛头直指我国东北，假如它真的把朝鲜搞垮了，纵不过鸭绿江，我们的东北也时常在它的威胁中过日子，要进行和平建设也会有困难。所以，我们对朝鲜问题置之不理，美帝必然得寸进尺，走日本侵略中国的老路，甚至比日本搞得还凶，它要把三把尖刀插在中国身上，从朝鲜一把刀插在我国的头上，从台湾一把刀插在我国腰上，从越南一把刀插在我国脚上。天下有变，它就从三个方面向我们进攻，那我们就被动了。我们抗美援朝就是不许其如意算盘得逞。打得一拳开，免得百拳来。我们抗美援朝，就是保家卫国。"（参见逄先知、李捷：《漫长的18天——毛泽东与抗美援朝出兵决策》，载于《大地》2000年第19期）毛泽东决策时的信息也是外语人提供的。

决定抗美援朝，需要有超常的战略远见和决心。

周恩来说："毛泽东下这个伟大的决心，是根据科学的预见、实际的分析。"

彭德怀也说："这个决心不容易定下，这不仅要有非凡的胆略和魄力，最主要的是具有对复杂事物的卓越洞察力和判断力。"

历史进程证明了毛主席的英明决策。（见王志刚的《毛泽东与抗美援朝战争：出国作战决策的艰难出台》，载于2013年12月4日《解放军报》）

克劳塞维茨的《战争论》指出："善于运用民众战争这一手段的国家会比那些轻视民众战争的国家占有相对的优势。"（见李哲译的《战争论》第二卷第671页，中国画报出版社2013年版）我国对美国的优势正在于此。《战争论》认为，物质力量只有在精神力量的鼓舞和充实下才能发挥作用，精神力量能够"使物质力量具有生命力""在战斗过程中，精神力量的损失是决定胜负的主要原因"。（见李哲译的《战争论》第一卷第257页）

我们有克敌制胜的文化传承，有领袖的正确决策，有军人保家卫国的献身精神，精神力量占有绝对优势。

毛泽东说："志愿军打败了美国佬，靠的是一股气，美军不行，钢多气少。"（参见逄先知、李捷：《漫长的18天——毛泽东与抗美援朝出兵决策》）毛泽东反对唯武器论，他懂哲学的辩证法。

新加坡前总理李光耀回忆说，抗美援朝战争前他在欧洲旅行，人们常对华人持歧视态度，可是新中国出兵朝鲜并连获胜利后，西欧海关人员一见华人便肃然起敬。从此，李光耀开始认真学习汉语。（参见文档之家：李光耀评中国抗美援朝）

接着，许多漂泊海外的华人毅然回到新中国的怀抱。对于新中国来说，抗美援朝战争是一个历史拐点，新中国一跃成为真正的世界大国。

不是每一位领导人都能作出正确决断的。1940 年 9 月，日本为了推进战争政策，成立了"总力战研究所"，几乎集合了它的所有智囊，是一个颇具实力的智库。该所成立了一个由洼田角一领导的"洼田内阁"，做了多次战争推演，结论是：在陷入对华战争泥沼的情况下，再发动太平洋战争必将失败。但是东条英机对于"洼田内阁"的忠告置之不理。两个月后，东条出任首相，结果导致太平洋战争爆发。（参见周渝的《太平洋开战前夕日本的"战败报告"》，载于《国家人文历史》2019 年第 10 期）

吉隆滩登陆失败，是美国领导人的错误决断造成的；古巴导弹危机，是赫鲁晓夫的错误决断造成的；当今美国从阿富汗败退，是美国几届政府造成的。他们的视野狭窄、不懂功夫哲学和哲学功夫，导致决策失误、行动走样。

"五眼联盟"中的澳大利亚，长期跟在美国的屁股后面跑，把本来不错的中澳关系搞得一塌糊涂。澳大利亚研究院的最新研究成果表明，造成两国关系紧张的主要原因是澳方对华的无知。澳大利亚研究院国际与安全事务项目主任艾伦·贝姆说："我们的'愚蠢'做法暴露出我们对中国了解的贫乏……我们的政治人物不明白他们在与谁打交道。他们根本不了解中国的历史和文化。"（参见 2020 年 6 月 28 日环球网）瞎子摸象岂能不走样！

尽管中国有着西方无法比拟的"集中力量办大事"的制度优势，但如果决策不科学，甚至错误决策，也会带来非常严重的后果。

全国人大常委会原委员长吴邦国坦言，我们国家最大的浪费莫过于战略决策失误，失误的例子也不胜枚举。（来自黄铁苗、曹玲的《节约新说：决策失误造成的浪费最大》，载于 2004 年 11 月 4 日《南方日报》）世界银行估计，"七五"到"九五"期间，中国投资决策失误率在 30%左右，资金浪费及经济损失在 4 000 亿～5 000 亿元。

我们的一项优良传统就是自我纠偏。只要我们敢于正视自己的毛病，不断调整航向，导向既定目标、把自己的事情办好，是没有任何人能够阻挡我们前进步伐的。只要内部不出大的问题，敌人是打不进来的。

《关于加强中国特色新型智库建设的意见》指出，智库的重要地位没有受到普遍重视，具有较大影响力和国际知名度的高质量智库缺乏，提供的高质量研究成果不够多，参与决策咨询缺乏制度性安排，智库建设缺乏整体规划，资源配置不够科学，组织形式和管理方式亟待创新，领军人物和杰出人才缺乏。

这是当前中国智库建设存在的问题，反过来说，智库需要大发展，也为外语人提供了难得的机遇。

2. 美国智库：强大与隐忧

"二战"以后，美国依靠外语人才建立了地域、国别研究机构，称之为智库。宾夕法尼亚大学编写的《全球智库报告 2017》显示，在全球 7 815 家智库中美国占 1 872 家，仅华盛顿特区就有智库 397 家。

智库本为独立于政府的非营利组织。但是，高度逐利的美国人什么时候能做到不逐利？像"昆西国家事务研究所"那样的智库，是美国金融大鳄索罗斯与美国保守派大企业家查尔斯·科赫通过各自旗下的基金会资助的，它当然得听财东的。

"昆西国家事务研究所"的相关资料披露，台湾当局给美国布鲁金斯学会、美国哈德逊研究所、美国进步中心、新美国安全中心以及美国国际战略研究中心等 5 家智库砸了很多钱，因此也在华盛顿获得了不错的影响力。布鲁金斯学会的一位外交学者在 2019 年 12 月和 2020 年 2 月先后撰写了两篇文章，呼吁美国两党多多支持美台关系发展，增强双方经贸合作。这些反华智库不断给美国政府出坏主意，破坏中美关系的健康发展。

台湾金元还渗透到澳大利亚等国，妄图操控那里的舆论场，影响其对华关系，现在已经显现出效力。

美国进步中心在 2014、2016、2017 年拿到阿联酋的资金赞助，便撰写报告，鼓励美国多多加强与沙特、埃及、约旦、摩洛哥、阿联酋以及阿曼等一系列"非民主"盟友的合作。（参见 2020 年 6 月 20 日《环球时报》、观察者网等）这样的智库已经堕落，根本无法起到智库应起的作用。

一个不争的事实就是：从朝鲜战争到越南战争再到阿富汗战争，美国在亚洲的战争从来就没打赢过。如果说朝鲜战争、越南战争背后有大国支持的话，那么从 2001 年起打了 20 年的阿富汗战争，当初打着"反恐"旗号，没有任何其他国家站在美国的对立面，没打赢不得不败退，主要是由于美国自身智库、决断、现场指挥、军人士气等诸多因素造成的。美国智库、美国决策层并不光鲜。

除了独立战争、南北战争和"二战"外，美国发动的每一场战争都是错误决断造成的。特朗普的退群、贸易战，都是错误决断造成的。

美国情报官员透露，特朗普习惯于隔几天听一次只总结要点的口头简报，只相信来自保守派媒体或朋友的信息，而不屑于安全顾问和情报官员提供的信息，"忽略"国务院向他提供的每日简报，更愿意相信自己的判断。蒂勒森、博尔顿、麦克马蒂斯等前高官认为："总统本人对国家安全就是一种威胁。"（参见 2020 年 7 月 1 日《环球时报》的相关报道）美国霸权垮台也只是早晚的事，看看包括西欧在内的全世界对于美国霸凌主义、单边主义的态度，你就可以看出美国霸权正在逐步走向沉沦。

3. 现代智库大有可为

国务院参事室是由毛泽东、周恩来等开国领袖提议成立的与共和国同龄的政府核心智囊团，那里聚集着各民主党派的智能人士，可以直接通天为国家领导人出主意，得到最高领导层的高度重视。后来成立的国务院研究室，也是政府的核心智囊团，直接为国务院主要领导提供"决策咨询、建言献策、咨询国是"。他们的建议可以直接传递到政府领导层。

中共中央政策研究室和中央党校一直是我国执政党的理论智库。党校的研究领域也是放眼世界，不局限于政党理论研究，包括国计民生的方方面面，也是外语人一显身手的地方。

中央部委和国务院各部委都有自己的政策研究室或研究院所，直接参与各部门的政策研究和制定，具有很强的针对性、指向性。

社科院、中央编译局、新华社、军事科学院、国防大学等部门也是国家智库的重要组成部分，那里有很多"外国通"。

智库是国家软实力的重要标志，也是衡量一个国家国际竞争力的重要尺度。中国在快速发展的同时，智力储备还跟不上前进的步伐，创新能力与大国地位还很不相称，中国特色新型智库建设已经成为一项紧迫任务。外语人应在这方面有所作为。

《关于加强中国特色新型智库建设的意见》指出，中国特色新型智库要"开展前瞻性、针对性、储备性政策研究，提出专业化、建设性、切实管用的政策建议，着力提高综合研判和战略谋划能力"。这是对智库公共政策研究、决策咨询服务等实践创新能力提出的具体要求。

我们有后发优势，可以凭借外语借鉴西方的成功经验；我们有传统文化的底蕴，而且不乏智囊型人才；我们有集中力量办大事、上下协同、官民并举、协商民主的制度优势，在智库建设上也完全可以后来居上。

中国建设现代智库的势头刚刚兴起，逐渐会有更多的知名智库发展起来，与美国智库一较高低。外语功夫是智库研究人员的必备功夫，否则他们就无法从全球获取信息，也无法走向世界，正确表达自己的见解。

对中央重大政策的阐释十分必要，但是智库决不能仅停留于此，必须有超前意识，有高瞻远瞩的预判，有独到的先见。

智库的一大特性就是标新立异、超越常态，言别人之所未言，给领导开脑洞，同时给社会以正确引导。台湾究竟怎么统一、何时统一？惠台政策究竟怎样才能使台湾民众归心？"一国两制"需要哪些法律保障？

南海问题怎样保障主权、经济权与睦邻外交的统一，阻止域外国家干预？半岛无核化怎样保证朝鲜安全？如何推进东北亚经济合作？如何对冲美国的"印太战略"？如何确保我国民族复兴大业不被冲断？我们应实行什么样的大国战略？如何应对来自美国的挑衅？如何应对美国的零和博弈思维？美国以外的西方国家在建立人类命运共同体方面能起到何种作用……这都是智库需要解析的问题。

智库建设至今还没有引起足够重视的一个问题就是不能无视文化差别，不能按照本民族的思维模式去框定别人的决策和思维。美国智库犯过这样的错误，我国智库也一样。

外语人再聪明、研究再卖气力，如果在国际问题上还是以自己的思维方式作出判断，不做逆向思维、考虑别人的文化习惯，那么所获得的研究成果就不可能是正确的，依据它去决策，自然就会造成重大失误。

乔良认为，美国是一个警惕性很高的国家，下先手棋防止他国对己不利。他说："台湾问题上首先应该有战略定力，其次要有战略耐心。中国目前正处在民族复兴进程的关键时点，如果我们分身去解决台湾问题，有可能顾此失彼，中断复兴进程。在错误的时间做正确的事，仍然是一种错误。别干那种一招不慎满盘皆输的傻事，更不能让我们这一代人成为中断中华民族复兴进程的历史罪人。"（参见 2020 年 5 月 2 日《环球时报》记者魏东升、庄蕾对乔良的采访）

同样是搞战略研究的金一南，认为战争的硝烟临近，我国必须做好准备。他说："战争容不得商量，如果美国想打我们只能奉陪。敢于胜利才是民族的出路。"（来自 2020 年 4 月 11 日 360 安全浏览器等）

如今，赞成武统和反对武统的都大有人在，相同观点的人的心思也不一样。我们不但要全面听取国内智囊的意见，还要参考敌方智囊的意见，决策才不致失误。我们必须表明不怕战争的态度，提醒敌方别忘了我们也是核大国。只有不怕，或许才能避免中美之间引发战争。

智库中的外语人应该是功夫深厚的"外国通"，必须精通外语、具有充分的相关量，研究得出的结论必须可靠。美国有众多的"中国通"，美国国务院还是把余茂春一类生在中国长在中国、原本以汉语为母语、精通中国文化内涵的人招致麾下，组成专门研究中国国策的"中国班"。余茂春对中国的社会制度怀有刻骨仇恨，在成为蓬佩奥"中国政策和规划"的首席顾问后，制定对华政策更具指向性和杀伤力。

外语人才也可以本着"身份独立、价值中立、研究专业、决策科学"的原则，自办智库，为当权者谋计策，为祖国谋富强，为民众谋幸福。放眼未来，智库还要把培养人才放在首位，以便打赢未来的各种战争。当国与国的关系出现波折、政府间在某一领域发生对撞时，智库可以以"第三方"身份担当起"民间外交使者"的责任，做政府不便做或者难以做到的事情。这对于面临复杂国际及周边安全局势的我国显得尤为重要。

五、联合国、国际组织在召唤

联合国被称作"外交官的橱窗"，是各国元首、外长和顶级外交官经常出入的地方。作为一名驻联合国外交官，至少要精通英语和法语，还应该尽可能多地学习其他语言，熟悉世界主要国家的风俗习惯。此外还必须了解联合国的历史和现状。

1. 联合国的由来

1941 年 8 月 14 日，罗斯福与丘吉尔签署了《大西洋宪章》，其中关于建立"广泛而永久的普遍安全制度"的提法，播下了联合国的种子。

日本偷袭珍珠港后，英、美两国首脑及三军参谋长在华盛顿举行会议，商讨对策。此间，罗斯福建议将"联合宣言"改为"联合国家宣言"，得到了丘吉尔的赞同。

1942 年元旦，罗斯福、丘吉尔、苏联外长李维诺夫和中国外长宋子文在白宫签署了《联合国家宣言》。次日，其他 22 国代表也在《联合国家宣言》上签了字，标志着世界反法西斯同盟的形成。

1943 年 8 月 14～24 日，美、英在魁北克举行会议，中国外长宋子文以观察员身份与会。英、美领导人草拟了美、英、苏、中四国《关于创立常设的联合国的宣言稿》和《四大国战后维持和平责任的宣言稿》。同年 10 月 30 日，苏、美、英三国外长和中国驻苏大使傅秉常签署的《关于普遍安全的宣言》（《莫斯科宣言》）宣布：根据一切爱好和平国家主权平等的原则，建立一个普遍性的国际组织，所有这些国家无论大小，均得加入为会员国，以维持国际和平与安全。

1944 年 8 月，美、英、苏和中、美、英的代表在华盛顿附近的敦巴顿橡树园分别举行会议，根据《莫斯科宣言》起草了联合国章程。苏联提出，联合国安理会五个常任理事国应持有否决权，只要五国中有一个国家反对，表决就无效。

1945 年 4 月，50 国代表在旧金山召开成立国际组织会议。6 月 7 日，会议一致通过用"联合国"作为新成立的国际组织名称。6 月 26 日，大会一致通过了联合国宪章，各国代表都在宪章上签了字。顾维钧代表中国第一个在联合国宪章上签字，中国共产党代表董必武作为中国代表团成员之一，也在宪章上签了字。（参见杨和平的《联合国与中美关系》，载于《喀什师范学院学报》2001 年第 2 期）

联合国设有联合国大会、安理会、经济及社会理事会、托管理事会、国际法院和联合国秘书处 6 个主要机构。其官方使用 6 种语言，按英文字母顺序排列为：阿拉伯语、汉语、英语、法语、俄语、西班牙语。凡是联合国的正式会议，代表们发言都可以使用这 6 种语言中的一种；会场的同声传译，分别用这六种语言同时译出，会场内每个座位上都装有 6 种同声传译机，正式文件，包括重要发言，都要用 6 种文字印出。为了完成繁重的翻译任务，联合国秘书处建立了一支庞大的翻译队伍，口译和笔译分开，加起来有 470 多人，由会议事务部管辖。日常不使用这 6 种语言文字的其他国家外交官和国家元首、政府首脑，至少要熟悉其中的一种语言，才能阅读会议文件、接听同声传译。

《联合国宪章》确立起来的大小国家一律平等、不干涉内政、不经安理会允许不得付诸武力或以武力相威胁等原则，成为国际社会应当共同遵守的国际法。

尽管美国是组建联合国的发起国，却越来越不自律，动辄就发动侵略战争、干涉别国内政、颠覆或分裂主权国家、发动颜色革命，犯下战争罪、反人类罪、掠夺财产罪等，为人类所不齿。当今又到处宣传"以规则为基础的国际秩序"，想用他们根据自己利益制定的"规则"替代国际法；但是就连他们自己制定的"规则"也是实用主义地随定随弃。

2021 年 3 月 18 日，杨洁篪在中美高层战略对话开场白中明确指出，中方主张维护以联合国为核心的国际体系、以国际法为基础的国际秩序，而不是以一小部分国家制定的规则为基础的秩序。（见于 2021 年 3 月 19 日新华视点）

同年 4 月 19 日，王毅出席联合国安理会"加强联合国同区域和次区域组织合作"高级别公开辩论会时指出，《联合国宪章》是联合国同区域组织合作的基石。区域组织开展和平行动，要符合《联合国宪章》的宗旨和原则，特别是尊重国家主权和领土完整，防止干涉别国内政，不能使用武力或以武力相威胁，不能搞地缘政治和集团政治，挑动意识形态对抗。（见于 2021 年 4 月 20 日外交部网站）

中国对《联合国宪章》的维护正赢得越来越多国家的支持。2021 年 3 月初，中、俄等国发起成立了"捍卫《联合国宪章》之友小组"，旨在联合更多国家共同维护国际法和和平正义。

联合国现有 192 个成员国，还有一批观察员国家也派代表常驻联合国，彼此之间的沟通一刻也离不开外语。联合国往往还要与非政府组织打交道，所需语言的多样性，没有另一个其他组织可以与其相比拟。

2. 秘书长和安理会

根据《联合国宪章》，其秘书长要出自安理会非常任理事国。秘书长必须懂英语和法语。

来自挪威的赖伊，1945～1946 年担任联合国代理秘书长；1946 年 2

月 1 日正式当选为秘书长。他主持兴建了联合国大厦，对安理会的设立作出了贡献。

1949 年 11 月 15 日，周恩来代表中国政府致电赖伊和第四届联合国大会主席罗慕洛，要求"立即取消'中国国民政府代表团'继续代表中国人民参加联合国的一切权利"。（参见《中国外交的胜利　正义力量的胜利》，载于 2021 年 2 月 23 日《人民日报》）

1950 年 1 月 8 日，周恩来再次致电赖伊和联合国大会主席罗慕洛，要求联合国开除非法的国民党代表。十几天后，他照会联合国："我政府已经任命张闻天为常驻联合国首席代表，已经组成代表我国合法政府的代表团准备与会参加工作。"那一年周恩来与赖伊之间几乎每个月都有电报来往。赖伊曾提议解决我国在联合国的代表权问题，由于美国阻挠没能兑现。

1950 年，美第七舰队开进台湾海峡，侵犯我国主权。8 月 24 日，周恩来代表中国政府向联合国安理会控诉美国对我国的侵略。9 月 29 日，安理会将中国政府的控诉列入联大议程。

11 月 28 日，伍修权代表我国政府到会发言指出："美国谎称'台湾地位未定'，是自食其言……"

1943 年 12 月 1 日，罗斯福总统签字的《开罗宣言》庄严宣布：日本所窃取于中国的领土例如满洲、台湾、澎湖列岛等应归还中国。（参见笔者寓公新浪博客 2020 年 8 月 16 日博文）伍修权把美国驳得无言以对。

1950 年朝鲜战争爆发，美国组建所谓"联合国军"对朝鲜大打出手，赖伊支持联合国对朝鲜进行军事干涉；本该在安理会行使否决权的苏联，以抵制会议为名缺席，致使美国阴谋得逞。

赖伊未能迅速处理柏林危机和朝鲜战争而备受指责，被迫于 1952 年 11 月 10 日辞职。瑞典政治家哈马舍尔德接任秘书长职务。

日内瓦会议以后，他看到了新中国国际地位的提升，主动致函周恩来要求访华。1955 年 1 月 5 日他飞抵北京，与周恩来就广泛议题进行了讨论。

他回到联合国总部后，推动安理会讨论新西兰提出的"中国大陆沿岸某些岛屿地区的敌对行动问题"，并邀请中国派代表参加。

2月3日，周恩来电告安理会，拒绝这一邀请。

哈马舍尔德任内做了许多工作，包括：支持《以色列与阿拉伯国家停战协定》，促进该地区的和平；1956年组建联合国维和部队并且承担该部队的管理工作；1957年清理苏伊士运河并协助和平解决该运河争端；1958年组成并管理联合国黎巴嫩观察组，并在约旦设立秘书长特别代表办事处等。在组建第一支联合国维和部队时，他提出了著名的维和三原则。（参见笔者寓公新浪博客2020年4月5日博文）

1997年7月22日，联合国安理会1121号决议设立哈马舍尔德奖，以认可和纪念在联合国维持和平任务中丧生的人。

1960年11月3日，缅甸人吴丹出任联合国代理秘书长。两年后他当选为第三任秘书长，1966年连任。任职期间，他曾调解过1962年的古巴导弹危机、1965年的印巴争端和1967年的第三次中东战争。新中国恢复在联合国的合法席位便发生在他的任期内。（参见杨明伟、陈扬勇的《周恩来与联合国历任秘书长》，载于《文史精华》2020年第1期）

外交部前副部长周南，在我驻联合国代表团工作过十年。他回忆说："联合国恢复中国合法席位、我方代表团到达联大会场那一天，成了联合国的'中国日'。乔冠华团长发表讲话，全面阐述了我国独立自主的和平外交政策，台下反应非常强烈，掌声持续了好几分钟。讲话结束后，各国代表排着长队上前与他握手表示祝贺。"（参见笔者寓公新浪博客2020年9月30日博文）

中国恢复联合国和安理会的合法席位后，在一定程度上制约了美、苏两个超级大国对联合国和安理会的无理掌控。

1973年10月23日，美、苏提出了"关于监督中东停火的决议草案"。正常程序应该是先听取各方意见，然后付诸表决。习惯于独断专行的美、苏两国与联合国秘书长商议后，决定不讨论就直接付诸表决。我方要求按照程序办事，苏方代表马立克要求立即表决，他说："我们（指苏、美）不是事先商量好了吗？这次会议不安排发言！"

这显然是十分荒谬的：怎么能够剥夺包括中国在内的联合国安理会常任理事国的发言权，就付诸表决呢？在中方的抗议声中会议主席只得宣布休会。

经过沟通，会议主席安排乔冠华首先发言。乔冠华强调："中国坚决反对把安理会当成两个超级大国任意玩弄的工具。我们认为，这是对安理会其他成员国家极大的不尊重。"（参见 2009 年 12 月 13 日周南接受《南方日报》记者采访）

重返联合国后，中国代表团在维护自己国家的正当权利、维护世界和平，反对霸权、反对以大欺小、以强凌弱、反对侵略战争等方面作出了应有贡献。

1960 年 12 月 14 日，亚非国家提出的《给予殖民地国家和人民独立的宣言草案》在联合国大会上获得通过，这是件好事情。可是，1961 年成立的联合国非殖民化特别委员会把香港、澳门也列入了"殖民地国家"名单，当时具有联合国和安理会合法席位的蒋介石政权并没有阻止，这就为香港、澳门回归和中国领土主权问题埋下了重大隐患。因为《给予殖民地国家和人民独立的宣言》规定，殖民地国家和人民有三种选择权利：宣布独立，归并进其他国家，由联合国托管。

如果香港、澳门有这三种权力，会为"港独分子"以及策动和支持香港独立的西方国家提供多少法理依据？

殖民地的定义域应该是像印度等国那样遭受外国统治管辖而丧失主权的国家，而香港、澳门只是中国这个主权国家的组成部分，是历史上帝国主义国家强加给中国的一系列不平等条约造成的，无权宣布独立、归并进其他国家或由联合国托管。

1972 年 3 月 8 日，中国常驻联合国代表黄华致函联合国非殖民化特别委员会主席，明确指出："香港和澳门是被英国和葡萄牙当局占领的中国领土的一部分，解决香港、澳门问题完全属于中国主权范围内的问题，根本不属于通常的'殖民地'范畴。我国政府主张，在条件成熟时，用适当的方式和平解决港澳问题，在未解决以前维持现状。"这一立场得到了国际社会的广泛赞同。

联合国非殖民化特别委员会于 1972 年 6 月 15 日通过决议，向联合国大会建议从殖民地名单中删掉香港和澳门。

1972 年 11 月，第 27 届联合国大会以 99 票赞成、5 票反对的表决结果，通过了将香港、澳门从世界殖民地名单中删除的决议。（参见历史纪实：《联合国将香港、澳门从殖民地名单中删除》，载于 2010 年 11 月 5 日《北京晚报》）击碎了西方某些国家企图以"殖民化问题"策动港澳独立或把港澳问题国际化的险恶图谋。

奥地利人瓦尔德海姆是联合国第四任秘书长，执掌联合国 10 年。任期内与当时 158 个成员国中大多数国家的元首及政府首脑建立了密切的个人联系，维持大小国之间的平衡，促进南北对话。1982 年被授予"联合国和平奖"。但因其颇有争议的"二战"背景也屡遭诟病。

联合国秘书长人选应该从各大洲间轮流产生的创举，也是由中国常驻联合国代表首先提出来的。

1981 年，第 36 届联合国大会改选联合国秘书长时，当年中国常驻联合国代表凌青和其他第三世界国家常驻联合国代表共同努力，将秘鲁政治家、外交家德奎利亚尔推举上了联合国秘书长的宝座。

1985 年 6 月 12 日，当年担任中国常驻联合国首席代表的凌青与英国常驻联合国代表汤姆森一起将《中英两国政府关于香港问题的联合声明》递交到当时主管法律事务的联合国副秘书长福莱斯豪尔手中，正式履行了向联合国登记的法律手续。这一国际公认的法律文件，进一步打牢了香港回归的法律基础。（参见周瑾的《为各国人民之间的友谊铺路搭桥——访中国前常驻联合国代表、中国国际友人研究会会长凌青》，载于《对外传播》2005 年第 8 期）外语人应该学习先辈敢于斗争、敢于胜利的智慧和勇气。

来自非洲加纳的安南是联合国第七任秘书长。他执掌联合国 10 年，在大大小小 190 多个会员国之间合纵连横、调节争端、维护正义与和平，既能屈能伸，又不卑不亢，受到人们的交口称赞。他领导下的联合国，每天都有新变化，处理了一系列棘手的国际争端，他也因此获得了"世界总统"的美誉，任内处理伊拉克危机、巴以冲突、克什米尔争端、阿富汗战争等，都表现出卓越的领导才能。

1999年，他来到战火纷飞的科索沃进行斡旋。美军的狂轰滥炸，也威胁到他的生命。炸弹就在不远处炸响，他唯一的防护措施，就是一件联合国普通维和人员的防弹衣。他在一座楼房的阳台上用手机跟几个重要国家领导人通话，时间长达两个多小时。

他不知疲倦，工作效率极高，自称是"与时间赛跑"；始终致力于联合国的改革，1997年7月提交了"振兴联合国"方案，因此被称为"最富有改革精神的联合国秘书长"。根据他的贡献，2001年瑞典皇家科学院把诺贝尔和平奖授予了他和联合国（参见斯人的《世界总统安南》，中国国际广播出版社2005年版）。

到2018年为止，共有9位中国人担任过联合国副秘书长，他们是：唐明照、毕季龙、谢启美、翼朝铸、金永健、陈健、沙祖康、吴红波、刘振民。他们协助秘书长做了许多有益的工作，也在世界舞台上彰显了中国人的能力。

通常，在联合国有"真名实姓"的美国外交官为110～120名，俄罗斯为80～90名，英国、法国、中国都在50～60名之间。这支外交官队伍可谓藏龙卧虎、人才济济。截至2015年，中国有450人在联合国工作，仅占联合国工作人员的1.09%。（参见笔者寓公新浪博客2018年9月25、29日两篇博文）

在联合国工作的外交官需要具有听会的"功夫"。初来乍到的人怕有丝毫闪失，听会记录格外认真；工作多年以后，就会悟出听会的"门道"：讲演者发言的开头部分通常是感谢某某主席主持会议有序，前面某某大使的发言如何如何好等客套话；结尾部分往往表达美好愿望等。听者对这些部分不必过于用心。对于许多老生常谈的东西，可以左耳进、右耳出；对于重大问题的新见解、新主张，必须格外用心，做到滴水不

漏。（参见笔者 2018 年 9 月 26 日寓公新浪博客）

安理会作为联合国的核心组织其作用发挥得不够好，冷战思维仍旧在起作用，人们没有跟上量子力学的步伐；美国代表的世界观、宇宙观都显得陈旧，缺乏包容性，惯于玩零和游戏。在退出联合国人权理事会后，想把"和平与安全"的主旨抛在一边，把人权当作安理会的日常事务。尤其是当它作为轮值主席国时，更想自行其是。"世界警察"当惯了，担心别人挑战它的权威。不只是拿中国开刀，只要不符合它利益，对谁都动刀。

美国一边制定规则，一边破坏规矩，把世界搞得一团糟。特朗普反复无常、出尔反尔的行为摧毁了联合国长期以来倡导并建立起来的彼此理解和相互信任。但是，如果没有联合国，就连正义的表达都不方便了。

近来要求联合国改革的呼声越来越高，安理会改革尤其受到关注。有人提议增加安理会常任理事国名额，有人建议限制或取消否决权等，都未必符合人类的整体利益。究竟怎样才能建立起人类命运共同体，恐怕还是一个任重道远的课题。

3. 国际组织一瞥

据《国际组织年鉴》统计，2016 年世界上有 62 000 多个国际组织，是容量大、信誉高、收入高的外语人职场。政府间的国际组织是国际组织主体，往往涉及国家和民族的整体利益，从国家层面讲也是非常需要外语人介入其中的。

谈到国际组织的作用，国际奥委会再直观不过了。申办北京奥运会，我们费了多少周折！很多次奥运会上，我们在裁判判罚、打分项目上都吃过亏，这就是我们参与奥委会组织的程度不够、人手太少的缘故。如果我们有更多懂外语又懂体育规则的人参与其中就不会吃那些亏了。

国人徐浩良出任过联合国助理秘书长、联合国开发计划署助理署长兼亚太局局长；史久镛当选过国际法院院长；陈冯富珍担任过世界卫生组织总干事；柳芳出任过国际民航组织秘书长等职。目前，联合国的 15

个专门机构中，中国人担任负责人的有 4 个，分别是联合国粮农组织总干事屈冬玉，国际民航组织秘书长柳芳，联合国工业发展组织总干事李勇，国际电信联盟秘书长赵厚麟。（参见 2021 年 5 月 28 日澎湃新闻的《日媒：国际组织中中日两国职员数量快速增长，中国增速更快》）他们是国际公务员，需要有丰富的外交经验和国际知识，有过得硬的英语、法语功夫和很强的国际协调能力。与这些领头人相比，国际组织中工作人员的需求是大量的。

据《日经亚洲评论》报道，截至 2019 年底，中国公民担任了国际组织中的 829 个专家岗或更高级别岗位；这一数目比 2015 年增加了 41%。（参见 2021 年 5 月 28 日澎湃新闻的《日媒：国际组织中中日两国职员数量快速增长，中国增速更快》）尽管如此，中国人在国际组织中任职的人数还远远低于欧美各国。

美国政府会时不时地对中国采取强硬立场，但它很难抵御中国日益增长的影响力，中国将继续设法填补美国正在放弃的财政和人力领导角色。特朗普执政以来，美国一再退群，把机会留给了其他国家；拜登认识到了这一点，正在极力挽回。

WTO 是一个独立于联合国的国际组织，被称作"经济联合国"。它不仅是贸易体制的组织基础、法律基础，还是国际贸易协定的管理者，WTO 各成员贸易立法的监督者及为解决贸易争端的仲裁者和进行谈判的场所。近年来，该组织面临巨大压力，新冠病毒大流行结束后，如何制定贸易框架也成为它的重要议题之一。

世界卫生组织有官员、专家、雇员 3 000 多人，西方占 700 多人，中国只有 40 多人。这一组织同样受到美国的威胁和制裁。特朗普宣布停止对世界卫生组织资助后，美国参议院的官员立即叫嚷让世界卫生组织总干事谭德塞主动辞职，还必须到美国境内参加疫情听证会。美国把其各州疫情的失控原因统统推到世界卫生组织身上。蓬佩奥威胁说："如果世界卫生组织不能让华盛顿方面满意，那么美方将会考虑更换世界卫生组织。"

谭德塞屈服于美国的压力，在病毒溯源问题上朝秦暮楚，给我们制造了不少麻烦。如果还是陈冯富珍担任总干事，麻烦就会少许多。

国际刑事法院对于塞尔维亚共和国总统米洛舍维奇等，敢于追究战争责任，对于绕过安理会发动伊拉克战争的美国总统小布什却束手无策，对于特朗普下令暗杀伊朗革命卫队圣城旅领导人苏莱曼尼却不敢作为。该法院首席检察官法图·本苏达曾打算调查美国在中东、阿富汗犯下的战争罪行，美国立即吊销了他的签证。接下来仍有主持正义的法官想要调查此事，特朗普气急败坏，于2020年6月12日签署了一项对国际刑事法庭实施制裁的行政令，不仅要制裁、收押、惩处一切参与调查的国际刑事法庭人员，还可能牵连其家属。（参见2020年6月12日《环球时报》）

在美国的霸权面前，国际组织的日子也不好过；但是，并不意味着这些组织就没有存在的价值。要看到美国霸权不得人心，更要相信维护公平正义的不可阻挡的力量，相信自己的力量，应该通过我们的工作改革它们，促使其向着有利于世界人民的方向转化。这需要许许多多各国外语人共同发挥聪明才智，尽自己的努力，才能实现这一目标。

4. 向国际组织输送外语人才

中国是拥有14亿人口的大国，是世界上仅次于美国的第二大经济体。可是，我们在国际组织中的从业人数还比不上英、法、日。我们要有紧迫感，抓紧时间培养懂世界通用语、掌握国际关系、国际政治、国际法、国际经济与金融等专业知识和技能的各种人才，去国际舞台一展身手，彰显我们这个大国的实力，掌控世界上多方面的话语权。这些人还必须按照前文提到的外语九大相关量认真修炼自己，才能立于不败之地。

在当前形势下，北京外国语大学、上海外国语大学、广东外语外贸大学等高校认识到了培养国际人才的重要性、紧迫性，纷纷办起了相关专业。

北京外国语大学国际组织学院的人才培养，既考虑到外语功夫，又考虑到相关量和实践能力，设计了本、硕、博贯通式培养模式，将培养目标定为兼具国际视野与中国情怀、通晓国际规则、精通两种以上联合国工作语言、具有出色专业能力和跨文化沟通能力的专门人才。在教学过程中实行语言文化导师、专业导师、实践导师"三导师"制，建立外语类与非外语类一流师资相结合、校内一流教师与国际组织中从事实务工作的专家师资相结合、中国教师与国外学者相结合的导师队伍，教育引导学生掌握国际关系、国际政治、国际法、国际经济与金融等专业知识和技能。实行单独招生、弹性学制、中外双学位、赴国际组织实习就业导向等多种机制，与欧盟、联合国教科文组织、联合国总部等国际组织建立实质合作关系。

上海外国语大学从 2007 年起率先设立了国际组织人才培养实验班，集全校之力加强学生多语种能力和国际化经历的培养。2014 年，该校成立国际关系与公共事务学院，将实验班调整到该院，除了多语种能力、国际化能力培养外，还加强了国际组织专业知识的培养；开辟了国际组织与全球治理研究博士生培养方向，建立了国际公共管理硕士点，在全国最早实行了本、硕、博贯通式的国际组织人才培养模式，集全校之力，将国际组织人才培养提升到学校拔尖创新人才培养的优先地位。2015 年底成立的以国际组织人才培养为主要对象的卓越学院，协同国际关系与公共事务学院、高级翻译学院等，分别从国际化保障、专业化知识和跨文化能力等几个方面协作共建。

该校与自己的欧盟研究中心、上海市 G20 研究中心、中国联合国协会、驻沪国际组织及非政府组织建立了密切合作机制。在国际层面，与加拿大 G20 研究中心、欧洲学院、荷兰莱顿大学等世界知名国际组织科研和教学机构开展了密切的合作关系，已与联合国、欧洲议会、欧洲委员会、澳大利亚联合国协会等海外机构建立起协同合作机制。从 2016 年7 月起，与联合国开发计划署建立战略合作关系，联合进行国际组织人才培养。上海外国语大学已有一批毕业生在联合国纽约总部、联合国曼谷办事处、联合国欧洲总部就职，大批优秀人才得以淬炼并脱颖而出。

国际组织舞台广阔，有志之士应该到那里一显身手。

六、经济诉求和贸易战

经济诉求是人、群体、国家的基本诉求之一，"民以食为天"讲的就是这个道理。历史上由经济诉求引发的战争屡见不鲜，包括血火沐浴的战争和没有硝烟的战争。比较之下，后者更需要外语人才的外语功夫、经贸功夫和国际视野。经贸战线是外语人的重要职场之一。

1. 战争中的经济诉求

战争饱含着经济诉求，或者根本就是赤裸裸的经济诉求。中国古代修筑长城，目的就在于阻止游牧民族的抢掠。

西方开发美洲，殖民非洲、亚洲、澳洲，都包含强烈的经济诉求。西班牙是第一个称霸世界的西方国家，它的作为包括强迫殖民地接受它的语言文化。1500～1800年间，它从墨西哥、秘鲁等拉美殖民地掠夺白银约15万吨。得到这么多财富人们以为它一定会富得流油，其实白银的流入也引起了物价飞涨、通货膨胀，再加上掠夺离不开战争，最后西班牙王室不得不宣布破产。（参见张子宇的《被白银诅咒的西班牙》，载于《看天下》2019年第28期）靠不义之财富得不可能长久，还会腐蚀灵魂。葡萄牙、美、英、法等国都是如此。

美国独立始于波士顿倾茶事件，也是想打破英国对北美贸易垄断的经济诉求。美国独立后，英国对其实行贸易禁运，抬高关税，禁止美国船只进入加拿大、西印度群岛等海域。欧洲多数国家屈服于英国的压力，几乎没人愿意与美国站在一起。在别无选择的情况下，美国把目光投向了遥远的中国。

1771年，费城一份杂志宣告，已经成功从中国引进了水稻、高粱和豌豆，并且预言：终有一天，美国会像中国那样人丁兴旺、经济繁荣。其实，真的引进还是离不开外语功夫。

为了打破英国的经济封锁，美国最高财政监督官罗伯特·莫里斯于1783年与人合伙购置了一艘木船，取名"中国皇后号"，任命有丰富航海经验的格林为船长，载着西洋参、毛皮、羽纱等货物，于1784年2月22日从纽约出发，经过6个多月的航行来到广州，顺利销售掉货物，购得茶、瓷器、丝织品、手工艺品后，于1785年5月25日返回纽约。

美国报纸称赞这是"美国商业史上的一座里程碑"；集聚在码头的人们纷纷抢购奇缺货物，华盛顿也派人为他抢购到302件瓷器和象牙扇。

美方这次获利三万多美元，属于暴利。莫里斯名利双收，成为美国政府财长，执掌对外贸易。由此，美国出现了第一次"中国热"，对华贸易迅速超过了荷兰、丹麦、法国，纽约也因此发达起来。（参见追忆的《二百年前中国助美渡经济难关》，载于《读者俱乐部》2009年第7期）隐藏在交往背后的是外语功夫。

新兴帝国对老牌帝国的挑战，主要出于经济诉求，两次世界大战就是这样引起的。即使是政治色彩很浓的战争或革命，也没有不包含经济诉求的。鸦片战争始于贸易，归于政治利益和经济诉求；《马关条约》、庚子赔款都饱含着强烈的经济诉求。

三民主义中的民生，也是经济诉求；土地革命、共产革命、四个现代化、"美好生活的需要"都离不开经济诉求。实现经济诉求离不开外语功夫，包括交涉谈判、签约践约、革命理论引进等，都是如此。

强烈的经济诉求、激烈的经济摩擦往往会导致战争。贸易战也是没有硝烟的战争，应对这种战争少不了外语人的外语功夫。刘鹤副总理率领他的团队应对美国挑起的贸易战，从准备到谈判签约，全过程都离不开外语功夫、贸易法等法学功夫、国际贸易实务等功夫；他本人也精通英语，为谈判和交往带来了便利。

2. 贸易战由来已久

美国受过来自英国贸易战带来的创伤，却没弄懂"己所不欲勿施于人"的道理。一旦实力增强，也学着英国搞贸易战。

1807 年，美国国会通过了《禁运法案》与英国打贸易战，结果非但没对英国造成大的伤害，反而使美国经济遭受致命打击。

1812 年爆发了第二次英美战争。此间，美国陆续出台了 4 个贸易法案，将所有进口商品关税增加一倍，致使英美商品交易中断。

大家所熟知的"门罗主义"，就是根据美国第五任总统詹姆斯·门罗 1818 年在国会咨文中提出的"关税尤其应该为襁褓中的制造业和与国家独立密切相关的行业提供保护"这一理念概括而成的。

1861 年美国爆发了南北战争。国会用不断提高关税的办法，给联邦政府积累财富，从而保护了本国的弱势工业。战后共和党长期执政，使得战时的高关税政策保留下来。1864 年通过的新法案，关税税率平均高达 49%。

1890 年出台的《麦金莱关税法》，大幅提高了工业产品的关税，加大了对相关工业的保护力度；该法案还附加了"互惠"条款，成为贸易报复的一种手段。与"门罗主义"一样，《麦金莱关税法》在当今的贸易战中还常常被提起，外语人对此必须有所了解。

1897 年出台的《丁利关税法》，标志着美国贸易保护主义达到历史高点。加拿大大幅提高关税予以报复，使美加双方都蒙受巨大损失，英国则成了这场贸易战的受益者。

"一战"后，欧洲各国纷纷推行高关税政策，美国也以高关税应对。在 1922 年召开的华盛顿会议上，英语成为世界通用语，美、英和英联邦国家因此平添了国际交往上的优势，掌控了制定规则的权利。

1922 年出台的《福特尼－麦坎伯关税法》，重新回到高关税贸易保护主义的立场。

1930 年在世界经济大萧条的背景下出台了《斯慕特－霍利关税法》，

将关税提升到 47%，招致各国疯狂报复。截止 1933 年，美国进口额降低66%，出口额降低 61%。GDP 跌幅一度达 30%，失业率达到 20% 以上，美国经济接近崩溃边缘。打贸易战、实行贸易保护主义往往也会伤及自身。

1934 年，罗斯福出台了《互惠贸易协定法》，开启了美国低关税自由贸易的道路，提出了"无条件最惠国待遇"原则，为美国的出口导向型企业打开了国际市场。截至 1945 年，美国与 27 个国家签订了 32 个互惠贸易协定，降低了 64% 进口商品的关税税率，使美国关税税率比 1930 年降低了 40%。（参见倪峰、侯海丽的《美国高关税及贸易保护主义的历史基因》，来自 2019 年 3 月 20 日求是网）美国经济反而向好。

1944 年，美国建立了"布雷顿森林体系"，将各国货币与美元直接挂钩、美元与黄金挂钩的汇率体制，在为多边自由贸易体系奠定了基础的同时，也使美元成为国际通用货币，在经济、贸易、金融等方面都为美国带来了巨大利益。

1947 年，23 国在日内瓦达成了"关税及贸易总协定（GATT）"，对战后国际贸易机制做出了规范。

20 世纪 50 年代，欧洲逐步联合起来，建立了欧洲经济共同体（简称欧共体）；到了 20 世纪 60 年代，欧共体成了抗衡美国的经济力量，其关税同盟和共同农业政策成为美国自由贸易的阻力。1962 年，美国出台了《贸易扩大法》，想借此建立一个没有关税壁垒的大西洋自由贸易区，打开欧共体市场，形成一个大西洋经济共同体。从"冷战"思维出发，那时美国在一定程度上对欧洲各国和日本的关税壁垒仍持容忍态度。

20 世纪 60 年代末，美国的经济地位受到来自西欧和日本的威胁越来越强，美国经济实力已经相对衰落。美国在要求西欧、日本扩大市场开放的同时，其国内贸易保护主义观念开始回潮，相继提出一些有关贸易保护的议案。

1974 年，美国出台了《贸易改革法》，其中的第 301 条款规定，美国总统有权对其他国家针对美国的不公平贸易行为实施报复；该法规定了美国对发展中国家的普遍优惠政策，条件是：必须满足美国进入其市场、获得其资源的需要。从此美国开始打着自由贸易的旗帜，实施新贸易保护主义政策。

里根重提"让美国再度伟大"，就是想重振美国国威。可是，在他的任期内，美国由世界上最大的债权国变成了世界上最大的债务国。这真是一种绝妙的讽刺！

美国于 1984 年出台的《贸易与关税法》，赋予其贸易代表主动行使《贸易改革法》中第 301 条款的权力；1988 年出台的《综合贸易与竞争力法》设立了超级 301 条款和特别 301 条款。（参见《美国关税法》，韩立余译，法律出版社 1999 年版）这样一来，美国将国内法凌驾于国际法之上，经常发动贸易战，采取单边行动威胁和报复其他国家。

"冷战"结束以后，美国又四处寻找敌人，把新兴大国俄罗斯、中国定为它的对手。克林顿竞选总统时，甚至把我国和萨达姆政权相提并论，扬言上台后要取消"最惠国"待遇（其实是非歧视性待遇——笔者注）。后来虽然没有取消，也是旨在为美国培育市场、产生更多反对共产政权的中产阶级。

WTO 被称作"经济联合国"，美国却经常绕开 WTO 框架，用其国内贸易法来解决国际贸易争端，稍不如意就实行制裁，甚至长臂管辖赤裸裸地干涉别国内政。

"9·11"事件后，小布什政府更是以"反恐"为借口，用贸易捆绑所谓的"民主""自由""人权"，大肆干涉干预别国内政，不惜发动侵略战争。

肯尼思·沃尔兹是美国著名的国际关系理论家。当记者问他"冷战"后美国面临的主要威胁是什么时，他说："美国面临的主要威胁就是美国的霸权，对自己的力量不加节制地使用，引发包括中国、俄罗斯在内诸多国家的恐惧，对其进行所谓的软制衡。"（参见复旦大学国际政治系教授沈逸的《从里根到特朗普，美国总统为啥越来越不像总统？》，来自 2020 年 6 月 11 日观察者网）

美国著名作家戈·维达尔对自己的祖国观察了 50 年。"9·11"事件发生两个月后，他在意大利出版了《为了持久和平的持久战》一书，试图回答很多美国人十分疑惑的问题："为什么别人会如此仇恨我们？"他列数了"二战"后美国对其他国家发动的近 400 场战争后，得出结论：美国数十年来一直采取不道德的做法，以保持它的超级大国地位和对全球的控制。现在，这种办法反而用在了美国身上。（参见 2002 年 9 月 12 日《人民日报》）可惜，这种深刻的反思却遭到了美国政府封杀。美国政客仍旧像鸵鸟一样把头扎进沙堆，不愿意正视现实。

2008 年金融危机爆发后，美国一方面用"救美国就是救中国"的谎言欺骗我们，另一方面利用其技术上的优势，打压中国企业，妄图用行政手段促进制造业回流；还通过协调欧美之间的贸易与投资，制定新的贸易标准和规则等手段，实现所谓的亚太再平衡战略。

2012 年 4 月，奥巴马在白宫接受澳大利亚记者采访，谈到中国想要让自己的人民也过上富裕生活时说："如果十多亿中国人过上了与美国和澳大利亚同样的生活，那将是人类的悲剧和灾难，地球根本承受不了，全世界将陷入非常悲惨的境地。"（参见百度百科）

在美国等西方国家看来，他们认可中国走改革开放的道路，目的是消耗中国的资源以维持自己的富裕生活，而不是让中国人过上同样富裕的生活。我们能够对这些信息心知肚明，靠的还是外语功夫。

奥巴马靠退税搞过一轮制造业回流美国的努力，结果枉费心机。乔布斯告诉他："流出美国的工作机会就不可能再流回来。"

特朗普也想"让美国再度伟大"，在世界上发挥领导作用；而发挥领导作用的成本、付出，他是绝对不愿意承担的，于是就不断退群，变成一个内卷化的、孤独的领导者。他试图维护美国霸权的每一项举措，都在使大家对美国霸权的信任和信心不断丧失。特朗普所谓"交易的艺术"，就是跟谁谈都要赢。

纳瓦罗的"重商主义"就是要通过贸易卖的多、买的少，使财富向美国回流，跟当今的全球化生产方式格格不入。

2018 年，有史以来最大规模的贸易战打响了。美国公布《中国贸易实践的 301 条款调查报告》后，于 2018 年 7 月 6 日、8 月 23 日分两批对 500 亿美元的中国输美商品加征 25% 的关税。同年 9 月 24 日，对中国输美约 2 000 亿美元的商品加征 10% 的关税；从 2019 年 1 月 1 日起，又将税率提高到 25%。特朗普还多次威胁对另外约 2 670 亿美元的中国输美商品加征关税。

2018 年 8 月生效的美国《出口管制改革法案》《外国投资和风险审查现代化法案》，将贸易投资与国家安全捆绑起来，进一步扩大了贸易审查权。在对中国企业在美国投资进行严格审查的同时，将中国列为"特别关注的国家"名单；另一方面，还限制美国企业对中国的技术出口。对于中美之间的人文交流也设置重重障碍，甚至对赴美留学生、访问学者等加以限制，吊销了数千留学生的赴美签证。

贸易政策服务于经济、政治和国家战略。面对美国发动的贸易战，领导人要高瞻远瞩、有定力不畏惧，拿出伐谋上策，变被动为主动，争取赢得贸易战的总体胜利；要运用好首脑外交与之斡旋，逐步分解它的杀伤力，把损失降到最低；利用矛盾化敌为友，争取更大的生存和发展空间，坚定不移地实现国家总体战略，把握好数字经济带来的机遇，打好华为保卫战，迅速把芯片、光刻机代表的高科技搞上去。

主管经济的政府官员、外贸官员，应该精细了解与贸易战相关的彼此状况和法规，找准对方软肋予以还击；精准预判贸易战会给我国经济带来的影响，做出攻防预案，通过谈判化解分歧、签署协议，引导相关企业转型或者开拓新的市场。工作在外贸一线的外语人，不但要学习掌握这方面的法律法规，做到进退有据，而且要十分敏锐地掌握相关信息，做到知己知彼，维护己方的合法权益。

所有竞争可以归结为人才竞争。美国对中国留学生和华裔科学家下手，这正是为渊驱鱼、为丛驱鸟。我们要用好自己的人才政策，不但要把留学生和华裔科学家收回来，还要面向全世界广招人才，使自己的事业越来越兴旺。

3. 茶之殇

茶叶曾经是中国独有的经济作物，在早期对外贸易中创造了巨额利润。英国为了追求贸易顺差，使用鸦片毒害我国人民。我国禁毒，他们就发动了"鸦片战争"，打进我们本土，蛮横地要求赔款、借岛。但是，"鸦片战争"无法消弭西方社会对茶叶的旺盛需求：他们大量食用牛羊肉、面包，只能靠茶叶解腻消食，平衡酸碱度；煮沸的水冲茶，可以减少病患；以茶代酒可以使士兵、产业工人保持清醒，有利于对外征伐和国内生产；茶馆与咖啡馆一样，扩大了市民的活动空间，促成了市民社会的生成……他们大量采购茶叶，自给自足的中国不太需要他们的产品。1845～1846年间，英国对华贸易出现了35%～40%的逆差。

1848年，美国已经把保护"知识产权"付诸法律实践，他们把小麦种植技术、牛羊饲养技术都定义为"知识产权"。那么，我国的茶叶种植、采摘、焙制技术，毫无疑问应当属于受保护的"知识产权"范畴。可惜我们缺少外语人才，无从获取这一重大信息，自然就缺少"知识产权"保护意识。

19世纪30年代，沃德博士发明了沃德箱，植物可以在无水的情况下于其中存活多年。他研制这样的箱子，就是为了从海外掠夺物种。

1848年，东印度公司制定一项盗窃中国茶树苗和种子的罪恶计划。英国植物学家福钧于1845年到过中国，懂汉语。东印度公司用年薪500英镑雇用他，还答应报销他往来的全部费用，让他到中国盗窃茶树苗和种子。

福钧独自来到上海，雇佣两个中国人随其来到安徽休宁，收集到13 000株茶树苗和许多茶树种子，装箱运到上海，然后装船发往印度。尽管在运输过程中沃德箱被压碎，种子和树苗损坏严重，仍有7%的树苗在喜马拉雅山南麓存活下来。

1849年春夏，福钧又雇佣两个中国人带他到福建武夷山收购茶树、茶种。得手后运往印度，树苗移植到喜马拉雅山南麓存活下来12 838棵，茶种催芽也获得成功。上次成活下来的茶树长得郁郁葱葱、枝繁叶茂。

证明在中国之外种植茶树完全可能。

1851 年，福钧托人从内地产茶区请到 8 名经验丰富的制茶师，月薪 15 美元，躲过海关检查，将他们带到印度，向印度人传授制茶技艺。自此，印度、锡兰等地都成了茶叶产地。（参见【美】萨拉·罗斯著，孟驰译的《茶叶大盗》，社会科学文献出版社 2015 年版）福钧能得手的原因之一，在于他懂汉语——他的外语。

茶叶之殇警醒我们要时刻增强自我保护意识，从人种基因到主粮、稀有金属、高科技。其前提是要通晓天下大事，外语人在这些方面承担着不可推卸的责任。

4. 国际市场外语人

特朗普在 2016 年的竞选中说："最著名的'广场协议'，让日元大幅升值，导致日本的经济停滞。那一天，美国等于向日本投下了第三颗原子弹——货币原子弹。"他同时声称："让中国垮掉只要两分钟！"（见 2016 年 9 月 1 日搜狐网）他下台后仍旧声称要搞翻中国，继承其衣钵者大有人在。

美国对待我们与对待它的盟友会根本不同，从贸易战会引申出科技战、金融战，疯狂起来发动战争也是难免的，因为它的根本目的在于改变我们的政治制度。必须做到心中有数，你准备好了反而会制止战争的发生。

1989～2003 年的 15 年间，全球共发生 3 000 多起反倾销案件，其中有 30 多个国家对我国提出 500 多起反倾销调查和涉及保障措施的诉讼。企业家曹德旺的福耀玻璃在美国打赢了反倾销官司。

美国拼力打压华为，华为不得已撤离了在美 50 多家子公司，让美国一下子失掉一万多个工作岗位。

华为的撤离使美国的 5G 网络覆盖可能要拖到 2026 年。美国联邦通信委员会（FCC）成员布伦丹·卡尔说："依靠目前 2.7 万名技术工人恐怕无法达成 5G 网络覆盖的目标。"（参见 2020 年 1 月 2 日参考消息网）

华为已经几次对美国相关部门提起诉讼，不论最终结果如何，国人都应该拿出勇气，用法律武器应对没有硝烟的战争。无论是留学生还是访问学者或者旅行者，都要维护自身的权益和尊严。

华为5G在全世界居于领先地位，也得益于他的研发团队就是"多国部队"。它的基站要向全世界布局，那当然更需要多语种懂技术的人才支撑。企业要走向世界，大抵都是这套路数。

据商务部网站发布的信息，除了驻外使领馆中设有经济商务参赞和参赞处外，中国还有众多的驻外经商机构，其中亚洲有45个，西亚、非洲有69个，美洲、大洋洲有50个，欧洲有57个，还有常驻日内瓦代表团经贸处、常驻世贸组织代表团等4处；各省、直辖市、自治区也都有遍布世界各地的驻外经商机构，那里依然是外语人才大显身手的地方。

天合光能股份有限公司董事长兼首席执行官高纪凡说："越是面对挑战，越要危中寻机。"该公司依靠科技创新不断加快全球产能布局，企业在竞争和挑战中逆势成长，如今产品在欧美市场的占比不降反升。

我们有一大批逆势发展的企业，又有让外企充满信心的大市场，就足以应对各种贸易战。我们最大的优势在于能把首脑外交、政府外交、公共外交统合起来，目标一致、舆论一致、步伐一致地共同应对贸易战，所以才能逼迫特朗普回到谈判桌上来，合情合理地解决一些实际问题。

七、无冕之王媒体人

媒体人通常能以公众代言人的身份获得大众的信任，引导舆论潮流，推动民意走向，成为具有号召力的"无冕之王"。新闻报道往往是超国界的，需要外语人介入其中，才能发挥出新闻的更大效益。媒体人需要过硬的语言功夫、刀笔功夫、对问题的解析功夫，在国际上行走更需要外语和相关量功夫。

1. 历史节点与记者

每当重大节日、举行重要会议或有重大事件发生，国家领导人都会利用媒体向公众发表讲话，或者以答记者问等方式阐释政策主张，引领舆论走向。

报人胡政之通晓英、法、德、意、日文。1919 年成为采访"巴黎和会"的唯一一位中国记者，如实报道了和会上列强分赃的情况，尤其是把德国在山东的租借权转交给日本，是对中国主权的严重侵犯。他的电讯发回国内，引发了"五四运动"。（参见笔者寓公新浪博客 2020 年 3 月 20 日博文）外语功夫使他超越了同时代的其他记者。

瞿秋白精通俄语。1920 年 8 月，他被北京《晨报》和上海《时事新报》聘为特约通讯员，到莫斯科采访，写下了《饿乡纪程》《赤都心史》等见闻，不但改变了他自己的命运，也让国人认识了"十月革命"，找到了"以俄为师"的救国道路。

"五四运动"时期周恩来就是《天津学生联合会报》的主编，还是天津《益世报》的特约撰稿人。赴法留学时，他兼做《益世报》的特约撰稿人，写过《英帝国会议之内幕》《待开声中之华盛顿会议》《大西洋上之太平洋问题》《列强共管中国的步骤》《华府会议后的美帝国主义者》等时评；英国爆发煤矿工人大罢工时，他赶过去采访，写出了《英国旷工罢工风潮始末》等报道。（参见吴原元的《百年前留法青年的使命》载于 2019 年 12 月 17 日《解放日报》；徐忠的《上世纪 20 年代周恩来在法揭露美国分化政策》，载于《党史博览》2019 年第 2 期）他凭借外语功夫俨然像个驻外记者，在警醒国人的同时，也打开了自己的国际视野，为后来成长为大外交家奠定了基础。

美国记者埃德加·斯诺所写的《红星照耀中国》，让全世界认识了中国共产党及其领导的人民军队，使全世界看到了中国的希望之所在。

抗日战争时期，记者们成了配合武装抗日的"笔部队"，给抗日将士和全国人民以极大鼓舞。其报道译成外文，也让全世界看到了中国人民不屈不挠战胜侵略者的决心和勇气。

1939 年，《大公报》社长胡政之委派外语人萧乾兼任该报驻英特派员。萧乾到达伦敦后写了大量通讯报道，让国人知晓世界局势。

1944 年 6 月，萧乾穿上军装，跟随美国第七军奔赴前线，报道了诺曼底登陆和刚刚被盟军解放的法国人民的喜悦心情；详细报道了盟军攻入德国后的见闻。让国人了解到欧陆战场的情况。

1945 年 4 月，萧乾来到美国旧金山，报道联合国成立大会的盛况。返回欧洲后，他接着对英国大选、波茨坦会议、纽伦堡战犯审判等一系列重大事件进行采访报道，（参见 2015 年 8 月 24 日中国作家网）让国人充分了解世界大势，增强了对日斗争的信心和勇气。

辽沈战役期间，穆青的《一枪未放的胜利——长春光复记》、华山的《英雄的十月》、刘白羽的《光明照耀着沈阳》等；淮海战役期间，新华社播发的《对表》《洛阳营打虎》《张英才和他的钢铁营》《黄维就擒记》等；平津战役期间，新华社播发的《东北大军入关盛况》《我军收复张家口，全歼傅匪五个师两个骑兵旅》《我军解放华北最大的工商业城市天津》《我军解放塘沽》等，（参见周玮的《难忘烽火岁月——访新华社老社长朱穆之》，载于《中国记者》2006 年第 12 期等）给民众以极大鼓舞。

1950 年底，魏巍奔赴朝鲜战场采写的《谁是最可爱的人》，在全国引起了强烈反响。自此，"最可爱的人"成了中国军人的代名词。

20 世纪 60 年代，雷锋的事迹见诸报端后，《人民日报》于 1963 年 3 月 5 日发表了毛泽东的题词："向雷锋同志学习！"从此，雷锋精神成了全心全意为人民服务精神的代名词。1966 年 2 月，新华社播发了穆青等人写的长篇通讯《县委书记的榜样——焦裕禄》，深刻影响了几代共产党人。

1970 年 12 月 18 日，毛泽东在他的住处会见美国记者斯诺，旨在改善中美关系。后者据此写出《同毛泽东的一次交谈》，发表在美国《生活》杂志上。1971 年 7 月，基辛格秘密访华，他在与周恩来的首次会谈中谈道："斯诺的那篇文章引起了广泛注意，我和尼克松总统都仔细阅读

过。"（参见陈弘诗的《唐闻生眼中的伟人》，载于《文史精华》1998 年第 1 期）

2021 年 1 月 7 日，蓬佩奥宣布美国驻联合国代表克拉夫特将访问台湾；两天后宣布取消美台官方交往的自我限制，称美台是两个民主国家。（参见 2021 年 1 月 11 日《环球时报》）还有媒体传言：他或特朗普都有可能访台。我方除了通过外交途径警告美方悬崖勒马外，还通过《人民日报》《环球时报》等媒体强烈发声。《环球时报》2021 年 1 月 11 日社评的题目是《蓬佩奥或让台湾当局的日子倒计时》，强调我方的反应将是排山倒海式的……如果台美做出过激反应，将给台当局以根本性的惩罚，美国现政府的最后几天很可能就是民进党政权的最后几天，疯狂很可能招来灭顶之灾；在核心利益上犯我中华者，都将自取灭亡。

次日，《环球时报》再发社评说，当前正是大陆对台湾施展作为的窗口期，美国的混乱根本无力与中方展开战略级别的对撞。一旦他们在台海上演出格举动，我们可以痛痛快快地回击，不仅露头就打，而且要往狠里打，造成给他们撞线的立威过程。

这两篇社评与傅作义发兵石家庄时毛泽东撰写的新闻稿有异曲同工之妙。克拉夫特访台专机起飞后在空中盘旋近 4 个小时，被下令返航。

应该说，各历史时期记者都起到了无可替代的重要作用，展现了各自的功夫。

新华社老记者徐勇说，做新闻要有品位。他对稿件的要求近乎刻薄：短句，能短则短；少用形容词，多用直接引语；穿插使用背景，避免长篇累牍；回归新闻源，拒绝二手消息……（参见 2020 年 3 月 10 日新华网）国人读看国际新闻了解世界大势，无一例外都是懂外语的新闻工作者的功劳。

记者不但要有刀笔功夫，更要有分辨真伪的判断力，先用脑后用嘴和笔，坚守说真话、说公正话的职业道德，不煽情、不炒作，保持公信力。没有这些功夫，什么事情也干不成。

2. 默多克的邪恶功夫

美籍传媒大亨默多克对媒体的垄断给我们敲响了警钟。他拥有英国天空电视台、美国福克斯电视网、香港亚洲卫视，几乎可以左右舆论、掌控话语权。他直言不讳地说："报纸的魅力在于它能操纵大众的趣味和思想；在现代社会，拥有报纸就等于拥有权力。"（引自百度百科《默多克经典语录》）

默多克从他父亲手里接管几份澳大利亚小报起步，20世纪60年代，开始向欧美扩张，接连收购了《世界新闻报》等英国多家报纸和出版社。1981年收购了《泰晤士报》；5年后，又拿下20世纪福克斯电影公司，把它改造成一个结构合理的电视网，把会员数发展到188家，不久，他又购买了英国天空电视台，把它打造成欧洲电视节目发射中心之一。

1986年11月，默多克收购了《南华早报》35%的股份，成为该报最大的股东；1993年又以5亿美元购买了香港卫星电视网"卫视"63%的股权；1998年，他拥有了香港有线电视有限公司100%的股份。

在美国，他拥有第四大电视网、好莱坞电影制片厂；在拉美，他与三家电视台合作，通过卫星播送150套节目。他说："提高报纸发行量很简单，那就是降低格调；地方新闻标题应具有挑逗性、煽动性、刺激性。"这就是他的邪恶功夫。

进入21世纪，他又与雅虎、诺基亚合作，旗下的子公司已建立了多家新闻、健康医疗和电子商务网站。（参见2020年5月9日央视新闻客户端等）2007年，他收购了《华尔街日报》。默多克新闻集团使用多种语言来达到自己的目的。

他搞得如此顺风顺水，当然是与西方政治势力合作的结果。他曾对英国前首相布莱尔说："在形势变得艰难的时候，我旗下的报纸是唯一能为政府提供支持的媒体。"（见于《布莱尔时代：阿拉斯泰尔·坎贝尔日记选》，来自百度学术）布什政府编造萨达姆拥有大规模杀伤性武器的信息，也是默多克新闻集团炒起来的。

有人认为，默多克家族处于全球剧变的中心，他所控制的媒体都有"亲美国政府"倾向，在全球范围内推动了右翼政治重生。世界越乱，他们越能从中渔利。

2019 年，西方主流媒体对中国香港局势不停地鼓噪。它们按照双重标准，对暴徒的打砸烧杀集体失声，煽动所谓的"民主诉求"并且炒作、夸张、放大，妄图通过颜色革命反华乱中。默多克收购的香港媒体在反华乱中中起了独特的坏作用。在"修例风波"中，他们鼓动媒体制造假新闻，栽赃丑化警队，一再为"假记者"助威造势，完全突破职业底线，毫无新闻伦理可言。

《名利场》杂志断言：如果没有默多克的福克斯新闻，就不会有特朗普总统。

2020 年爆发了新冠疫情。在人类面临巨大的灾难时，默多克新闻集团再次违背良知与西方政客搞到一起，炮制"新冠病毒源自武汉实验室"的谎言，旨在助力特朗普求谋求连任。

2020 年 5 月 8 日，澳大利亚前总理陆克文在英国《卫报》上刊登了题为《默多克传媒报道"中国人造病毒"阴谋论的唯一目的：让特朗普当选》的文章，他的接连五问，使造谣者陷入窘境。（参见 2020 年 5 月 28 日《环球时报》相关报道）特朗普没能连任，与默多克后来背离有一定关系。

《史记·张仪列传》中说："积羽沉舟，群轻折轴，众口铄金，积毁销骨。"

人言可畏，强大的舆论能美化一个人，也能毁灭一个人；国家也是如此。国人常说：事实胜于雄辩；假的真不了。这种想法过于善良。不要忘记：假作真时真亦假，无为有处有还无；也不要高估了西方某些人的智商。毫无根据的"中国病毒"说、新疆"种族灭绝"说，在国人眼里是天大的谎言，在西方媒体炒作下大有人信。这两项都能成为西方发动侵略战争、搞种族灭绝的借口。即使不发动战争，受伤最重的也是我们！美国除了自己出手制裁外，也挑动一些西方国家就新疆问题对我们实行制裁；西方一些非政府组织和跨国公司也听信谣言，抵制新疆生产的棉花，抹黑了中国，混淆了视听，影响极坏。（参见 2021 年 3 月 26 日《环球时报》的相关报道）

中国政府针对美国政府玩弄人权闹剧而发表的《美国人权状况白皮书》，就很有分量，在全世界产生了广泛影响。2021 年 3 月 26 日，华春莹在外交部例行记者会上向在场记者展示了一段视频，其内容是：2018年 8 月，美国前国务卿鲍威尔的办公室主任、前陆军上校劳伦斯·威尔克森在罗恩·保罗学院谈到了美国在阿富汗驻军的三重目的时讲道："中情局想破坏中国的稳定，最好的办法就是制造中国的动荡。与那些维吾尔族人一起刺激北京，无须外力，直接从内部搞垮中国。"（见于 2021 年3 月 26 日央视网）暴露了美国的险恶用心。

记者的良知和道德规范都要求其报道要以事实为依据、有穿透事物本质的眼光和深刻的见解，给受众以正确引领。记者的煽情与炒作更要顾及后果，人是感情动物，一旦被煽起情来，不理智的事情有时就会发生。所以在通常情况下，记者在报到时要留有充分的回旋余地，这有利于事情向好的方面发展。中国记者对于特朗普、蓬佩奥之流借疫情甩锅、造谣中伤的报道，也是很讲分寸的。

3. 阴谋背后的媒体记者

新华社副社长熊蕾对哈佛在中国的基因研究项目的调查，揭开了他们违反联合国《人类基因组宣言》的盖子，促进了中国在人体基因保护方面的立法，为防止中国人民受西方基因武器的侵害作出了一定的贡献。（参见熊蕾的《中国基因：争夺仍未有穷期》，来自 2020 年 2 月 18 日观察网）记者不但要讴歌真善美，而且要鞭挞假丑恶，还要像哨兵一样发现危险之所在，及时给人们以警示，这都离不开外语功夫。

驻外记者必须知己知彼，尤其是要了解西方媒体制造假新闻的拙劣手段，才不至于落入圈套，才能使自己的报道更加可靠。

彭博社 2019 年 2 月 15 日报道，马斯克倡导成立的 AI 研究机构

OpenAI 展示了一款软件，只需要给软件提供一些信息，就能编写出逼真的假新闻。计算机科学家山姆·鲍曼认为，软件根据提示生成的文本相当惊人，从品质上讲，它所做的事比之前我们看到的复杂很多。（参见2019 年 2 月 15 日科技综合）

对于西方来说，叙利亚战争如同电子游戏，从 2011 年打到现在，城市被毁、古迹遭殃，几十万人被打死，几百万难民流亡西方。

成立于 2013 年初的"白头盔"，全名为叙利亚民防组织。其创始人詹姆斯·勒·梅西耶尔，毕业于英国桑赫斯特皇家军事学院，是一名英国前军事情报官员，曾在波斯尼亚、科索沃和伊拉克等地参与了战争。他把"白头盔"打扮成"救死扶伤，大爱无疆，人间圣母，战地天使"。根据英国独立记者范尼斯·比利的调查，"白头盔"的经费主要来自美国、英国、荷兰、日本、土耳其等国，一些私营企业或个人也给予支持，包括金融大鳄索罗斯旗下的一家机构。

通过几起著名的所谓"救援行动"，"白头盔"在国际上声名大噪。"营救"叙利亚男孩奥姆兰的新闻，被许多西方媒体炒作。真相却是："白头盔"的人将奥姆兰从他父亲手里抢走，然后摆拍了一系列照片，唯一的目的就是帮助西方做宣传，颠倒真相掩盖战争的本来面目。BBC、CNN、《纽约时报》一些催人泪下的报道素材都是从"白头盔"那里批发来的。西方媒体还把"白头盔"打扮成"正义和希望"的象征。2017年春，由美国网飞公司拍摄的《白头盔》，获得奥斯卡最佳纪录短片奖。（参见 2018 年 4 月 18 日《人民日报》所载《"白头盔"真相》等）

澳大利亚战略政策研究所（简称 ASPI）被称作澳大利亚反华大本营，是由美国极右财阀寡头、白人至上的种族主义旗下的基金会推动成立的，得到美国中情局的大量资金资助。经过多年锤炼，如今已达到可以左右澳大利亚政局的程度，很多反华政策和匪夷所思的事件来自它的鼓动。

ASPI 中有一个许秀中，被称作"反华女魔头"。她 1994 年出生在嘉峪关市，其父母向她灌输浓重的名利思想，使她逐步成为一名"工具理性"的忠实信徒。

2012 年她考进中国传媒大学，两年后赴澳大利亚墨尔本留学。自此她放荡不羁很快被淫乱的生活腐蚀掉了，家里供给的生活费根本无法满足她的需要。ASPI 盯上了她，向她保证，只要她愿意站出来抹黑自己的祖国，ASPI 就会利用手中的媒体平台把她力捧为新一代意见领袖，将来还会提供绿卡和移民机会。她为了眼前的一己之私，根本没犹豫就答应了下来。她的邪恶功夫也倚重于外语。

2016 年，ASPI 送她到美国 CNN 媒体事业部接受培训和岗位实习。此后，这个从未到过新疆的人居然成了"新疆问题专家"。

按照美国和西方的意图，她发表了各种诋毁、抹黑、攻击我国的言论，将卫星图片上显示的各省援建新疆的小学和中学教学楼说成是"改造所"，将卫星图片拍到的各省援建医院和社区说成是"集中营"。

她频频登上美国和澳大利亚电视台，向主持人编造她在中国生活时的"亲眼所见"，包括政府四处搜捕和屠杀人民、政府到处建立集中营和挖万人坑，声称自己亲眼看到中国政府将 8 万多人送往工厂进行"强迫劳动"，卑劣的谎言遮天蔽日。

她为此得到了 ASPI 的奖赏：通过媒体平台让她名利双收，还向她提供大量毒品供其吸食；为满足她的淫欲还给她提供了俗称"鸭子"的白人群交服务。（参见 2021 年 2 月 23 日易网首页等）她坑害的远不只是中国，还有中美、中欧、中澳等双边或多边关系，使澳大利亚众多工厂倒闭、工人失业。她应该以反人类罪受到审判和惩处。

4 让世界倾听

新闻媒体倡导什么、反对什么，对于民众的精神生活起着直接的引领作用，直接关系到民众觉悟和国民素质。媒体宣扬雷锋精神，广大民众就争做雷锋；媒体宣扬焦裕禄式的好干部，好干部就不断涌现；反之亦然。如今大家不难看到：在国家统一、民族大义面前，大陆人和台湾人、港人有相当大的差异。除了教育外，媒体起了关键作用。

西方与我们存在着很大的文化差异，媒体再不断黑化、妖魔化我们，其民众在精神层面、认知层面与我们存在明显的差异就毫不奇怪了。舆情还是要靠舆论来引导，国内、国外都是如此。

建国初期，新华社制订了建设现代化世界通讯社的规划，决定从中央和一些省市机关选调一批条件适合的干部到新华社工作。

如今，新华社在全球设有100多个总分社、分社、支社、记者站，使用英、法、西、俄、阿、葡文发稿，中文台、英语台24小时不间断播出新闻节目，信号覆盖全球200多个国家和地区。采访、审稿、编辑、播报都需要大量外语人的参与。

西方媒体标榜言论自由，其实媒体都是为政治服务的，真实报道往往受限，再加上西方媒体人信奉好消息就是没消息、尖酸刻薄的负面报道才能博人眼球的办报理念，追求经济利润，想让他们说公道话是难上加难。

2008年12月，美国总统小布什突访伊拉克，与伊拉克领导人马利基签署美国驻军协议和两国战略框架协议后，两人共同举行新闻发布会。到会记者是经过严格安检的，并且不许提问。伊拉克记者蒙塔兹·扎伊迪突然用英语大声骂小布什是狗，并把两只鞋用力砸向小布什，幸亏后者躲闪及时没有砸中。

蒙塔兹·扎伊迪因此被投入监狱，在狱中还遭受到他同胞的虐待。他出狱后说："我是为了抗议小布什的谎言，抗议他侵略我们的国家、杀害我们的同胞、掠夺我们的财富，才这样做的，也是为了捍卫祖国的荣誉、记者的荣誉。我不是什么英雄，只是一位见证了太多平民的苦难和流血的普通伊拉克人。"（参见《看天下》总第117期的相关报道）这就是记者的良知！

当今世界局势瞬息万变，记者的报道要快，评论要准，视野要覆盖全球。能做到这样必须有过得硬的真功夫，包括外语和相关量功夫。

中央电视台原驻美首席记者王冠，母语和英语都过得硬。2011～2020年初，他担任央视北美分台首席时政记者，常驻华盛顿，经常同美国政界、传媒界、学界和意见领袖展开积极互动，专访过近百名世界政商各界领袖人物。基辛格赞扬道："他是一位'思维缜密'的提问者。"耶鲁大学校刊称其为中国"最出色"的双语电视记者之一，哥伦比亚大学资深媒体学者 Anne Nelson 称赞他是新一代中国记者的代表。

2012 年，他全程跟踪奥巴马团队，零距离报道了美国总统大选。同年他被央视网评为当年中国"最具思辨记者"。

2015 年，他接受今日俄罗斯美洲台专访时，用流利的英语对阵外媒女主播，点评中美南海摩擦格外到位，在世界上引起轰动，视频一周点击播放超过 2 000 万次。很多网友称赞王冠"睿智""霸气"，是用英语讲中国故事的典范。

除日常报道外，他还担任英文新闻台特别报道员和时事评论员，用英文向全世界观众解读中国政治经济和文化教育动态。

王冠曾经在美联社北京分社任新闻助理。在谈到为何放弃美联社而选择央视时，他说："因为不甘心眼睁睁看着每当有重大国际事件发生时，总是那几家欧美媒体在定义新闻'事实'并影响人们的认知和判断。"（参见笔者寓公新亮博客 2020 年 3 月 22、23 日两篇博文）

他说的没错，西方国家总是通过控制媒体来左右公众视听以达到自己的政治目的。

在 2020 年 3 月 20 日的白宫新闻发布会上，NBC 记者彼得·亚历山大正经地问特朗普想对感到恐慌的民众说点啥时，特朗普斥责说："你是个坏记者！……这是个肮脏的问题。你在给美国人民传达一个很坏的信号，他们需要的是答案，是希望，你却在哗众取宠……我在很多事上都是对的，拭日以待吧！"（参见 2020 年 3 月 21 日观察者网）这就是特朗普对待媒体人的态度。

美国之音是美国政府的喉舌，只因为说中国抗疫做得好，2020 年 4 月 9 日，就在白宫官网上受到谴责。

美国政客和媒体所标榜的言论自由根本就不存在。白宫对于自己不喜欢的媒体记者，采取过多种限制措施，包括禁止参加白宫吹风会、强行驱逐、吊销采访证、暂停采访权限、剥夺随同访问资格等，CNN、《纽约时报》等美国主流媒体的记者都吃过这种苦头。

自 2004 年以来，美国已经关闭了 2 000 多份报纸（见于风尚网首页），香港《苹果日报》自行关闭，他们还大惊小怪。

美国政府对中国记者存在着赤裸裸的歧视和偏见，一再宣称，中国媒体是共产党的宣传机构，不是所谓"真正的独立媒体"。

2020 年，美国政府驱逐部分中国记者，把中央电视台、中国新闻社、《人民日报》《环球时报》4 家媒体列为"外国使团"，甚至想要吊销所有中国记者的签证。意识形态成了是非标准。

2019 年 10 月，在一辆英国卡车上发现 39 具偷渡者尸体。还没有弄清真相的 BBC 记者就十分武断地说，死者"全部是中国人"，妄图达到诋毁我国社会制度的目的。英国独立电视台（ITV）记者的炒作最为积极，《英国镜报》甚至把新闻当小说来写。该报记者说："在中国文化中，这不是犯罪，而是一个机会，这是蛇头和他们顾客之间的协议，福建人以到英国定居为荣。福建人几乎找不到工作，也穷得叮当响，所以只能偷渡出国碰碰运气。"

当事实证明那 39 位偷渡者全是越南人时，无论是 BBC，还是 CNN，全都放低了调门，不再以头版头条刊载相关新闻了。（参见搜狐网、腾讯网的相关报道）

美国等西方媒体一直竭力造谣中伤我们，宣传他们自己更是不遗余力。美驻华使馆不惜抛撒金钱从我们内部找人替他们做喉舌，格外看重舆论的力量。

有人对《纽约时报》近百年来在头版头条报道的国家所做的统计表明，该报原本关注着当年强大的英国；1915 年后，其关注重点依次变为德国、苏联、俄国、日本；2008 年之后，中国出现的频率越来越高。美国媒体最为关注的是强国和他的对手。如今，中国这两项全占了。

我们应该充分利用现代传媒去突破西方的话语屏障，将我国的真实情况展现在世人面前。首先要有过得硬的正面报道，把令人信服的实据展现出来；其次可以让相对中立的力量去鉴证事实，通过他们之口说出公道话，让疑惑者弄清真相；再次是对于敌方的阴谋给予无情揭露，让受蒙骗者清醒。

为了提升国家形象，韩国政府 1971 年成立了"海外文化弘报院"。其下属的"纠错改正团""名誉记者团"，通过海外知韩友韩人士用多种语言宣传韩国文化，被称为对外宣传的"神来之笔"，这一做法值得借鉴。（参见《环球时报》2021 年 7 月 19 日的相关文章）

八、公共外交的穿越功夫

公共外交不像政府外交那样讲对等，却与政府外交相辅相成，有时亦此亦彼交织在一起。从领袖、外交官到民间团体、学界、研究机构、媒体人、宗教组织、旅游者等，都可以借助国际舞台面对外国的非政府组织、广大公众，甚至政府机构，从不同角度表述本国的理念和政策，有时会起到政府外交所起不到的作用。很多领袖人物都是公共外交方面的高手，往往穿越政府外交来达到自己的目的。

1. 渐进式的慢功夫

民间外交早于政府外交。张骞出使西域之前，国人就取道印度与西域做生意；"丝绸之路"上往来的驼队也来自民间。玄奘取经并没有得到唐太宗的批准，也是一次地道的民间外交，所带来的结果是儒释道大融合。鉴真、朱舜水东渡，也是民间外交，给日本文化带来了质的飞跃。李光耀的先祖及陈嘉庚他们开发南洋都是民间之举。这种影响是渐进式的，需要慢功夫。

《马可·波罗游记》的作用超出了人们的想象，西方第一波"中国热"就此生成。

西方传教士传回的信息曾使西方把中国看成伊甸园，法国文人说了许多赞美的话，那会成为他们文化的组成部分融入民族血液，持久起作用，所以才有拿破仑的"中国睡狮"说。

1811年，拿破仑读过菲利克斯·雷努阿尔专呈他御览的《中国备忘录》。

他战败被流放到英属圣女海伦岛后，用很长的时间读英使马戛尔尼出使中国的书，边读边议论，对给他治病的英国医生欧米拉说："每个国家都有不同的习俗。在英国宫廷，人们对国王行吻手礼。这样的事在法国就显得让人为难了，这样做的人肯定会受到公众的鄙夷；可是驻在英国的法国使臣如果遵从了这个礼节就不会被看作有失身份。几个世纪前的英国人，跪着服侍国王；如今在西班牙仍是这样。在意大利，人们吻教皇的白拖鞋，并不被看作有失人格。去一个国家就得入乡随俗。"（参见2019年7月17日《中华读书报》）拿破仑比很多外交家更了解历史和民俗，比许多历史学家对历史解读得更透彻。

同一天，英国医生欧米拉说："我们只要用几艘战舰就能轻而易举地迫使中国人答应我们的条件。"拿破仑警告说："中国是一个幅员辽阔、资源丰富的庞大帝国。对它开战，这将是你们许久以来所犯的最大错误。毫无疑问，你们一开始会取得成功……但你们也在教会他们认识自己的力量。他们将被迫采取措施抗击你们。他们会思索……他们会造出军舰，然后打败你们。"

像拿破仑那样有影响的人物，他的话不可能没人听。戴高乐能率先与我国建立大使级外交关系，也与法国的文化传承有一定关系。民间外交要有足够的耐心放眼未来，不能急功近利。

英国文化与法国不同。英使马戛尔尼把中国"叩头"之礼视为"妄自尊大"，著书立说到处谩骂中国"愚昧无知"；英国没有汲取不尊重对方习俗导致交往失败的教训，1816年又派威廉·阿美士德勋爵再次率团访华，结果又在"叩拜"习俗上第二次跌跟头。英美人至今在香港问题上指手画脚，就是他们当年历史文化的延续。无论是哪种外交，都必须考虑到文化的不同。

100多年前，有一位叫丁龙的旅美华工，将自己毕生积攒的1.2万美元捐献给哥伦比亚大学用于建立一个汉学系，以增进美国人对中国文化的了解。他诚恳地写信说："校长先生：我谨此奉上一万二千美元现金支票，作为对贵校中国学研究基金的捐款。"

时至今日，哥伦比亚大学仍设有"丁龙汉学讲座教授"教席，由美国汉学研究领域学养深厚、成果丰富的人物担任。（参见 2019 年 3 月 25 日澎湃新闻）一个小人物促进了中美之间的交流，这也是公共外交的组成部分。

辛亥革命前后，孙中山长期旅居国外，甚至周游世界。他曾说过："我经常环绕地球，周游列国，一面考察各国的政治得失和古今国势强弱的道理，一面做我的革命运动。约计每两年绕地球一周，到武昌起义以前，大概绕过了地球六、七周。"（参见 2008 年 5 月 15 日中华文史网）他的这些活动可归类为公共外交，外语是其中的支撑力量之一。

1971 年 4 月发生的"乒乓外交"，是一次典型的公共外交，是由国民与领袖共同参与的"小球"转动"大球"的渐进式外交活动。

按时间顺序来说，给"乒乓外交"第一动力的人物是时任日本乒乓球协会会长后藤钾二。他对中国乒乓球队发出诚挚邀请，使我们得以参加第 31 届世界乒乓球锦标赛，为中美两队相遇创造了条件。

接着是中国代表团秘书长、懂英语的宋中与美国代表团团长斯廷霍文 3 月 30 日的巧遇。在交谈中，不知道斯廷霍文是否有意暗示，他说："听说中国方面邀请了南斯拉夫乒乓球队访华，如果美国选手也能造访中国，肯定能学到许多有益的东西；我也希望中国乒乓球选手能到美国去。"宋中意识到美国球队有访华愿望，迅速将信息传回北京。

4 月 4 日，科恩上错了车，与中国代表团全体成员发生交集。庄则栋作为一名运动员没有那么多条条框框，敢于对科恩表达热情并且送给他礼品。他们之间的交流还是借助于翻译，如果懂对方语言，交流就方便了。这短短五分钟的车上奇遇，是一次货真价实的公共外交，立即引起了媒体关注。

4 月 5 日，科恩回赠庄则栋礼物，又引起了记者的关注。这两个人的交往成了"乒乓外交"的点睛之笔。毛泽东在4月6日下午版的《参考资料》上读到这一要闻，立即重视起来。他称赞小将们的勇气，并改变主意决定邀请美国队访华。

4月7日上午10点半，美国代表团副团长哈里森从宋中口中收到访华邀请，一时找不到团长，他就立即联系美驻日使馆，大使也不在，值班的一秘坎宁安明确表示，美国队访华与美国外交政策不相抵触。

美国代表团及随行记者在中国受到热情、友好的接待。他们惊讶地发现，中国人坦诚真实、礼貌周到、热情好客，对他们总是笑脸相迎、盛情款待。以至于让他们提意见时，只能提饮食太丰盛了。他们真切地感受到过去美国媒体对中国的报道是多么的不真实。

美国人发现，中国的政治制度和文化具有独特的吸引力。在中国，他们看到了工人阶级的力量、简朴的生活方式、农村合作社制度以及妇女的独立地位，感受到毛泽东的伟大、民众对领袖的向心力等，他们赞赏中国产生了公而忘私的新人类。

乒乓外交推动了中美外交，这就是通常所说的"小球转动了大球"。

当年4月14日，尼克松宣布削减了美国对中国长达20多年的贸易禁令；两天后，尼克松强烈暗示他计划在离任前访问中国。

同年4月21日，周恩来通过巴基斯坦渠道，明确表示愿意接待基辛格访华；5月17日，尼克松正式表示，他准备访问北京。

同年7月9~11日，基辛格秘密访华获得成功。

1972年2月，尼克松访华，中美签署了《上海公报》。

1979年1月，中美正式建交，"小球"真的转动了"大球"。（参见2010年9月3日中国网）交往成功的背后，是不可或缺的外语功夫。

鉴古知今，我们不必对当今的中美关系过于悲观，说不定什么时候，"小球"还会转动"大球"。

2. 公共外交的基本遵循

外语人中的很多人对公共外交感兴趣，但是往往不知道该怎么做、需要遵循什么。首先，最好借助于民间团体。现在各种学术组织、智库、经贸组织、友好协会等遍布祖国各地，只要关注国际动态并且采取主动，就不难收到各种会议、论坛的邀请。国内也有各种组织召集形式多样的国际会议、国际学术交流活动，做好充分的准备，到会上讲好你所知道的中国故事，就是很不错的公共外交活动。但是一定要遵守国家的保密制度。

不要轻视出国旅游在公共外交中的作用。笔者去欧美旅游，常常碰到外国人主动过来攀谈。不要小视这种攀谈，这也许就是讲讲中国故事、打破西方媒体设置的话语屏障的机会。我们这支浩浩荡荡的旅游大军，如果多数人能直接与外国人交流一下，说不定就会积沙成塔、展现祖国的美好形象。

如今，在我们周围居住着许多来华的外国人，也有意与我们交流。外语人不仅可以利用自己的语言优势，在与他们共处中讲好中国故事，还可以相互学习对方的语言文化，何乐而不为？不能小觑公共外交的慢功夫，积累起来也会成为穿透功夫。

要向我们的领袖人物学习公共外交经验。毛泽东、周恩来都十分重视民间团体在公共外交中的作用，刚刚建国就亲手组建起中国国际贸易促进会、中国人民对外文化协会、中国外交学会、中国对外友好协会、中国记者协会等一系列民间组织，让这些组织在公共外交中发挥作用。

周恩来多次强调："文化经济交流是外交的两翼，是增进彼此了解、消解隔阂的最好途径之一。"（见于孟庆春编著的《跟周恩来学处理矛盾》第181页，红旗出版社2009年版）

1952年4月，在莫斯科召开国际经济会议。周恩来利用我国经贸代表团参会的机会，指示他们与日方几位参会议员接触，邀请他们来华访问。那几位议员冲破日本政府的阻挠来华访问，实现了历史性突破，并且达成3 000万英镑的民间贸易协定，开了个好头。此后才有第二、三、四次民间贸易协定、渔业协定、钢铁协定。（见于孟庆春编著的《跟周恩来学处理矛盾》第180～181页）

地位高的人搞公共外交，成功与否的一个重要因素，就是看能不能放下身段。毛泽东会见斯诺时说"四个伟大讨嫌",就是要拉下自己的身段;那次会见时斯诺用英语说"毛主席万岁",毛泽东同样用英语回应"斯诺万岁",不只是开玩笑,也是意在拉下自己的身段,让斯诺感到老朋友还是老朋友,这样交谈起来才顺畅。周恩来在公共外交中更加谦恭,设身处地为对方着想,不强人所难,因而更能显现他的人格魅力,更易交上朋友,取得公共外交的成功。

日本政府长期追随美国对中国采取敌视政策。周恩来则强调:"对日本政府既不能迁就又不能勉强,既要正视它侵略我们的60年,又要考虑交往的2 000年。日本人从人生哲学、经济文化到生活习惯,都和中国有割不断的联系,所以和日本打交道,太迁就不行,太勉强也不行。"(同上,第200页)他的真知灼见,至今仍是我们对日工作的指导方针。

当年,有很多日本民间友好人士来华访问,周恩来总是忙中抽闲予以接见,进行友好交谈。1958年5月发生的"长崎国旗事件"使"以民促官"刚刚起步不久的中日关系陷入极为紧张的状态。

松村谦三洞察时局,1959年第一次动身访华。周恩来邀请松村参观密云水库,往返途中两人举行了"车内会谈",就中日两国之间存在的各种问题坦率交换了意见。松村强调亚洲应该是亚洲人的亚洲,主张中日两国必须友好相处。周恩来不同意日本方面提出的"政经分离"的主张,他说:"政治和经济是密不可分的,只有中日关系得到改善,两国的经济贸易关系和文化交流才能有所发展。"还说:"即使两国社会体制不同,也能做到相互尊重,互不侵犯,相互理解。"两人的会谈消除了中日间的许多误解。

一个大国总理能够礼贤下士,谦恭地对待民间来访者,让松村及随行人员感动不已。他们回去一宣传,在日本社会上产生了好的影响。

松村喜爱兰花。在东方人眼里兰花是高洁性情的象征。1962年9月,松村第二次访华,与同样喜爱兰花的朱德委员长结为"金兰之交"。那次访华后不久,廖承志与高碕达之助代表双方签订了《中日长期综合贸易备忘录》,简称"备忘录贸易"。

公共外交是色彩缤纷的。1963 年 4 月，松村以日本爱兰会的名义邀请中方派兰花代表团访日。我方派出张兆汗为团长的中国兰花代表团出访，被称作"兰花外交"。通过这种交往增进了友谊，拉近了相互间的感情。

1964 年 4 月松村第三次访华，商定双方在对方首都互设常设的贸易联络处，以顺利推行"备忘录贸易"，并商定互换常驻记者。

"兰花外交"把中日关系从"民间往来"一举推向了"半官半民"阶段，也为 1972 年 9 月中日两国实现邦交正常化奠定了基础。田中角荣也承认，他是按照民间开辟的道路去北京的。

1966 年，80 岁高龄的松村第四次率团访华。周恩来在人民大会堂见到日本访华团其他成员而没见到松村时，得知他从另一侧上来，便一路小跑赶过去迎接，令松村本人和日本访华团成员十分感动。

松村对华友好，在日本国内也遭受到巨大压力，右翼分子不断威胁他。他不仅不畏惧，还大声呼吁直接采用"推进日中复交"的政策。并大胆提出："在对华关系问题处理上，我们不能不问缘故地一味追随美国的政策，日本应在这个问题上坚持自主外交，不仅要形成健全的中日关系，而且要为中美实现和解发挥积极的作用。"（参见 2018 年 10 月 31 日人物往来《中日经贸史话：大局视野的松村谦三》等）在当时的形势下，这是需要勇气的。

中日恢复邦交时松村谦三已经逝世，周恩来仍旧记得他的功绩，一再说："吃水不忘挖井人！"

3. 需要穿透力

公共外交具有穿透力，甚至会创造出外交奇迹来。公众人物往往能在公共外交中发挥出不可替代的作用。

1972 年 7 月 7 日，日本成立田中内阁。田中任命对华友好的大平正芳为外相。在第一次内阁会议上，田中表示要加快与中华人民共和国邦交正常化的进程。

周恩来采取公共外交手段，不失时机地派中日友协副秘书长孙平化率上海芭蕾舞剧团访日。周恩来指示孙平化当面向田中首相转达他的邀请，并且说，只要田中首相能到北京当面谈，一切问题都好商量。

当年 7 月 22 日，孙平化见到日本外相大平正芳时，谈到了周恩来总理对田中首相的访华邀请，大平对此表示衷心感谢。8 月 15 日，田中首相在东京帝国饭店接见了孙平化，并且表达了访华的决心和意愿。

彼此通过外交途径正式沟通后，9 月 21 日，日本政府以官房长官谈话方式宣布：田中首相将于 9 月 25～29 日访问中国。公共外交推动了政府外交。

经过双方领导人的共同努力，中日恢复了正常邦交。经历过这一事件的日语翻译林丽韫认为：中日两国恢复正常邦交，是一个细水长流的过程，是在 20 多年的公共外交的推动下，最后经由政府外交得以实现的。（参见 2015 年 11 月 3 日中国网）

2004 年，在时任日本首相的小泉纯一郎执意参拜靖国神社、日本右翼势力修改历史教科书、炒作我开发东海油气田的气氛下，王毅"临危受命"，出任驻日大使。他以"恪尽职守，报国为民，开拓进取，不辱使命" 16 个字作为任职誓言，努力让中日关系走出低谷。面对日本政客和媒体记者的各种质疑，王毅气定神闲，澄清了许多普通日本人并不了解的事实真相，阐明了我方立场，令对方心服口服。

他还大力推动公共外交，争取日本民众的理解和支持。到日本不久，他就按照日本习俗请邻居来使馆做客。这一"入乡随俗"的举动，使日本民众对我方产生了亲近感。

三年里，他到日本各地演讲百余场，耐心解答各种问题。在交流宴会上，他常常顾不上吃饭，腾出时间接待排队等待交流的日本各界人士及普通民众，从不拒绝合影要求。在他的推动下，任内举办了三届"北京东京论坛"，扩大了两国人民的彼此了解。（参见 2013 年 5 月 23 日环球网）

美国前总统卡特经常扮演"和平使者"的角色四处奔走，常常能起到美国外交官所起不到的作用，他几次到朝鲜"捞人"，从未空手而归。

克林顿就任美国总统后，多次扬言要对朝鲜核设施发动攻击。1994 年 5 月，他授意美国国防部制定了代号为"5026"的作战方案，要用巡航导弹对朝鲜宁边核设施进行"外科手术式打击"。

国防部长佩里在提交作战方案时提醒克林顿：开战后 3 个月内大约会有 49 万韩国军人和 52 万美国军人阵亡，将会造成与两次世界大战相类似的严重后果。

克林顿与韩国时任总统金泳三沟通时，遭到激烈反对。

骑虎难下之际，卡特表示愿意赴朝斡旋。

1994 年 6 月 16 日，卡特抵达平壤会见金日成。后者坦诚地说："朝鲜不想发展核武器，但西方一直对我们有误会、有敌意。"

卡特把金日成的真实想法转达给克林顿后，双方通过正式外交途径进行沟通，于当年 10 月 21 日达成《朝核框架协议》，一场危机得以化解。（参见李璐璐的《克林顿险些打掉朝鲜核设施》，载于《环球人物》2018 年第 1 期）卡特平壤之行对当年的朝美关系有穿透性影响。

全球著名华侨领袖、社会活动家陈香梅曾被誉为"中美民间大使"。里根当选美国总统后，中美关系面临倒退的风险，她作为里根的亲善特使访华会见邓小平，经双方共同努力修复了双边关系。此后，她频繁穿梭于中美两国之间，为促进中美友好做了许多工作，也为两岸关系破冰做了大量工作。

著名学者、教授、企业家参加的各种国际论坛，同样是"公共外交"的组成部分。中国人民大学国际关系学院教授王义桅，2018 年 9 月 26 日在纽约以《"一带一路"开启国际发展合作新时代》为题所作的演讲，从学者的角度对我国政府推行的"一带一路"政策做了充分阐释，密切配合了政府的外交活动。

世界经济论坛 2019 年年会，于当年 1 月 22～25 日在瑞士达沃斯举行。中国派出了史上规模最大的军团，国家副主席王岐山、国资委主任肖亚庆、华人经济领袖国际货币基金组织原副总裁朱民、复旦大学中国研究院院长张维为、企业家郭广昌等，以及中建、中远、中车等大型国企老总 200 多人与会。王岐山以《坚定信心 携手前行 共创未来》为题发表演讲，回应外界对中国发展的诸多质疑。

世界希望通过达沃斯论坛这个平台了解中国，中国也希望通过这个平台介绍自己，同时也更好地了解外部世界。与会的多数中国人士日程都排得满满的，各种对话和交流应接不暇。涉及政治、经济和新工业革命的话题，几乎都会聚焦到中国和美国。彼此互动中涉及的一个重要问题，就是中美是否会有一战。

英语翻译出身的张维为教授阐释说，中国和美国的传统基因不一样，中国没有发动战争的基因，如果要发动战争，那只会是美国。他认为，美国比中国清楚，发动这样的战争，既得不到美国人民的支持，也没有任何胜算的可能。他相信，会有越来越多的美国人认识到：两个大国和则两利，斗则两伤；两国的许多利益是捆绑在一起的，合作共赢是历史大势，希望美国不要再犯历史性的错误。（参见 2019 年 1 月 25 日观察者网）

官员和学者、企业家共同参与的这场公共外交，为祖国开拓出一定的生存空间，为世界和平发展出了一份力。

2019 年 5 月 15 日，欧美同学会第二届国际智库论坛暨菖蒲河论坛在北京举行。在"构建人类命运共同体"的主题论坛上，上海大学全球问题研究院南亚研究中心执行主任、来自印度的郎荣吉（Rajiv Ranjan）教授说："'人类命运共同体'展示出中国对世界文明多样性的包容。多样性带来交流，交流促进融合，融合推动进步。"（参见 2019 年 5 月 17 日中国网）这比我们自己的宣传更有说服力。

公共外交需要各个层面大量外语人的积极参与。笔者在《外语功夫纵横》一书中指出过 2019 年慕安会上我们人手不足、应对乏力的问题；2020 年，出席慕安会的傅莹仍旧感到分身乏术，很多涉及中国议题的分会场根本就没有国人的身影。而美国对此则相当重视，出席这一年慕安会的高官有：众议长佩洛西、时任国务卿蓬佩奥、时任国防部长埃思珀、时任常驻联合国代表克拉夫特、前国务卿克里等，还有众多智囊和 20 多名参众两院议员，把攻击的矛头指向中国。

2020 年慕安会，有关中国的议题多达 11 个，其中包括"西方如何面对中国挑战""跨大西洋关系与中国难题""欧洲如何对付崛起的中国""如果中俄结盟怎么办"，还有南海问题、新冠肺炎疫情问题、中国网络政策问题、中国与全球军控问题等，指向是十分清楚的。有中国官员和学者参与时，中国人的发言、提问很有分量，能够引起与会者的关注。王毅外长在大会上的演讲受到广泛好评；秦刚副外长对我国防控新冠肺炎疫情的阐述，同样赢得了好评。

美国众议院议长佩洛西在"西方民主状态"分论坛上文不对题地大谈 5G 问题，把 5G 问题升高到制度安全的高度，扬言对此妥协就意味着损害民主、人权、经济独立性和国家安全。

针对她的错误言论，傅莹用流畅的英语说道："……自从我们开始了 1G、2G、3G、4G——皆从西方引进……而中国保持着的政治制度，一个由共产党领导的制度，没有被这些科技威胁着。为什么当华为的科技 5G 要引进到西方时，就会威胁他们的政治体系呢？你真的认为你们的民主制度是那么脆弱，会承受不起一家华为这种高科技公司吗？"（参见 2020 年 2 月 21 日《环球时报》的相关报道和张五常 2020 年 2 月 16 日新浪博客等）对于傅莹的提问，全场报以热烈的掌声。佩洛西没想到会场里还有中国人，答非所问的辩解，显得十分尴尬。

如果每个分会场都有几位像傅莹这样的中国人协同作战，那么我们的话语分量就会更足。要知道，我们可是有 2 000 多个智库、4 亿外语人呀！

蒋彝一生出版了 25 部英文作品，"可口可乐"一词也是他翻译的。在英国，他赢得了上至女王、下至百姓的普遍爱戴和尊敬。程抱一是法兰西学术院唯一的亚裔院士，他的法语小说《此情可待》，荣获法兰西学术院 2001 年颁发的法语系文学大奖。华裔作家陈舜臣，一生驰骋日本文坛，日本小说界没有出其右者，他几乎拿遍了日本艺术院奖、直木文学奖、吉川英治文学奖等日本文学奖项。

这些人就是公共外交方面的"民间大使"。多一些这样的大使，我们的日子就会好过些。从这种意义上讲，4亿外语人都可以成为公共外交家，干出有利于国家、民族的惊天动地的伟业；也可能像许秀中那样给国家、民族抹黑。所以，每个人应该加强自己的修养，成为受尊重的世界公民，担当起民间大使的责任。

我们不但要在国际组织中掌控话语权、引领时代潮流，还要构建人类命运共同体，这就需要有更多的外语人在国际舞台上一展身手。

九、翻译也走旋转门

翻译有外事翻译、文学翻译、科技翻译、商务翻译等多种类型。很多外事翻译可以转换为外交官；文学翻译、科技翻译、商务翻译有的也可以转换为文化官员、商务官员；很多翻译可以转换为教师、智囊等，常走旋转门，需要有更多的相关量。不管怎么说，翻译界还是个被外语人格外青睐的职场。

1. 华丽转身

苏联人尼古拉·特罗菲莫维奇·费多连科（中文名字费德林），1939～1968年在苏联外交部门工作近30年，做过驻外大使、苏联外交部副部长，还是俄罗斯文学家、东方语文学家、语文学博士、中国学教授、高级研究员、苏联科学院通讯院士。（参见百度百科）费德林走的也是旋转门。

尽管外事翻译并非外交主脑，翻译的好坏有时也会对外交成败起关键作用。党和国家领导人从来都十分尊重翻译工作，每次重大外交活动的成功，都不会忘记翻译的功劳。

田中来访前，周恩来让翻译们看田中写的《日本列岛改造论》；还嘱咐谈判时的翻译更要严谨，特别是条约性的译文，一点也马虎不得。（参见2015年11月3日中国网）在周恩来身边工作过的翻译们能够体会到周恩来对他们的严格要求，不但要求他们精通外国文化，而且让他们充分了解来宾的情况，以便有针对性地开展好工作。

外事翻译择优选拔，放在第一位的当然是身心修养功夫，不可能允许刁钻古怪、修养很差的人进入这支队伍；专业考核也是千里挑一，然后还要在培训中不断淘汰，只有佼佼者才能站住脚。

周恩来要求翻译每天必须练 3 个小时基本功，外事翻译的严谨作风，最初是在他来的敲打下形成的。1954 年日内瓦会议前夕，他指派副外长章汉夫等组成专家组，考核翻译的口译、笔译、同声传译功夫。而后，他又找翻译逐一谈话，十分诚恳地说："不要以为我考你们是多余的，我知道你们都是好样的，但是这一次活动可不一样，你们要有充分的准备，要同各国外交家交锋啊！"

1962 年，冀朝铸将接替浦寿昌担当党和国家主要领导人的翻译。尽管冀朝铸已经多次为周恩来当过翻译，他还是让浦寿昌对其进行正规考核，考核合格才任用。（参见杨发金的《周恩来和他的翻译们》）他曾经十分严肃地批评一些翻译：一不学历史，二不学地理，古汉语知识太少，强调这个苦功非练不可。他所期望的是博学多才，不像"复合型"那么简单。

1964 年 2 月 23 日至同年 8 月 22 日，中、苏就边界问题举行首次谈判。我方代表发言时使用了"作茧自缚""得陇望蜀"两个成语，翻译对这两个成语并不陌生，但是过于注重字面阐释，没有把"无意中陷入自己的囚笼""贪得无厌不知足"的本意说清楚，结果弄得苏方代表勃然大怒，回击说："把我们比作虫子，这是对我们的极大污蔑，我们也从未对甘肃、四川提出过领土要求。"（参见杨发金的《为国家领导人做翻译》，载于《党史博览》2019 年第 5 期）

对母语中的成语、典故、诗词、歇后语等似懂非懂，在翻译活动中就会出错、引起误会，有多少口语大师都在这方面跌过跟头；就连一些常识性的问题也需要处处留意，比如说"居士"这个词就曾经难倒过大翻译过家鼎。（参见施燕华的《周恩来指导外事翻译工作》）这种功夫需要认真修炼，一知半解是不行的。

周恩来对外事翻译工作的基本要求是："完整准确，通顺易懂。"首先是对首席谈判官的话要吃透精神，不能误读；其次是表达要符合双方的文化习惯，不能引起误解。

1957年1月，周恩来率团访问波兰。在一次群众集会上发表讲话时他说："以奥得河—尼斯河为线的波兰西部边界是和平的边界、友谊的边界。"这句话表达了他对波兰西部边界诉求的支持。翻译高玉佩漏译了"和平的边界"，这就谈不上"完整准确"。周恩来立即要求予以订正。（参见杨发金的《周恩来和他的翻译们》）"完整准确"的要求看似简单，没有一丝不苟的精神也是不易做到的。

1956年秋天，尼泊尔首相阿查利亚率团访华。北京市市长彭真在欢迎仪式上宣布向外宾献旗献礼，翻译冀朝铸精神不集中，没有翻译彭真的话。周恩来责问他为什么不翻译？冀朝铸对着尼泊尔首相应付说："要向您献礼啦！"周恩来不依不饶地说："还有献旗！"正好此时彭真的翻译宣布献旗献礼，冀朝铸就坡下驴地说："已经翻了。"周恩来严肃地说："小冀，你没有说实话！"后来，在一次内部会议上他再次严肃地说："为人一定要老实，特别是对待工作，绝对不能欺骗。如果欺骗，小则害自己，大则危害国家。"（参见杨发金的《周恩来和他的翻译们》）

冀朝铸是他所钟爱的翻译之一。正因为钟爱，更不能放松要求。正是这种严格要求，才为国家培养出一支过得硬的翻译队伍，使国家和个人同时受益。

1960年11月8日，周恩来会见古巴政府代表团团长切·格瓦拉时，后者说古巴大使正在来华的路上，翻译刘习良顺口译成："古巴外长正在来华的路上"。周恩来诧异地问："我怎么不知道？"刘习良赶紧纠正。周恩来严肃地说："你也算老翻译了，怎么连大使和外长都分不清？"（参见杨发金的《周恩来和他的翻译们》）刘习良自此不敢马虎。

给领导人担任翻译的这批人中，有很多人走上了重要的领导岗位：杨洁篪后来担任中央政治局委员、中央外事工作委员会办公室主任；王光亚出任过外交部常务副部长、国务院港澳办主任；傅莹出任过外交部副部长、全国人大外委会主任委员；冀朝铸出任过联合国副秘书长；刘德友后任文化部副部长；刘习良后任广播电影电视部副部长。他们可以在智库建设、公共外交、外语教育、笔译等诸多方面发挥自己的能量，走"旋转门"，实现华丽转身。

钱春绮学医行医，20 世纪 60 年代转为外国文学翻译，先后翻译出版了席勒、海涅、歌德、尼采诗集及波德莱尔等法国象征派诗人的诗集多部。向翻译方向华丽转身的，当然也绝不止他一人。他们有这方面的爱好、有外语及相关量功夫，转身后更能发挥特长做出成就。

2. 翻译成败看功夫

外交部翻译室副主任许晖认为，好的外事翻译是长期磨炼和积累的结果。

1972 年尼克松来访时，唐闻生的翻译令中外人士叫绝，连尼克松都把她称作"我的'中国之声'唐小姐"。

唐闻生 1965 年 4 月被选调到外交部。尽管外交部翻译室外语功夫修炼极其严格，她还是不可能很快成仙。

1966 年 7 月 9 日，亚非作家紧急会议在北京落幕。参会的 53 个国家和地区代表以及 5 个国家组织的观察员一起南下，来到武汉等候毛泽东接见。外交部为毛泽东配备的英语翻译是唐闻生。她紧张得要命，毛泽东的接见即将开始，她终于控制不住自己，几乎晕了过去。

此时，廖承志走过来轻声告诉大家："主席不准备讲话了。"神情恍惚的唐闻生这才魂归本体。

这一经历对她形成了超强刺激，她只能刻不容缓地修炼外语功夫，免得下次丢脸。

1969 年 9 月 29 日，巴基斯坦陆军参谋长哈米德·汗中将来华参加我国国庆庆典。10 月 1 日深夜 11 点 50 分，周恩来接见他，唐闻生首次为周恩来做翻译，冀朝铸坐在后面保驾。唐闻生心怀忐忑翻译得不是很顺畅，尤其是当周恩来谈到"二战"后"两个德国""两个朝鲜""两个越南"，甚至中国也没有实现统一的时候，唐闻生的相关量知识显得欠缺，翻译得磕磕绊绊。周恩来立即呼唤冀朝铸登场把她换下。

她再次受到强刺激，下决心把外语功夫和相关量功夫都练好，免得再次出现难堪的场面。

1970年11月10日，巴基斯坦前总统叶海亚·汗来访。与周恩来首次单独会谈时，唐闻生担当翻译。这时，她的翻译功底已经修炼得深厚多了。

后来，她曾长期为毛泽东、周恩来当翻译，参与了许多重大外事活动，受到好评。但还是有纰漏，比如说翻译毛泽东说的"秃子打伞无法无天"，再比如说介绍邓颖超是周恩来的"lover"（恋人、情人）等，都出现过语义和文化上的不对称。（参见陈弘诗写的《唐闻生眼里的伟人》，载于《文史精华》总第92期）

跌过跟头的人才能舍弃走捷径、找窍门的工具主义理念，才肯于用心良苦地修炼真功，才懂得成功的来之不易，才能享受成功之后万众瞩目所带来的喜悦。

当今，外交部翻译室的培训手段比当年好多了，每年从200多名新入部的年轻人中选出外语基础最好的七八个人进行培训和选拔，最后留下三四个人进入翻译室，进行两年左右的培训。前半年左右岗前培训，被学员称作"魔鬼训练"，旨在培养外事翻译应具备的综合素质。然后做一段见习翻译，从工作实践中积累经验。在此基础上，每位学员都有机会到国外高校留学进修，以便进一步了解目的语国家的语言文化和风俗习惯，以便适应将来工作的实际需要。

留学归来既不是外语学习的终结，也不意味着成了完全合格的翻译。这些人仍然难以承担重大翻译任务，只能本着先易后难、逐步提高的原则边干边学。

曾经给周恩来担任过翻译的过家鼎，后来负责过外交部翻译室的管理工作。据他介绍，除非跟随领导出访，否则翻译们每天雷打不动的工作就是打开电视或收音机，听或看 BBC、VOA、CNN 等外媒播报的消息，边听边把播报的信息完整准确地复述或者翻译出来。

翻译室会不失时机地举办各种讲座，开展翻译业务研讨等活动，借助著名翻译家的功底，帮助年轻翻译扩大视野、积累经验，加强文字基本功，不断登上新台阶。几年下来，一名年轻翻译就会逐渐成长为具有相当经验的合格翻译。当然，要成为"顶尖"的外事翻译，还需要经过长期的磨炼。这样一来，才会逐渐培养出张璐、孙宁、张京那样的优秀翻译人才。

他们中间最流行的说法是："一天不练自己知道，两天不练同行知道，三天不练全世界都知道。"平时还要多做翻译古诗词的功夫积累，不然现场那么短的时间里，根本来不及应变。重大活动对译员的要求非常高，容不得出半点差错。一名合格的翻译，无论口译、笔译，都必须具备扎实的母语和外语语言功底、宽广的知识储备及对政策的深透理解和把握。语言功底关系到临场翻译的成败，相关量知识面决定着译员的翻译之路有多宽，对政策的理解和掌握决定着一个译员最终能走多远，政策理解是外事翻译的灵魂。有真功夫的翻译才能享受到成功的乐趣。

一名好翻译不但语言文字功夫要过得硬，还要有综合分析能力和协调办事能力，不但要当好翻译，而且要兼任记录，能归纳出会谈要点，写简报，乃至做礼宾工作，做到一专多能。

在北京外国语大学读书期间，孙宁曾获第七届"21 世纪杯全国英语演讲比赛"的冠军，还出版了 3 部译著。进入外交部翻译室经受"魔鬼训练"后，公派到英国留学。进入工作岗位后为杨洁篪、李肇星等做过翻译。

2013 年 3 月 17 日，李克强举行首场记者招待会，孙宁担任翻译。他语速平缓，口齿清晰，翻译准确。他每次翻译完后，都不忘说一句："Thank you！"受到广泛称赞。他以翻译的身份出现在 2013 年 6 月的习近平与奥巴马"庄园会晤"和 2014 年 11 月的"瀛台夜话"上，被誉为"翻译一哥"。（参见 2015 年 3 月 20 日中国日报网，2019 年 6 月 29 日央

视新闻等）

前文提到的钱春绮，有深厚的古文功底，《左传》等名著都能背下来。他懂德、英、法、日、俄、拉丁、土耳其等多种外语，肯于在多种语言比较中，花费功夫解决难题。他坦言："自己读了很多很多英文的、法文的、日文的、德文的国外研究资料。像《浮士德》那样的书，德文原版的注释要比正文多一倍以上。"

钱春绮喜欢诗歌，从 14 岁起就写诗。自己是诗人就喜欢译诗。他译诗时，不但要求准确理解原文，还要借助好的辞书；对国内辞书不满意时，就借助外国辞书。比方说，他翻译《查拉》时，就借用过日语辞书。（参见 360 百科）正因为他肯下过细功夫，才能把诸如《歌德抒情诗选》《歌德叙事诗集》《浮士德》《席勒诗选》《海涅抒情诗选集》《恶之花　巴黎的忧郁》《尼采诗选》等一大批西方诗歌译成中文，让广大读者享受到西诗大餐。

诗界有句格言：诗是不能翻译的。译诗确实需要更多的再创作功夫，译者需要有高深的学问才能应对。西方有些人把译出来的诗看作是自己的作品收入文集。

外交部翻译室是翻译队伍的国家队，引领着翻译潮流。尽管不同领域的翻译内容可能千差万别，但道理都是一样的。

3. 翻译市场在社会

2019 年，我国翻译市场年估值超过 200 亿元。市场消化能力仅在 10 亿~15 亿元之间。面对利润如此丰厚的市场商机，翻译行业应该把握住机遇，外语人应该从中找到自己的位置。

同声传译被认为是翻译职业金字塔的"金顶"，人才十分紧缺。会议口译、商务口译、专业笔译等都面临人才紧缺的问题。改革开放以来，我国融入国际社会的程度越来越高，参与各种国际会议的机会也越来越多，同声翻译的国内外市场都是巨大的。每年仅在上海召开的国际会议就有 200 多场，令人应接不暇；会议旺季，会议口译供不应求，小语种的口译人才更是稀缺。

同声传译日薪通常在 5 000～8 000 元人民币，客户还要支付食宿费、机票费、地面交通费和其他有关费用。这是一项脑体并用、高难度、高技巧、高强度的工作，要求译者头脑敏捷，紧跟演讲者的思维节奏"一心二用"：耳朵听清嘴巴马上准确译出。通常的行业会议，译员要花一周时间做准备，熟悉专业词汇、了解会议背景等，提前进入角色。会议开始后，演讲人开口三秒钟译员就得开始翻译。一场同声传译通常需要三人一组配合完成，全神贯注、一丝不苟，每工作 20～30 分钟就得换人。

外交活动、商务谈判、新闻传媒、培训授课、电视广播、国际仲裁等众多领域都离不开外语口语人才。商界外语人才不但要双语过得硬，还必须懂得国际贸易规则和商品性能、储运等相关知识，没有相关量是不行的。在贸易战和贸易摩擦中，国际诉讼、国际仲裁事务日益增多，对法庭口译人才的需求也日益增多。法庭口译译员对法律知识要求较高。目前国内这一领域的高级口译人才稀缺。

笔译人才的需求量更大。翻译公司、出版社、跨国企业等机构都需要具备专业素养的文字翻译人才。多边主义对日语、韩语、西班牙语、阿拉伯语、葡萄牙语等语种的人才需求越来越旺盛，有些企业不得不降格以求。掌握法律、经济、贸易、技术等多种相关量的外语人才，已经成为"抢手货"。

科技文献翻译和中外文学互译，更需要大批有实力的笔译人才。

翻译产业是社会经济的组成部分。我国翻译队伍中大部分人擅长将外国书籍译成中文，却不善于将中国的优秀作品译成外语，这成为传播中国文化的重要瓶颈；同样，国外翻译队伍中懂中文、能翻译中国文学作品的也是少之又少，都是由于语言功底和对对象语文化背景不够了解造成的。

经过翻译家们的共同努力，已经基本扭转了原来译入为主的被动局面，目前版权输入、输出比例已经缩小到了 2.6：1。（数据来自 2018 年 10 月 30 日的《环球时报》）希望有一天这个比例能够倒过来，以彰显我们的文化实力。

2020 年 10 月，金庸的《射雕英雄传》德文译本出现在法兰克福国际书展上。译者卡琳·贝茨在我国留过学，也翻译过我国的其他文学作品。翻译《射雕英雄传》的难点，在于对儒释道及功夫理念的透彻理解。(参见 2020 年 10 月 30 日《环球时报》)该书会在西方引起较大的反响。

如前所述，本章的"九"也是多的意思，并不是职场的全部。军事领域、安全领域、情报领域、竞技体育领域等，也都是可供外语人选择的职场。在那些职场中，外语人同样会大有作为的。

第五章

功夫修炼恃有恒

前面各章的经典事例，都可成为修炼外语功夫的参照。从总体思维出发，本章还要谈谈家庭、学校、社会教育的衔接，及孩子从小到老自我修炼外语功夫的问题，用理念和榜样给学人以指引。

一、原生环境建设

好的人生离不开好的原生环境。从总体思维出发，不能无视原生环境。胎教、早教、幼教都是原生环境的重要组成部分，家长、孩子、老师都该引起重视。

1. 林林总总说胎教

胎教主要是以声波刺激胎儿的听觉器官。现代医学证实，六个月大的胎儿有听觉，有条件的家庭就可以对胎儿进行适当的胎教，每天一两次，每次 15～20 分钟，选择在胎儿觉醒有胎动时进行。成功的胎教，都是顺其自然地听听轻音乐、讲讲日常生活故事，不追求胎儿听懂，主要是对其脑发育等形成刺激，进而影响智商、情商的发育。

郑国权认为，胎教是影响宝宝一生的伟大工程。正确的胎教可以强

化宝宝的脑功能，促进宝宝的智能发育。（参见郑国权的《经典胎教范例 让宝宝更聪明》，吉林科学技术出版社 2015 年版）

美国俄亥俄州的斯塞迪克夫妇十分重视胎教，生下的 4 个女儿智商平均超过 160。他们总结的胎教经验包括：经常播放欢快的音乐或者唱歌给胎儿听，将幸福感与爱的情感传达给胎儿；随时与胎儿交谈，一天里在干什么、想什么，都说给胎儿听；给胎儿讲故事，要发挥丰富的想象力，充满昂扬向上的激情；遇到什么优美的场景，都要感情饱满地讲给胎儿听。这恐怕是每位有责任心的父母都能做得到的。

毕业于韩国外国语大学的金善姬，写了一本《培养情感的名著胎教童话》，告诉父母如何向胎儿传达爱、尊敬、友谊、信任、幸福、勇气、希望、坚持等，深受好评。笔者在拙著《外语功夫纵横》中谈到过日本、加拿大和欧洲的胎教，有兴趣的读者可以去读一读。

行家认为，英语胎教可以通过英语胎谈、英文歌曲、英语录音带、读英语童话书等方式实施，外放的音量与自己读的音量都控制在 30～50 分贝之间。父母可以轻声哼唱自己喜欢的英文歌曲，朗读英文儿歌，让胎儿享受到乐感之美，从心里喜欢上英语，为将来学英语打底色。父母阅读英文时勤奋积极的情绪和声音会感染胎儿，这不需要太高的英文水平，受过高等教育的人都能胜任。语言胎教还是以父母的母语为主，不可过于着重英语。

笔者的女儿、女婿是本科毕业生，读过一些胎教书籍，也有过胎教实践，他们的儿子出生后果然健康、聪明。他们还很好地把胎教与早教衔接起来，买了许多有趣的书，包括童话、科普、励志、外语绘本等方方面面，有空就带着孩子读书或者出游，欣赏世界各地的美好风光，为孩子建设一个好的原生环境。

早教就不是他们两个人的事了，我们这一辈人也能帮上忙。孩子出生后展现出较高的智商、情商，喜欢与人交流，爱笑，基本不哭闹。给他读诗、唱儿歌，他都能做出积极反应。抱着他走过挂在墙上的诗词条幅旁时，他把脸对着条幅，"啊、啊"地示意，让读给他听；有感情地读给他听时，他会笑笑，展现出满足感。

与一样大的孩子玩时，他总是表现出友善的姿态，不抢别人的玩具。杜医生是另一位儿童的姥姥，她注意观察后说："这个孩子的眼神与别的孩子不一样，表现出相对的成熟。"

姥姥注意培养他良好的生活习惯，他基本不尿床，尿不湿也很少用；身心发育健康，从小就有自强意识，九个月大就自己拔起站立，把四腿小板凳翻过来当学步车，推着学走路；十个月就会说话、走路。他称呼"妈妈""爸爸""姥姥"都说得比较顺，称呼"姥爷"有一定困难，就简称"爷"。不是别人教的，是他自己琢磨出来的。会说话之后，就更便于教他唱歌、看图、背儿歌、背四句短诗等，也给他买了有声的英语挂图，让他跟着学说家族成员、警察、老师等人称以及水果、蔬菜名称，他很感兴趣。

早教都是根据他的兴趣爱好进行的，没有强迫他背书、学文化，仅限于学儿歌、讲故事的范围，他对故事很感兴趣。两岁时，与几位小朋友一起请过一位外教。他对于边讲英语边做游戏很感兴趣，也非常喜欢那位老师。课时量控制在每周两小时，可惜持续时间不长，就因为其他小朋友退学而没能继续下去。

因为身心发育健康，他的运动功能突出，滑板车一到手很快就能熟练运用，还能玩出花样；在沃尔玛见到童车就要骑，姥姥扶着骑两圈自己就会骑了，转弯也很灵活。是他先会骑车才给他买车的，而且很快就拿掉了辅助轮。他脑体协调，有很强的接受能力，在学校教育中易发挥出优势。

老师讲一样的课，为什么学生的收获大不一样？关键就在于理解吸收能力。这是一种必备的学习功夫，比死记硬背高出好几个档次。

上幼儿园、上小学后，他对武术、跆拳道、游泳、滑冰、溜旱冰、滑雪、滑翔、网球、足球、篮球、乒乓球等体育项目都感兴趣，这些方面的表现很出色；还喜欢爬山、野游、骑马、军事夏令营等项目，都有不俗的表现。

在幼儿园里，他是仅有的几位升旗手之一，在双语学习、文体活动、绘画、手工制作等方面都很出色。在小学初年班级里，他的生日最小，却处处表现出众。他和大人一起读了许多书，知识面较宽，识图能力很强，乐高的说明书自己基本能看懂，能组装起飞机一类有难度的玩具，魔方、变形金刚也玩得很溜。做小学生奥数题基本不太困难，还能用母语写小诗、用英语写短文，自编口语故事讲得也很有味道。还担当过学校联欢晚会的小主持人，与高年级的大哥哥配合得很默契，情商有了进一步的发展，懂得关心别人，包括他的玩伴。听说姥爷要自费出诗集，立即把他的压岁钱全部拿出来予以赞助，表现出大度情怀。他崇拜《三国演义》中智勇双全的赵云，把赵云像画下来挂在自己的房间里，让爸爸给他买了赵云的服装和长矛，时常穿上那种服装、拿起长矛戏耍；还写了两首赞美赵云的小诗，读起来很顺口。

2020～2021年，他读小学三年级，老师说他的作文达到了小学六年级的水平，因为学业成绩优异而获得"老虎学者"称号。校方的评语是：他能有效管理时间，是一名鼓舞人心的学生，所有学科的目标都很高，一直在成长和进步。

爱因斯坦说过："孩子生来都是天才，往往在他们求知的岁月中，是错误的教育方式扼杀了他们的天才。"（转引自2019年4月18日第一范文网）

木村久一的著作《早期教育与天才》，被教育界奉为家庭教育的"圣经"，日本皇室夸奖他成功地提升了一代日本国民的素质。

木村认为，儿童的潜能是不断递减的，环境对孩子的成长产生了决定性影响。家庭是最好的学校，父母在子女教育问题上负有重大责任和义务；早期教育能激发孩子的潜能，使孩子、家庭和社会同时受益。

他的书译成中文后多次再版，刘亦婷的父母、陈勇豪的父亲等人，都把这本书奉为至宝，将其理念运用到了对子女教育之中。

陈勇豪13岁考入东南大学少年班，16岁以第一名的成绩成为清华研究生。他父亲说："从先天基因来讲，我儿子是一个普通智力的孩子，但

是科学的教育改变了他的智商，使他最后变成了智力超群的人。"（参见百度百科·清北状元学习法）

当代奇才曹原，一个月读完初一，三个月读完初二，不到半年读完初三，一年读完高中。2010 年，他 14 岁时考入中国科学技术大学少年班。曹原受到的早期教育也包含外语教育。后来，牛津大学陈宇林教授推荐他到麻省理工学院深造，他 21 岁便获得麻省理工博士学位。

2018 年 3 月，曹原研发团队经过反复实验成功地实现了石墨烯的"超导电实验"，破解了困扰全世界物理学界 107 年的世界难题！（同上）

早期教育研究表明：每个孩子都有巨大的潜能，家长和老师的责任是将其内在的良知和潜能唤醒。对于孩子的健康成长来说，父母的付出格外重要。读有关胎教、早教的书，如果不立足于艰苦付出而想投机取巧，是不可能获得成功的。三天打鱼两天晒网不行，持之以恒的功夫尤其可贵。

有一位在日本留过学的高校领导，口才很好，到处发表演说，除了不屑地说："翻译不就是工具吗？"还无视胎教、早教的功用，大肆宣扬说："学前、学前，搞什么教育？你看西方的孩子童年都是玩，玩够了上大学就不玩了，才有出息。"（参见腾讯视频）回顾一下历史就会知道，没有一位中外名人是玩着进大学然后成才的。不学无术的二流子、小混混是要危害社会的！我们必须警惕这种误导。一名教育工作者可以指点迷津，但不可以鼓动别人走小路、抄捷径；选择省力气的路，这多半是死路一条！无视原生环境建设，就不可能导致成功。

2. 古今中外说"浸泡"

《孟子·滕文公下》中谈到了方言教育。其大意是，楚国大夫想让儿子学齐国方言。谁来教呢？当然是请齐国人教为好。如果在楚地就学，一位齐国人教他，周围的楚国人都嘲笑他南腔北调，你即使打他也学不好；如果把孩子放在齐国境内数年，他自然就学会了。

孟子所阐释的就是"浸泡法"，符合实践第一的哲学理念。在同样的内因条件下，全"浸泡"等于到外国去留学，从早到晚、从生活到学习、工作和交流，完全"浸泡"在外语环境之中，逼迫你必须用外语，日久天长就"泡"出来了。

赵元任被誉为"中国现代语言学之父"，会说 33 种汉语方言。他的出生地天津俗有"卫嘴子"之称，很多有天赋的相声演员出自那里，大环境的"浸泡"起到了至关重要的作用。其父赵衡年为晚清举人，笛子吹得很好，很有音乐天赋；其母冯莱荪善诗词及昆曲，有一个好的原生环境。如同前文提到的黄鹏学唱，耳朵得到了充分训练，形成了学习语言的第一基础。他又对方言兴趣十足，积极模仿、不吝运用，又有极强的记忆力，学会了就终生不忘。

他在天津、北京、保定等地居住过，不知不觉就学会了那里的方言。5 岁时回到常州，跟着老师用常州话朗读背诵四书五经，常州方言就成了拿手活。后来，他从姨妈那里学会了常熟话，从伯母那里学会了福州话……

从少年时期起，赵元任便开始在日记里玩文字游戏。学习英语后，便将英文掺杂在方块字中间，其中有太多造字和符号，把各种语言和方言混用。他 15 岁时考入南京江南高等学堂，跟着南京同学学会了南京话。在一次宴席中，他居然能用 8 种方言与同桌的客人交谈。

更重要的是他几乎走遍了全国，每到一地，他都认真学习那里的方言，并且练习着用当地方言介绍那里的名胜古迹和土特产品。

1909～1919 的十多年间，他在美国留学、任教。十多年间他凭借语言天赋和勤奋修炼功夫，不但学会了数种外语，而且掌握了外语的相关量，使用外语游刃有余。他与罗常培、李方桂历时多年，把瑞典著名汉学家高本汉的《中国音韵学研究》翻译过来，对汉语音韵学的发展起到了重要的推动作用。中国传统语言学一直没有建立起独立的语法学体系，赵元任第一个使用美国结构主义语言学理论和方法来研究汉语语法，也弥补了美国结构主义语言学重形式而轻意义的不足。

1920 年 10 月，英国哲学家罗素访华，赵元任担任翻译。在将近 10

个月的时间里，罗素在北京、上海、杭州、南京、长沙等各地讲学，演讲内容涉及高等数学、逻辑学、哲学、教育学等相当广泛的内容，赵元任翻译得却游刃有余。

任何一个孩子都毫无例外地"浸泡"在家庭和社会环境之中，不一样的家庭就会产生不一样的"浸泡"。父母对孩子的影响比任何人都深刻。毛泽东家"浸泡"出来的孩子，信奉"为有牺牲多壮志"，家国情怀超越常人；从人生底线出发，也没有损人利己、发不义之财的。

在"书香门第"中"浸泡"过的孩子，往往更有见识、更有发展前途。司马迁、班固兄弟、蔡文姬、李清照等人的成才，都有家庭"浸泡"因素；百代传承的千年望族吴越钱家，是个典型的"书香门第"，出了许多钱学森那样的大师级人物；还有金庸查家、鲁迅周家、王羲之家、徐光启家、梁启超家、吴宓家、陈寅恪家、贝聿铭家、杨振宁家等，都是经由家庭"浸泡"而人才辈出的。外国也是一样，托尔斯泰、丘吉尔、达尔文等，都出于"书香门第"，"浸泡"功夫不可忽视。

但丁说："要是白松的种子掉在石头缝里，它只会长成很矮的小树。但是它长在南方肥沃的土地里，就能长成一棵大树。"（参见笔者的寓公新浪博客 2018 年 8 月 20 日、2020 年 6 月 25 日两篇博文）但丁强调的也是原生环境。

既往的"书香门第"是一些特权阶层的专属品。现今大学教育已基本普及，只要愿意，多数平民百姓都可以建造起自己的"书香门第"，为孩子营造出发育成长的良好环境。

家庭"浸泡"的主要内涵就是通过亲子阅读，让孩子感受到知识的甜蜜。美国儿童阅读专家吉姆·崔利斯所写的《朗读手册》的扉页上写着："你或许拥有无限的财富，一箱箱的珠宝与一柜柜的黄金，但你永远不会比我富有——我有一位读书给我听的妈妈。"妈妈比教皇更伟大，在培育孩子方面的作用无可替代。

亲子阅读必须从童年开始，开始得越早，"书香"就越能滋养和浸透儿童天真无邪的心灵。米哈尔科夫的一篇名著，题目就是《一切从童年开始》。他说："无论孩子们的家庭生活和学校生活多么有趣，如果没能读到一些珍贵、美好而又有趣的书，那么他就等于被剥夺了童年时期最可宝贵的财富，这种损失是无法弥补的。""读一本适时的好书，能够决定一个人的命运，或者成为他的指路之星，他终生的理想可能就在阅读中生成。"

童话、传说、诗歌等，都是适合童年阅读的书籍。孩子如果不能适时读到这些书籍，以后再读，也很难像童年时期那样为书中的情感所打动。如果缺少了这种童心上真情的传递和灵魂上的震动，孩子的精神世界就会有所缺欠，人格发育也不会完整。

乔斯坦·贾德在《苏菲的世界》里说："最明智的父母，莫过于在让孩子吃饱穿暖之后，给孩子购来最好的文学书籍，放进他们的卧室，一旦有空就读给他们听。这是一件比什么都重要的事情。"（上述见解参见笔者拙著《外语和多彩人生》第10~14页）

婴幼儿的外语教育，尤其要重视"听"的训练。孩子出生后一年左右的时间里，通常还不会说话。此时可以通过亲人单方面讲话，使他逐步熟悉语言，但是这种交流的时间总是有限的。如果利用音像资料，就可以在大人忙其他事情的时候，对孩子进行听力训练，形成充分的"浸泡"。

听和看都是信息的输入，都不可缺少。如果能够听得入耳，听出声音的色彩，听出语言的美感，听出语音变化的节律，那么学起语言来，就会感到轻松愉快，就能记得牢、说得出、用得上。

家庭外语环境建设是"浸泡"的必然要求。一方面要通过挂图、房间装饰等建设一个赏心悦目的外在环境，形成良好的外语氛围；另一方面要通过做游戏、读卡片、猜字谜、讲故事、朗诵诗歌等，引导孩子对外语产生兴趣，再定出学习规划，教导孩子守秩序、养成良好的习性。建设一个良好的内心环境比外在环境更难，然而也更管用。（上述见解参见笔者拙著《外语和多彩人生》第109~110页）

外语教育从儿童抓起易见成效，因为此时儿童没有母语、外语的概念，不会产生语言障碍，口舌肌肉和声带等器官也容易得到相应锻炼。

成人之后再学外语，相对就难了，就像乡音难改、方言难学一样。

"浸泡"，大人也不能例外。外交部翻译室的翻译，每天也要坚持"浸泡"数小时，否则功夫就会退化。

3. 无限动力在志向

马戏团的大象，演出后被拴在小木桩上，它并非没有气力拔起木桩逃进森林获得自由，而是从小就习惯于守着小木桩，心甘情愿地被人奴役。人也一样，许多人都习惯于守着熟悉的地方、熟悉的景色，过安稳日子，不敢到世界上去闯荡，因而无法获得新生活。

西方传教士是个敢于闯世界的群体，他们学汉语的动力来自传教，所以比当年的许多外交官都学得好。

周恩来从小就立志"为中华之崛起而读书"，敢于到西方去搏击风浪，把母语、外语都学得十分出色，成就了共和国总理和外交家的伟大事业。

谈到志向动力，我们应该见识一文一武两个人：钱伟长和刘伯承。

1931 年，钱伟长报考清华，语文、历史得满分，数、理、化三科总共考了 27 分，物理只得 5 分。"九一八事变"爆发让他见识了日本侵略者的飞机大炮，他决心改学物理，造出飞机大炮对付侵略者。系主任给他一年试读时间，要求他每门功课达到 70 分。他刻苦攻读一年，主要靠自学，成绩名列前茅。由试读转正后，又以第一名的成绩考取了该系的研究生，而后到多伦多大学深造。完成学业后，应"世界力学之父"冯·卡门之邀，于 1942 年来到美国，与钱学森成为同门。（参见 2015 年 5 月 12 日蝌蚪五线谱等）学成后回来报效祖国，成就卓著。

刘伯承早年就读于将校学堂时，以学业出众、举止端正、操守有持、恶习不沾而闻名全校，被誉为军中"菩萨"。

1916 年 3 月攻打丰都时，他右眼中弹失明。疗伤时，为了不损害脑神经，他坚持不施麻药，强忍着钻心的疼痛接受手术治疗，被主刀的德国医生称为"军神"。

在 1923 年参加讨伐北洋军阀吴佩孚的战争中，他右腿负过重伤。

他是南昌起义的主要负责人之一。起义失败后回到上海，受党中央委派到苏联留学。已经年过 35 岁，拖着伤残之躯要过外语关，必须有坚强的毅力和十足的勇气。在高级步兵学校欢迎仪式上，他致答谢词时说："中国革命事业暂时遭受挫折，党派我们来到列宁的故乡学习，这是极大的荣幸。我们要努力学习，勉作布尔什维克，国内革命事业在等着我们。"

他抓紧一切时间背单词、整理笔记，旨在能够直接阅读俄文书籍、听懂教官的课。他自备了一个单词小本，随时随地学俄语；每天在手掌上写满生词，完全记熟后再换新词。莫斯科冬天是寒冷的。他每天清晨早早就来到操场上读俄语；夜间别人都睡觉之后，为了不影响同伴休息，他还用毯子支起"小帐篷"，在里面学习。他那只假眼球把他的眼窝磨得生疼，不得不把它取下来，继续看书，日复一日俄语功夫不断长进。

在写给国内朋友的一封信中，他说出了这样的心里话："余年逾而立，初学外文，未行之时，朋侪皆以为虑。目睹苏联建国之初，尤患饥馑，今日已能饷我以牛奶面包。每思川民莱色满面，'豆花'尚不可得，更激余钻研主义、精通军事以报祖国之心。然不过外文一关，此志何由得达？乃视'文法'为钱串，视生字如铜钱，汲汲然日夜积累之；视'疑难'如敌阵，惶惶然日夜攻占之，不数月已能阅读俄文书籍矣。"

经过半年的努力，他的俄语功夫已经大有长进，能直接听懂教官讲课、直接阅读俄文教材了，成为全班阅读和翻译能力最好的一个人。

鉴于他的学业成绩和个人经历，后来，组织上安排他进入伏龙芝军事学院深造。自此，他的学习更加勤奋。他懂得，这种学习机会十分难得，所以要争取时间多学点东西。党随时可能叫他们回去参加战斗，那时就不可能有那么多时间、那么安定的学习环境了。他攻克了俄语后，学习军事理论更加得心应手了。

他还利用学到的俄语功夫阅读了大量马列著作及军事名著，使自己的理论水平和军事素养有了较大提高；此间，他还翻译了《苏联步兵操典》，以备回国后作为训练自己军队的教材。

1930 年 8 月，他应调回到上海担任军委编译科长。后来到中央苏区任中央红军参谋长兼红军大学校长，为我党培养了大批军事人才，主持编写和翻译了大量军事著作，编写了红军最初使用的条令和教程，撰写了《游击战与运动战》《目前的战术考察》《现在游击队要解答的问题》《到敌人后方开展游击战争的几个教训》等著述，留下了 390 万字的军事著作及 190 万字的译著。战争年代，在油灯下，恐怕有一两本字典就不错了。"游击战"直译为"黑猩猩战"，他根据"高机动性作战和突然进攻"的特点，参照《史记·李广传》说的"李广擅游击"，定义为"游击战"，使"黑猩猩战"本土化了。

他最大的爱好就是读书。直到 70 多岁，还是早晨 5 点钟就起床，打一套拳后，接着朗读外文。他的俄文、英文都很好。（参见 2014 年 3 月 27 日、2018 年 12 月 6 日《人民政协报》，2012 年 12 月 18 日、2013 年 7 月 10 日人民网，2017 年 8 月 22 日《北京日报》等）一位指挥千军万马决战疆场的统帅，带着伤残之躯在翻译领域驰骋，很少有人能够做到。人生志向导引了成功。

学外语动机要纯正，以提升生命质量、维护国家安全为己任，不是为了混饭吃把外语当作工具使用，这样就不至于期望不花或者少花力气，靠"神仙超度"取胜了。常言道："学上而得中，学中而得下，学下而得下下。"要想习练上上真功，就得有超越前人的志气，敢于创新、敢于突破、独辟蹊径，创造出属于自己的新境界。这就是"入门正""起点高"的应有之意。

要想学好外语，也必须紧扣母语、文学、史学、哲学、法学、美学、科技、修身、健身等相关量，一心多用，相得益彰。同期到国外留学的人差异很大，除了外语功夫本身外，相关量也是拉开距离的决定性因素。这些变量之间往往是水乳交融的，不是"复合型"就能解决的；变量的主次关系常常是相互转换的，不以外语为业的人，外语不会居于主位。毛泽东没有留学经历，但他的相关量功夫超过常人，外语学习仍有功效，人生色彩依旧灿烂；蒋介石留过学，可是他的相关量不行，依旧功效有限。

辩证地说，人既不能无视相关量做"独眼怪物"，也不能遍地开花，平均使用力量。没有主次、不知道主次相应转换，就是不懂辩证法的表现，是根本做不成事情的。

外语的应用，涉及政治、经济、文化、国防、外交等诸多方面，与国家战略紧密相关。学有目标、懂得应用，有的放矢，以捍卫国家和民族权利为己任，才能学有动力，学到真功夫。外语"浸泡"过的生命，视野宽、舞台大、生命质量会更高、色彩会更浓，也会更有作为。

4. 双重磨砺

初涉人世的孩子还不懂得自我塑造，有时连是非都弄不清，需要父母像人生导师一样指引、雕塑，让他们经历思想上、意志品质上的双重磨砺。别以为大师级人物从小每一步都走得正确。

美籍华裔物理学家朱棣文，父母很想教他学中文，但他有强烈的抵触情绪，父母只得放弃。后来他多次出入中国，深切感受到不懂中文的不便。

2004 年 6 月，第四届全球华人物理学大会在上海召开。丁肇中用中文报告科研成果，令坐在台下的朱棣文又羡慕又惭愧，后悔当年没听父母的话。（参见笔者寓公新浪博客 2020 年 8 月 8 日博文）再聪明的孩子，幼小时未必懂得将来的需要，需要父母指引。

激励性教育给人以自尊、自信，尊重了人的兴趣和爱好，顺应了人才的成长规律，承认了内因的决定性作用。

激励有正、反两种：对于孩子进步的褒奖，属于正面激励；对于孩子错误的惩罚，属于反面激励。不管是哪种激励，对于人的励志、奋起、提升和成功，都有巨大的推动作用。

人类从来都不缺乏向善、攀升、自尊、自强的力量，但是有时也需要外界刺激把它激活。人生是五味的、多彩的，所以激励也不可能都是鲜花、糖果和掌声。尽管磨难往往出于不情愿，却是人生经历中无法回避的考验。经得起磨难，就会像孙悟空那样炼成"火眼金睛"；经不起磨难，便会一事无成。

生在今天的孩子，父母应该有意识地让他们吃些苦，自觉经受磨难，锻炼在最低水准下的生存能力；也包括利用假期，让孩子在短时期内到条件艰苦的地方去磨炼，在了解社会的同时，提升自己的体能和生存能力。

磨难首先是对意志力的锤炼。孩子只有经受过磨难的考验，才能有韧性，才知道在困难的局面下怎样去夺取胜利。磨难还会对脑神经形成强烈刺激，从而提升人的智商，使人变得聪明起来。翻一翻名人故事你就会发现，不少像居里夫人那样的名人，不只是经历磨难，甚至要跨过不幸的考验，才更加坚毅执着，才更聪明，才能走向成功。

冯奚乔曾经是一个令人感佩的名字。他出生于高级知识分子家庭，17岁考入北京大学，20岁进入哈佛大学读研，并荣获该校优秀研究生奖。23岁在著名物理学刊上发表学术论文，备受学界追捧。26岁获得博士学位，27岁成为加大洛杉矶分校的助理教授，后转为教授，在8年时间里发表了80多篇优质学术论文，被捧为天才。

他一路顺风顺水，没有经历过思想上、意志品质上的双重磨砺，对西方文化领会不深，遇到婚恋感情上的波折，就承受不了，34岁跳楼自杀，令人扼腕痛惜。（参见腾讯网的相关报道）

折磨是军校最具特色的文化之一。超极限体能训练、训斥辱骂，几乎是美国军校的家常便饭。就读于美国德州 A & M 大学军校的郭晏均，对于军校的"折磨文化"印象深刻。他回忆说："一天凌晨，同学们睡得正香，教官们大呼小叫地闯进来掀掉每个人的被子，高喊：'集合！集合！'外面正下着瓢泼大雨，队伍集合起来先是冒雨跑步，然后就在泥水里做俯卧撑，接着又是跑步。几经折腾，教官们还觉得不够，又把我们带到泥潭边，让所有人都迅速滚进泥潭……"（参见笔者寓公新浪博客2011年11月16日博文）

张文思把美国南加州要塞军事学院称作"魔鬼军校"，他在那里读过商科。他把开学第一周称作"炼狱周"。其他时间也是早上 5 点半起床，晚上 12 点就寝，"魔鬼"式训练必不可少，退学率高达 40%。社会对于该校的精英式教育认可度很高，其毕业生基本活跃在军界、商界、警界和司法界。据张文思说："西点军校也把商业高管作为其培养目标之一，体能和精神上抗打击能力，也是成功者必备的生存本领。"（参见笔者寓公新浪博客 2011 年 11 月 16 日博文）

中国民营企业万象集团总裁鲁冠球的外孙莫凡，为了磨炼意志，养成能吃苦、守纪律的习惯，来到美国一家民办军校留学。家长希望，通过美国军校的严苛训练，磨炼孩子的意志品质，将来无论是自己创业，还是接管家族帅印，都能经受住严酷现实的考验。（参见笔者寓公新浪博客 2011 年 11 月 16 日博文）

你看任正非，古稀年纪肩负着民族希望，既要面对行业竞争，更要抵御美国等西方政治势力的无情打压，还要忍受女儿被无理扣押之痛，如果没有思想和身心上的修养，能抵御得住吗？

5. 千分之九百九十九

中国历来就有"爱子如杀子"的说法。这是前人吃过苦头后总结出来的经验教训，今天的人如果不相信这一套，就必然重蹈覆辙。

过分宠爱就是溺爱。溺爱会无端地排斥来自别人的真爱，像赵太后那样总以为只有自己才算"真爱"，别人的爱不到位、不达标、不够"宠"、没有"百依百顺"，甚至会把别人的真爱当作苛刻加以排斥。

溺爱会导致孩子的性格变态，最常见的表现就是自私自利。自私自利就是万恶之源，它可以演化成暴戾恣睢、六亲不认，既无同情心也无感恩之心，更无进取心；有的只是赖堕、贪欲和巧取豪夺，为了一己之利，甚至可以置他人的生命于不顾。

很多所谓的儿童教育专家都把卢梭的忠告置于脑后，企图把懵懵懂懂的孩子打扮成无比圣洁的"精灵"，觉得对孩子"百依百顺"还是不够的，应该削足适履地去迁就、满足孩子的所有需要。人类积累起来的经验在他们那里统统作废，做父母的只有反省自己、改造自己去适应孩子任意妄为的份儿，没有教育引导的权利。这样的"引路人"，岂能不把孩子引向罪恶的深渊？

儿童的世界是美好的、圣洁的，同时也是十分脆弱的，容易走偏。这一时期，孩子往往还不能正确辨别善与恶、美与丑、对与错，更难以抵御来自各方面的诱惑。如果父母不加以正确引导，就很容易走偏方向养成坏习惯，而后会逐步酿成大错。

古人说："勿以恶小而为之，勿以善小而不为。"人的善恶都是从小逐步积聚起来的。小的时候不彰显，但总归是善恶的源头。不要幻想"树大自然直"，从小就要把住善恶的关口。行为操守要时刻用善恶去衡量，读书、讲故事时，要不断用扬善除恶去引导孩子。

爱因斯坦说："我每天上百次地提醒自己，我的精神生活和物质生活都依靠别人（包括活着的人和死去的人）的劳动，我必须尽力以同样的分量，来报答我领受了的和至今还在领受的东西。"（参见百度文库）他所作出的贡献，原因之一就是知道感恩、立志回报人类社会的缘故。

生命的成长需要老一辈人用生命陪伴、用心血去浇灌。2008年，南京人何烈胜家生下一个不足4斤的早产儿，脑蛋白低下、脑中有血管瘤、左脑出血、脑水肿，医生曾怀疑是"脑瘫"，在新生儿重症监护室住了一个多月。

何烈胜不甘心儿子痴呆，想方设法想让孩子恢复健康。出院后他就把儿子放进温水里让他"游泳"。当日，儿子哭闹不止，还拉肚子。他狠下心来，坚持让儿子戴着游泳圈泡在水里，由每天10分钟逐渐增加到20分钟、40分钟；6天后，儿子不再哭闹，脸色也红润了。

几个月后，他决定给泳池降温到25℃，以便对孩子的大脑形成强刺激。经过一段时间的训练，孩子的身体越来越强壮，头脑反应越来越敏锐，情商、智商都得到相应的发展。

他把"鹰式教育"理念用到儿子身上，让儿子1岁暴走，两岁爬钟山，3岁在雪地里裸跑，4岁独自驾帆船出海，5岁开飞机，6岁写自传，

7岁徒步穿越罗布泊无人区，9岁小学毕业，12岁从南京大学本科毕业，准备同时读硕士、博士……人称"鹰爸"的何烈胜让儿子实现的暴风式成长，很快认识了3 000多个汉字。

儿子何宜德每天早晨6点半起床。起床前20分钟，家里开始播放音乐，让他养成听到音乐就能自动醒来不赖床的习惯。父亲把天棚利用起来，孩子躺在摇篮里就能看到上面的油画、书本和爸爸的照片。早8点到晚上8点半，一共10节课，除了文化课、棋类等开发智力课及跆拳道、武术等健身课外，上下课接送途中也利用起来"讲故事"。还有外出旅行和广场活动等与他人交流的时间，甚至还有逛金鹰商场活动，从小就培养经商意识。何宜德每节课都在自学，培养起很强的自学能力。

教育的最大误区是忽视了对孩子的唤醒教育和自我教育。"鹰爸"正好抓住了这一点。南京市教育局中小学生学习力研训中心主任谷力长期将何宜德作为研究对象。他认为，何宜德在情绪控制、自律、专注方面都优于常人，性格平稳，没有大喜大悲，有强烈的目标意识，已经培养出一位成功人士所具备的优秀品质。（参见笔者寓公新浪博客2020年7月6、11、12、21日四篇博文等）如果不能从灵魂最深处去感悟生命的神奇，就不能理解教育的真谛。

与"鹰爸"类似的还有"虎妈""狼爸"等，人们容易看到他们苛刻一面，不大关注他们所推行的正确理念和艰苦卓绝的付出。如果他们自己不是一位追求上进的成功者，如果他们不是用自己的身教去影响孩子，如果不是在孩子教育方面有更多的精力投入，而是一味简单地折腾、走捷径，会有效果吗？

托尔斯泰说："全部教育，或者说千分之九百九十九的教育都要归结到榜样上，归结到父母自己的端正和完善上。"（转引自2019年5月10日慧玲家庭教育）

英国著名真人秀女明星杰德·古迪有自己的系列节目和以她的名字冠名的化妆品，出了自传，还有位于埃塞克斯的豪宅，豪宅门前停放着她最钟爱的奔驰、宝马等名车，此外，她还以靓姐身段登上了某些杂志的封面。其美貌曾经让文莱王子阿奇姆为之动容，送给她一枚价值 300 万英镑的钻戒。

这样一位风光无限的人物，却因为恶劣的原生环境毁了一生。童年时期，她父亲长期在监狱服刑。他吸毒、藏匿枪支，最后因过度吸毒死在厕所里。她母亲也吸毒成瘾，还是一位同性恋者，因为车祸失去了一只手臂。

受父母熏陶，杰德从小就接触毒品，承担着本该父母承担的家务，没有童年，文化水平很低。成名后依然粗鲁浅薄，以为里约热内卢是个小伙子的名字，把开心果当成一位著名画家的名字。作为土生土长的英国人，还以为剑桥在伦敦，当别人告诉她剑桥在东安格利亚时，她误以为在东安哥拉。更可笑的是，她把雪貂当成鸟类，以为萨达姆是位拳击手。她粗鲁地对待一位印度同事，引起过外交事件。她的放荡使她过早地患上了宫颈癌，年仅 27 岁就失去了宝贵生命。

英国《独立报》称她为"肮脏的荡妇""头号人民公敌""英伦最让人讨厌的女人""妖怪"。（参见《看天下》总第 101 期的相关报道）家庭"浸泡"毁了这位很有才艺的美女一生。

任何一个家庭，父亲都应该是刚毅、正派、勇于担当、勇于献身的角色。父亲如果能够拥有这些品质而又不缺位，孩子们的胆气和品行就不会差。

美籍韩人全惠星博士说："父亲应该象征着一种雄性力量，雄壮、威武、勇敢、进取。父亲应该是严格的、权威的，有时会令孩子觉得害怕。一方面，他要扮演督促、惩戒孩子的角色；一方面，他也是勤奋、忠诚的榜样。而父亲对于爱的表达，也有自己独特的方式。这些都会让孩子获得从母亲那里得不到的力量。如果父亲角色的缺失，孩子在成长过程中只接触到母亲，即使母亲的关怀再无微不至，也不能同时扮演好两个角色。那么，这样家庭的孩子就会显得柔弱、女子气重。"（参见笔者拙著《外语和多彩人生》第 19 页）

人类社会是讲规矩的，法是一条不可逾越的红线。法也是罚，其中包括剥夺罪犯的生命，是一种不得不实行的震慑。没有它，社会秩序就无法维持。

事实证明：知深浅、懂规矩的人更容易适应社会；放纵的"野马"不但会给社会带来灾难，也会导致自身的毁灭。

如果说"鹰爸"的教育是一种挑战的话，那么真正具有挑战意义的就是责任心。通过无私付出拯救出来的不只是自己的一个孩子，也为其他家庭提供了镜鉴。

美国教育家布丽吉德·舒尔特认为，美国父母花在孩子身上的精力不比其他国家少，尤其是母亲，几乎把业余时间都用在教育子女上了。

美国前国务卿希拉里说：她"最引以为自豪的身份，就是母亲。"美国前总统奥巴马的夫人自称，她也是"虎妈"。

一个人的成功绝不仅仅是自身受益，孩子的成功更能推动社会进步，也是父母成功的重要组成部分，儿女的成功能使父母的夕阳更辉煌。

有的父母一有空闲就去聚会、喝酒、打麻将，把孩子扔在家里不闻不问。孩子学坏了不只是危害家庭，也会危害社会。凡是做父母的人都要有为孩子做出某种牺牲的心理准备，用自己的一部分生命代价为孩子创造一个利于成长的物质环境和精神环境。这就是父母之爱，不为人类独有，动物也不例外。

福禄培尔说："国民的命运，与其说是操纵在掌权人手中，倒不如说是握在母亲手里。"（参见福禄培尔的《慈母游戏和儿歌》，见于百度文库）超凡的母爱、用心的父教，不但掌控着孩子的前途和命运，同样也决定着国家和民族的前途和命运。

爱，不只是物质的赠予，更表现在情感的投入上。曾任英国撒切尔夫人内阁运输大臣的诺曼·福勒，写过一篇《当好父亲更重要》的文章。他说："不要总以'责任''权利'为借口，使自己远离孩子，而要跟孩子们在一起。无论是'好时光'，还是'坏时光'，作为父亲都要与家人分享。"

诺曼·福勒发现，无论孩子多大，都需要他这个父亲。所以，在当内阁大臣还是当个好父亲的选择上，他毅然辞去了大臣职务，回到家里

当个好父亲。（来自笔者寓公新浪博客 2011 年 11 月 14 日博文）

我们真诚地希望，中国父母也能认识到：教儿育女比当官更重要，你在家庭缺位没人能够补位。

二、一切从母语出发

外语人常犯的一个大错误，就是忽视母语。而母语不只是人生的出发点，而且会左右人生，成为人体内成功与失败的基因符号。与尊重母语相比，外语学习方法不过是雕虫小技。一位好老师向学生传授一切从母语出发的正确理念，告诫学生学外语不忘母语，比讲几个外语学习小窍门重要得多。

1. 母语如"母乳"

汉语文化是我们世代相传的文化基因，是我们的立身之本。即使你走遍天涯海角，它仍旧会在你身上发挥着独特的作用，使你与其他民族的人显现出差异来。

外语是你进入新世界的门户，它会为你敞开一片新天地，让你的生命升值。母语是外语的基础，彼此同为重要的相关量，决定着彼此功夫的深浅。一个用母语和外语双重功夫武装起来的人，他的思维更缜密、文化视野更宽广，才能成为适应现代生活的世界公民。

无论是鲁迅、郭沫若、茅盾、巴金、钱钟书等文学大家，还是赵元任、林语堂、季羡林、许国璋等外语精英，还是钱学森、郭永怀、杨振宁、屠呦呦等顶尖科学家，还是孙中山、毛泽东、周恩来、习近平等领袖人物，都是在国学经典乳汁的喂养下成就一番大事业的。"母乳"具有不可替代性。

尼采说，母语是"真正的教育由之开始的最重要、最直接的对象"，良好的母语训练是"一切后续教育工作"的"自然的、丰产的土壤"；教师应当使学生从少年时代起就严肃对待母语，"对母语感到敬畏"，最好还"对语言产生高贵的热情"。（转引自 2012 年《咬文嚼字》合订本第 1 页）

作为德国人，尼采曾抱怨德国青少年不是向德语经典作家学习母语，而是从媒体那里学，使得他们"尚未成型的心灵被印上了新闻审美趣味的野蛮标记"。（参见 2012 年《咬文嚼字》合订本第 2 页）今日，只知道浏览手机的人更该认真对待这一忠告。

要抓住婴幼儿黄金期从小学习国学经典，重视有知识的祖辈的启蒙作用，不要等到上幼儿园再开始学文化。当今，好多婴幼儿在与祖辈的玩耍中就学会了古诗词、《三字经》《弟子规》。古诗词中的冲天豪气犹如母乳会给孩子以精神滋养，这如同师从贤哲，从人生起步就站在文化巨人的肩膀上，从高起点展开人生，为以后的人生道路打下坚实的基础。

《三字经》是一部高度浓缩的中国文化简史。它与《百家姓》《千字文》合称为"三百千"，都是儿童启蒙的好教材。钱文忠提倡国人读《三字经》。1990 年，联合国教科文组织将其选入《儿童道德丛书》，向全世界发行和推荐。（参见山东大学商学院法律系弘毅国学社的《三字经》介绍，来自百度百科）学好这本书，就等于将中国文化史纲记在脑子里。

《弟子规》中的"规"，就是"行为守则"。其主旨在于教育孩子从小懂礼貌、讲诚信、尊敬父母和师长、友爱兄弟姐妹、与他人友好、平等相处；人有这种修养，有利于家庭和睦、社会和谐。所以说，《弟子规》是一个人与社会接轨的通行证，能为孩子的人生成功奠基。

《千字文》是用 1 000 个不重复的汉字写成的韵文。它语言优美、文辞华丽、脉络清晰，涉及自然、社会、历史、教育、伦理等多方面知识。作为启蒙教材，在趣味中教孩子养成自主学习的习惯，成为走向成功的基础。

朱永新教授说过："一个人的精神启蒙，往往始于传统经典的滋养。"人们习惯将国学经典比喻为母乳。母乳的价值在于她不可替代。

一个人启蒙时期所受的教育会融化在血脉里，滋养其一生。

2. 母语与气度

国学经典是蕴涵常理常道、教导人生常则常行的书，国学经典教学的目的主要体现在德、文、言、行四个方面，所有内容都以德为基础。

曾国藩说："功名看器宇，事业看精神。"李嘉诚认为，他的成功在于"气概"。

气概是一个人由内而外展现出来的强有力的精神风貌，显现出人的格局，人的气场，人的磁性，人的视野宽度和广度，人的决断能力和感召力、影响力。各级领袖人物都要有这样的气概，才能发动群众、组织群众为实现同一目标而奋斗。

气概从哪里来？李嘉诚回答，是从儿时学《三字经》《千家诗》《诗经》《老子》《庄子》而来，终身受益。（参见笔者寓公新浪博客 2020 年 9 月 4 日博文）

中华文化的精髓藏在一批古籍中。《大学》是讨论教育理论的重要著作，强调修身才能令人敬重，修身是为了治国、平天下。孙中山称《大学》是"中国独有之宝贝"，是中国人必读的一本书。

《中庸》说的就是内圣外王的修养功夫，能够开发领导的潜能，培养处理人际关系的智慧，便于成为一个高情商的人才。

《道德经》所阐释的宇宙观、哲学观、得失观、祸福观、无为而治思想，展现出了人类的大智慧，所以有人称之为"万经之王"。鲁迅说："不读《道德经》一书，不知中国文化，不知人生真谛。"尼采也说："《道德经》像一眼永不枯竭的井泉，满载宝藏……"（见于百度文库）

《论语》记录了孔子及其弟子的言行，集中体现了孔子的政治主张、伦理思想、道德观念及教育原则等，对洞悉世事、处身立命皆有帮助，被誉为"东方《圣经》"。

距今 6 500 年的《易经》被称为超科学，是我国经典的源头活水。在《易经》的影响下，发展出道家、儒家、医学、兵法等。出自《易经》的成语多达 120 余条，有的成了大学校训。有人说：不学《易经》无以为将相，无以成大医。冯友兰临终时说："中国将来一定会大放光彩，请注意《易经》。"（参见笔者寓公新浪博客 2020 年 9 月 2 日博文）

《孟子》教导国人"养浩然之气"，认为"浩然之气""至大至刚""塞于天地之间"。（转引自《作家文摘》合订本 2019 年第 5 期第 4 页）他的"浩然之气"就是现代人所说的"正气""骨气""气节"，是中国人民宝贵的精神财富。

国学经典从小就要学，用以指导人生。很多名人之所以成为名人，就是因为从小就开始学习经典。长大了人已经定型，再学经典收效就没那么大了。

毛泽东也花费气力学英语，但他的长处还在于国学。周恩来、刘少奇、朱德、任弼时、张闻天、邓小平、陈云等都出国留过学，他们都不乏政治智慧和广阔的视野，但是比起毛泽东仍有些许逊色，都推毛泽东为领袖。毛泽东的"浩然之气""至大至刚"来自母语文化的教养。

三、解读钱学森之问

钱学森数次发问：现在中国为什么出不来大师？这绝不是他个人的忧虑，起码任正非对基础学科也存在忧虑。对此事进行探讨，学生、家长、导师、校长都该做总体思维，找准自己的位置。

1. 龙种与跳蚤

钱学森是做总体思维的。他的问，实质是民族素养、民族前途问题。我们古代有孔孟那样的大师，才使世代人才辈出后世获益，才有民族文化的繁荣；我们有了陈独秀、胡适那样的大师，才开创了新文化的局面；我们有了钱学森、邓稼先那样的大师，才有了"两弹一星"，使祖国立于世界强国之林。

民族需要有民族脊梁。挺起民族脊梁的人，就是好的领袖人物和各界大师。没有这些人，民众就是一盘散沙，民族就会坍塌，就会遭人欺侮。

出个大师不只是家庭的荣耀，他会成为后人崇拜的偶像，引领着浩浩荡荡的队伍前进，使我们的民族更加强大。他们的威力胜过"精神原子弹"。

没有父母会希望种下龙种收获跳蚤。关键是怎样才能使"龙种"成长为大师而不退化为跳蚤，钱学森本人也许能为我们提供参照。

钱学森是许多人心中的偶像，也是一面人生可鉴的镜子。他有留美经历，学贯东西。外语不仅为他开拓了视野，而且为他插上了翅膀，推助他的事业成功。他不是"独眼怪物"，在他成就事业的年代里，居于主导地位的因素是母语、美学、哲学、科技、修身功夫等，外语只不过是辅料——不可或缺的辅料。

钱学森认为，创新型人才必须具备形象思维能力和逻辑思维能力。他认为，形象思维是科技创新的先驱。科学就是通过联想提出假设后再用严密的逻辑思维加以证明。要是没有假设，证明就无从谈起。（见于《儿子眼中的钱学森》，载于 2009 年 12 月 10 日《人民日报》）他这也是总体思维，没有单纯就科学论科学。

钱学森的父亲钱家治早年留学日本，后来当过中学校长、国民政府教育部官员；母亲章兰娟有超群的记忆力、想象力，擅长古文、数学，很早就教钱学森识字、背古诗词。家中有很多藏书，父亲为他购置了钢琴、小提琴，每年寒暑假都让他学书法、绘画和乐器，接受美学熏染。他常说："我的第一位老师是我父亲，为我打开了艺术、文学的新世界。"

他在美国把父亲的家教讲给导师冯·卡门听，后者称赞说："你爸爸了不起！"（参见 2019 年 10 月 31 日《北京青年报》的报道）

钱学森就读的北京师范大学附属中学的校长林砺儒是一位以教育为己任的仁人志士。他提倡"全人格教育"，通过文化素养人格化、思想道德人格化、理想情操人格化等手段，来造就学生的独立人格、自由思想，使之健全发展。学校开设天文、测量学、微积分、哲学、修辞学、伦理学、音乐、美术、日语、德语、法语等 70 多门选修课，英语为必修课，有的课程用英语讲授。在钱学森列出的对他影响最大的 17 人中，附中老师就占 7 位。（参见 2019 年 10 月 31 日《北京青年报》的报道）

在上海交通大学读书时，教他们水力学的老师金悫对学生要求非常严格，每次考试都出一道超难试题，不想让学生得满分，以便让学生感到还有进取的空间。没想到钱学森连超难的题也做得很好。老师非常高兴地给了满分。钱学森拿到老师审评过的试卷仔细一看，自己把公式推导中的"Ns"误写成"N"，他觉得这是个不可忽视的错误，要求老师给他降低分数。（参见 2019 年 3 月 29 日教育之家网站）他抛弃工具理性、培养价值理性，最终才能成长为卓越超群的科学家。

当今，许多学校和老师没有把精力放在对学生的人格培养和学识修炼上，而是按照工具理性追求升学率、考级通过率，一门心思研究做题术，搞教育上的技术崇拜。包括高考在内的押题屡见不鲜，押对了都喊"万岁"，自己也沾沾自喜。

董仲蠡老师在英语选择题上总结出的"三长一短选一短，三短一长选一长，齐头并进选 2B，参差不齐选 4D"，是非常典型的"做题术"，大受考生欢迎。当他再讲林语堂如何翻译贾岛的"松下问童子，言师采药去"；再讲许渊冲如何翻译李清照的"寻寻觅觅，冷冷清清，凄凄惨惨戚戚"时，就会遭到质疑。他自己说，经他培训过的学员少说也有 15 万人，每年听他课而通过英语四、六级考试的人不计其数。（参见客道巴巴所载董仲蠡演讲词《教育的意义》）

"做题术"等犹如瘦肉精、苏丹红、膨大剂、催熟剂、膨松剂一样对人有害。很多学生之所以欢迎"做题术"，目的不在于提升自己的生命价值，为民族、为国家做贡献，而是想少花气力走捷径过关，将来混口饭吃，见小利而忘大义。这样种下去的龙种，只能收获跳蚤，比科举考试的"八股文"还有害，会养成懒惰、依赖习性，不肯花气力攻克难关，怎能产生突破现状的大师级人物？

在中国，新东方无疑是最重视考试的学校之一了。俞敏洪、徐小平等毫无例外地反对"高分低能"。

徐小平说："在人才竞争的奥林匹克山上，仅靠一时的爆发和冲刺达到好成绩并不能证明你的伟大，并不能保证你的成功。"（见于《GRE全球最高分得主经验谈》第8页）他们也反对仅做战术思维不做总体思维；赞赏奥林匹克精神，主张灵魂唤醒、靠刻苦修炼获得真功夫。他们引以为傲的GRE满分得主张骏，仍旧是靠功夫修炼取胜。俞敏洪的《1999年GRE词汇精选》被称为"红宝书"，张骏背了10遍，每遍都有自己的心得。（参见前书第一部分）他是清华大学的高才生，每天花5小时修炼外语功夫，GRE考满分绝非偶然。

翟菊婷来自北京大学，GRE也得满分。她说："不可否认，GRE是有经验可循的，但首当其冲的应该是勤奋。"没有一个人能够凭借良好的英语基础，毫不费力就拿到好成绩。她备考时，春天冒着沙尘暴到图书馆去自学，盛夏在狭窄的宿舍里天天熬到午夜。（参见前书第二部分）正是凭借刻苦的修炼，她才拿到了好成绩。

2.钱学森的学养根基

教育不只是一个灵魂唤醒另一个灵魂、一颗心灵感召另一颗心灵、一个生命点燃另一个生命，而是要用人类集体的心灵和智慧培育后代的行动。一个人的智慧毕竟是有限的，只有吸纳、借鉴人类集体智慧，才有可能获得成功。

据钱永刚回忆，从1994年起钱学森就认真思索过"大成智慧教育"问题，考虑集人类知识和经验之大成，实现古人所说的"集大成，得智慧"的梦想。（参见《钱永刚回忆父亲钱学森的最后22年》）这就是总体思维，不是战术思考，更不是复合型。

1934年10月，钱学森通过了清华留美公费生考试后，清华指定王助、钱昌祚、王世倬、王守竞4人担任他的实习导师，带领他先后到中央杭州机场、南京机工部、南昌第二飞机修理厂进行专业实习7个月，校方发放实习补贴350元。实习指导教师钱昌祚、王助毕业于麻省理工学院，他们向校方建议，派钱学森到麻省理工学院深造。在得到梅贻琦的认可后，王助联络麻省理工学院航空工程系主任汉萨克，推荐钱学森入学深造，并得到对方认同。（参见吕成东的《清华档案里的钱学森》，载于《档案春秋》2019 年第 3 期）

1935 年 7 月，钱学森出国前夕，钱家治嘱咐儿子："要多读一些祖国典籍。"他还特意为儿子买了这方面的书籍。他对儿子说："任何一个民族的特性都具体体现在它的历史中。精读史学才会对祖国充满深情，才会忠诚于祖国。"

钱学森用一年时间就修完了麻省理工学院航空工程专业硕士研究生课程，然后来到冯·卡门身边深造。

按规定，清华通常每年资助 100 美元，资助期限为两年，必要时可延长一年。因为科研需要，为钱学森破例延长两年，使他得以完成《有攻角旋转体的超声速绕流》研究，即科学史上著名的"冯·卡门 – 钱公式"。（参见吕成东的《清华档案里的钱学森》）

在一个学术会议上，他发表自己的见解之后，立即遭到一位长者反对。他寸步不让，双方争得面红耳赤。冯·卡门在一旁听着乐出了声。事后冯·卡门告诉他："与你争执的是大权威冯·米塞斯。"还说："我支持你！"

1945 年初，钱学森成为以冯·卡门为团长的美国空军科学咨询团成员。（参见《钱学森的故事》，载于 2020 年 5 月 27 日春秋美文网）

德国投降后，他随冯·卡门到欧洲考察航空和火箭技术。在审讯室里他们盘问了过为法西斯德国服务的路德维格·普朗特。后者是现代流体力学奠基人、冯·卡门的老师。

钱学森 36 岁时成为麻省理工学院正教授，两年后被聘为加州理工学院正教授。他提出的"火箭旅客飞机"构想，后来成为美国研制三角翼飞行器"龙"的蓝图，所以他被称为"龙之父"。"龙"还是美国航天飞机的原形。冯·卡门把钱学森看作是美国火箭领域最伟大的天才之一。

1950 年起，"麦卡锡主义"开始在美国泛滥，掀起了反共、排外运动。那年 7 月，钱学森告诉美国海军次长，自己准备动身回国。次长大

为震惊，认为钱学森无论在哪里都抵得上 5 个师。他背地里说："我宁肯枪毙他，也不愿放他回中国。"（参见百度文库）

同年 8 月，钱学森为了回国已经预定好了机票。美国移民局突然通知他不得离开美国，并以判刑和罚款相威胁，还扣压了他的全部科学书籍和笔记，声称他企图将机密科学文件运送到中国。

接着，他被美国移民局逮捕，囚禁在特米诺岛。美国空军司令部赖特基地的人马上介入对他的调查。在询问了回国动机、预订机票等事项之后，美方人员直截了当地问："你打算将你的知识奉献给共产主义中国吗？如果美国与中国发生战争，你的态度是什么？"钱学森巧妙地拿一个雇员从一个公司跳槽到另一个公司作为比喻，说他不会将原来雇主的信息吐露给新雇主。

抓不到任何把柄，美方便在保释金上大做文章。当年美国教授月薪通常为 300～400 美元，被驱逐案件的保释金多数在 1 000～2 000 美元之间，可是钱学森的保释金却高达 15 000 美元，他当然支付不起。好在他的一个学生的未婚妻家庭富裕，为他慷慨解囊，解救他出狱。（参见 2009年 11 月 1 日《重庆晚报》）

1955 年，周恩来通过外交途径，用 11 名被俘的美军飞行员换回了钱学森。（参见 2011 年 10 月 31 日央视网）

我们可以想象一下，如果钱学森头脑中的过硬功夫是一种外在的工具，美国人早就毫不客气地将它没收了。好在那不是工具，而是内在功夫！

总而言之，钱学森能够成长为大师级人物，首先在于家庭教育，其次是享受到了优质教育资源，然后是各种境况下的努力奋斗。不应该否认，寒门子弟经过个人奋斗也能出大师级人物。前文中提到的李盛春、陆家羲等，都出身于寒门，志向爱好加奋斗使他们成长为大师。陆家羲用业余时间破解了"柯克曼女生问题"和"斯坦纳系列问题"，荣获 1987年国家自然科学奖一等奖。（参见 360 百科）

钱氏家训中说："利在一身勿谋也，利在天下者必谋之。"（参见2009 年 4 月 18 日中国新闻网）

所谓大师级的人物，必定是道德与学养并重、富于创新精神、不为眼前利益所困的人物。钱学森和李盛春、陆家羲等人都是这样的人物。热衷于"做题术"的师生自然与大师无缘。

3. 大师的天时、地利、人和

现在，有相当多的家庭，经济状况至少不比当年钱学森家的状况差，差就差在父母急功近利、缺乏深谋远虑；差就差在学校的"全人格教育"的缺失、工具主义教育理念作祟；差就差在想走捷径、热衷于"做题术"。目的不同，结果当然就不一样：功利主义的教育方式培养不出来大师级人物。

钱学森曾回忆说，林砺儒校长把学生的德、智、体、美全面发展看得很重，而不是单纯追求分数。当时，一般学生的成绩是 70 多分，优秀学生是 80 多分，几乎没人刻意追求满分。能考 80 分以上就是好学生，但这 80 分是真正学来的扎扎实实的知识，什么时候考试，都能考出这样的成绩。（见于笔者的寓公新浪博客 2017 年 4 月 13 日博文）与其相比较，现今贬值了的 100 分，根本不顶用。

当今，无论是家庭教育还是学校教育、社会教育，"全人格教育理念"都被功利主义腐蚀了。笔者从教一生，见识过某校长为了追求公外四、六级通过率，急功近利的种种做法，也见识过某校长申报博士点、硕士点时弄虚作假，鼓吹申报成功就车轮滚滚、财源滚滚，威胁说"谁砸我的饭碗，我就先砸他的饭碗"。出发点都不正确，怎么能培养出大师级人才？

单纯的家庭教育和单纯的学校教育都是难有作为的；只有克服功利主义思想，把优质家庭教育与优质学校教育完美地结合起来，才能培养出社会所期望的大师级人才。只要不再急功近利，不愁没有大师级人才涌现出来，而且不会是个别的特例，会成批涌现。

大师级人才也离不开先辈和导师的指引，父亲钱家治、校长林砺儒、清华指导教师、导师冯·卡门等，都为钱学森的人生做过指引，使他少走弯路。他个人不浮躁、踏实进取，更是成功的重要内因。

钱学森在美国被软禁5年，异国他乡诉诉无门、有理讲不出，心中的苦闷是可想而知的。就在这种情况下，他却撰写出《工程控制论》。冯·卡门看到这本书后对他说："学术上，你现在已经超过了我！"

并不仅仅因为我们国家底子薄，才需要科学家的求真与献身精神。既然是开拓探索，任何时候都少不了这种精神。

钱学森当年参与的古根海姆航空实验室也非常简陋，实验环境非常危险，人们把他们的研究小组称作"自杀俱乐部"，钱学森就是"自杀俱乐部"的中坚人物之一。在实验材料方面，或者要自己花钱买，或者要捡破烂；实验室出现点儿事故，就被迫搬到离加州理工学院7英里的一个山谷里。这个简陋的实验室最后发展成美国喷气式推进实验中心，更多靠的是钱学森他们的真才实学功夫和献身精神。

不做总体思维的人不可能成长为大师。大师成就事业也离不开天时、地利、人和。钱学森他们搞原子弹，祖国需要打破美苏核垄断就是天时，广袤的祖国大地拥有充足的核材料和试验场地就是地利，领袖决策万众支持团队协同加上他们的智慧，就是人和；出身于书香门第，就读于名校遇上好校长、好老师，更是天时、地利、人和的总和。有了天时、地利、人和，大师才能成长起来，才有用武之地。

当今，摘星探月、民族复兴等都是天时，祖国需要都是地利，领袖与万众支持团队协同就是人和，比钱学森所处的时代更具优越性，人才辈出不成问题。

四、理念不会逊位

理念居于主导地位。权利用过作废，正确的理念不会逊位。教师教学首先要讲理念，这就是《师说》中所谓的"传道"；学生只有坚守正确的理念，才能学有所成。相较于方法，理念更为重要。

1. 功夫理念

人生要树立"价值理念",克服"工具理念"。"工具理念"没有未来,"价值理念"提升人生价值,主宰未来。哈耶克说:"长远而言,是观念,因而也正是传播新观念的人主宰着历史的进程。"(参见 2020 年 10 月 22 日微博国际版)

理念不逊位,但需要更新。萧乾说:"用典好比擦火柴,一擦冒火,再擦就不亮了。"(见于《作家文摘》合订本总第 292 期第 116 页)"城市暴动"是早期共产党人从苏联复制过来的一种理念。靠"城市暴动"似乎可以速胜,结果都失败了,原因在于没有根据国情充分发动农民大众。功夫不到想走捷径获取简便的胜利,结果适得其反。

成功往往是不能复制的。模仿别人,自己没有产生新的理念就难以成功。毛泽东的"农村包围城市"就是一种新的理念,肯花笨功夫、硬功夫,历经挫折集结起队伍,最终走向胜利。

毛泽东一生坚持为人民服务的正确理念,受到亿万民众的敬仰。周恩来说:"革命年代那么多人牺牲,现在新中国成立了,我们是革命队伍的幸存者,没有理由不全心全意为人民服务。"(引自 2019 年 8 月 7 日《新华日报》)在这种不贪功、不忘初心的正确理念指导下,他鞠躬尽瘁死而后已,成为人人敬仰的公仆。

有些人也为革命流过血,胜利后却居功自傲、养尊处优,甚至伸手掠夺人民的财富,信奉"权利不用过时作废"的错误理念,违背初衷逐步滑向人民的对立面,成为可耻的罪人。理念不同,结果会天翻地覆。即使权利作废,先进的理念也不能废。毛泽东的很多正确理念如今仍旧发挥着重要作用。

外语人生是与母语文化、国学修养、人品锻造等一系列问题联系在一起的。离开了这些修养功夫,外语人的学识、身心修养就不可能完整。

从母语出发也是一个正确理念。在美国获得 28 个名誉博士学位的胡适、被称为翻译了整个中国的大翻译家杨宪益、翻译界一代宗师傅雷、荣获 2015～2016 年度"影响世界华人大奖"终身成就奖的叶嘉莹等,都是遵从从母语出发的正确理念才获得成功的。

教师教学生，不要忘记因材施教、"不拘一格降人才"的正确理念。世上大智者往往也大拙。不要以为伟大人物的举手投足都应该是伟大的。恰恰相反，伟大之中必然包含并不伟大之处。可以这样说：金无足赤，没有个性不成大师，没有无缺点的完人。这就是人才学上的辩证法。

作为校长和老师应该懂得，成长期的孩子，即使做出一些出格的事，即使表现出某些不入时的品格，即使处事有些乖张，也应该以爱心和包容心来对待，不应该以一己的好恶去决定取舍，免得把爱迪生那样的大发明家、黑柳彻子那样的优秀人才赶出校门。

罗家伦幼年受到父母的良好家教，广泛接触到中华古典文化。4岁入私塾，读了10年典籍，母语功底十分深厚。15岁后开始学英语，母语功夫成了他最好的借助。进入上海复旦公学后，曾经出任过《复旦杂志》编辑，那当然是需要深厚的母语功夫的。但是，他其他学科成绩并不突出。

1917年，罗家伦参加北京大学入学考试时作文得满分，数学得零分，其他学科成绩平平。在各位国学大师面前作文得满分，也不是一件容易的事情，胡适对他倍加赞赏。在胡适和蔡元培的主导下，他被破格录入北京大学外国文学系。可见蔡元培校长和胡适老师对偏才的容忍和厚爱。

罗家伦没有辜负这份厚爱。两年后，他在陈独秀、胡适的支持下，和傅斯年、康白情等同学共同创办了新潮社，主持出版《新潮》月刊；"五四运动"中有重大影响的《北京学界全体宣言》，就是罗家伦起草的；"外争国权，内除国贼"的口号，也是他提出来的。就连"五四运动"这一名词，也是他在当年5月26日的《每周评论》上首先使用的。他后来出国留学，在美、英、德、法等国六所著名学府读过书，在史学、文学、哲学、教育、民族地理学、人类学等学科取得了令人瞩目的成就，成为学贯东西的学界泰斗。（参见百度百科等）

罗家伦的事例说明：母语功夫是立命之本；母语功夫过得硬的偏才，经过奋斗也能成长为大师级人物。校长和老师要珍视学生修炼的功夫，不能蔑视有某种功夫的偏才、怪才。

中国科学技术大学教授陈卿说："天赋无非是大量时间积累的结果。"（转引自李明子、霍思伊的《数学迎来黄金一代》，载于《中国新闻周刊》总第 991 期）

孙崧在中国科学技术大学少年班时，考试总是第一名；2006 年到威斯康星大学读研究生，他的成绩也基本全是满分。（同上）他总是走在老师前面，日积月累出结果。

2. 学大于教

有人说梁启超的日语是速成的。不管是"一夜之间"也好，"七天"也好，前面都冠以"据说"二字，至于"据谁说"都语焉不详。

实事求是地说，梁启超长期旅居日本，的确认真学过日语、研究过日语，受过日语环境的熏陶，没听说他师从于谁，主要是自学。他和罗普共同发明的"和文汉读法"——将日语"颠倒过来读"，是有创建的。他的外语相关量掌握得好，母语功夫突出，学起外语来当然具有优势；日语与古汉语有着极大的相关性，这对于精通古文的梁启超来说，自然会带来许多便利。

古文中的"学校行"，与日语"学校へ行く"，语序没有什么不同，都是"去学校"的意思。但是语言不可能都这么简单，再复杂一些，比如加上主语、宾语、状语，"颠倒过来读"就不灵了。他们公布"和文汉读法"时，也只说"学日文者数日小成，数月大成"，未敢标榜"一夜之间"通达日语。

语言学习要有一个终身积累的过程，急功近利是不会有大的收获的。梁启超后来到清华任教，也没听说他教过"速成日语"。（参见笔者寓公新浪博客 2019 年 4 月 14 日博文）

学外语也是学大于教，还是立足于踏实修炼外语功夫为好。

以色列人的优秀源于教育，其教育的长处不在于老师讲，而在于学生问、学生辩论、学生自学。学生没有沉重的作业负担，有的是自由发挥的无限空间。

毛泽东、周恩来的学识和才能，都体现出学大于教。毛泽东接受过师范教育，那也是靠自我主导，并非跟在老师后面亦步亦趋；其他学问，诸如军事，完全是自学自悟，结果比上过军校的蒋介石更高明。毛泽东手下也不乏读过伏龙芝军事学院的将帅之才，但是在战略上没有出其右者。同样，他在哲学、史学、文学等方面的修养功夫，都体现出学大于教。

周恩来出国留过学，没拿到过西方文凭。他的大外交家才能不是哪所学校培养出来的，而是靠自身修炼的。

我们新中国成立后办了那么多外事、外语院校，培养出来的人才在外交视野、外交手段上能与周恩来相媲美的，仍是凤毛麟角；细究起来，这"凤毛麟角"也还是学大于教。

2015 年，年仅 21 岁的陈昊与陈秀雄一起破解了霍金提出的"引力瞬子"问题；现今他是中国科学技术大学几何与物理研究中心特聘教授。回顾中国科学技术大学少年班的经历时，他认为主要靠自学。（参见李明子、霍思伊的《数学迎来黄金一代》，载于《中国新闻周刊》总第 991 期）可见中国科学技术大学也在推行学大于教。

陈卿先后担任过中国科学技术大学少年班管委会主任及数学科学学院副院长。他说，对有天分的学生，最好的办法不是教，是把他们放在一起自然生长，比如在讨论班，让学生们自己讨论、互相学习，老师在关键处加以点拨即可。（同上）

2017 年，恽之玮斩获了由俄、美两国企业家共同发起的科学突破奖。在北京大学读本科时，他以自学为主。上课前已经自学并掌握了大多数专业课的全部知识点。北京大学为高年级本科生和研究生开设了一些小型讨论班，通常围绕一个主题或一本专著由学生轮流主讲，老师和其他学生可以随时插话或提问。恽之玮从低年级起就参加了这类研讨班。（参见李明子、霍思伊的《数学迎来黄金一代》，载于《中国新闻周刊》总第 991 期）

翻译"男神"孙宁说，自己学英语并无太多天赋，用的都是"笨方法"。从初一到高一，每篇课文都认认真真地背下来。还跟着广播、电视自学《Family Album USA》、新概念英语等多套经典教材。初中的积累在高中便初见成效。

从初二开始，他觉得上课"吃不饱"，就自学台湾的英语教学节目"Let's Talk in English"，接着自学《走遍美国》。

如果没有这种劲头，只是跟在老师后面混个好分数，那就成就不了"翻译男神"了。

读高二时，他审校过英文短篇故事集，这更是一种高强度的自学过程，是需要过硬的英语功夫的；参加全国中学生英语能力竞赛时他获得特等奖，自觉学习所展现出的实力得到了初步验证。

进入北京外国语大学英语系后遇到的最大问题，就是英语作为专业该怎么学？直接遇到的实际问题就是语音、口语免修考试都没通过，口语差、不爱表达的两大弱点暴露了出来。他不得不一个人到小花园里苦练语音和口语，将新概念二册的课文苦练了半学期。先英音、后美音，一句一句地过关。新学的内容课上猛练，课下每句话要练50遍，力求与标准口语不差分毫。

他也半开玩笑地说，这是天底下最"笨"的办法。然而，这种办法在短短一学期后就产生了令人难以置信的效果，量的积累引起了质的变化。

世上没有廉价的胜利，胜利都是战胜一个又一个艰险后得来的！功夫是靠修炼得来的，在修炼探索中不断有新的发现，甚至会有观念更新和方法上的创造。

大量阅读可以扩大词汇量，培养语感和阅读理解能力。真正读懂不误读，又能转化成自己的口笔表达能力，十分不易。这也是外语功夫修炼的重要组成部分。

孙宁大一时所读名著简缩本超过20本，不经意间在阅读中就大有斩获。

孙宁还建议大家多读几遍Longman、Oxford的学生词典。他赞扬说："靠两千常用词就解释清楚了几乎所有的英文词，是何种功夫！"

孙宁读大二时热衷于阅读原版书籍，有时读得如醉如痴，连课也不上了。他按照时间顺序从英语古诗一直读到"一战"前的作品，弄懂了英诗方位，在头脑中建立起一个英诗坐标，便于将来在这方面有新的造诣。

他认为，多读包括诗歌、小说、戏剧在内的原版书籍，有百益而无一害。

与本专业相关的语言学、语法学、语用学、文体学等，孙宁都下过一翻真功夫。其中，Randolph Quirk 等人 1 700 多页的语法学，他读了 3 遍，为作者的理论阐释力所倾倒。他的这些作为都体现出学大于教的正确理念。

大学期间，他还翻译了 3 本书，涉猎过多本艰深有趣的文学作品，研究过 10 多本字典，无数次听过 VOA、BBC，还多次参加英语辩论赛、演讲比赛。

在第七届"21 世纪·爱立信杯"全国英语演讲比赛中，孙宁代表北京外国语大学参赛，一举夺得全国总冠军。担任评委的外交部翻译室的张建敏，对他颇为欣赏。

这次比赛奠定了孙宁从事翻译事业的基础。（参见《听"翻译男神"孙宁讲他过去的故事》，2015 年 3 月 20 日中国日报网）

印度是个语言王国，仅官方语言就有 30 多种。亚朋·夏尔马的双亲是从印度移居英国的移民，家庭小环境和社会大环境为亚朋构建起了双重语言环境，使他从小就浸泡在孟加拉语和英语两个语言环境之中。他如鱼得水，很快掌握了英语和孟加拉语，而且语言功能超常地发达起来，具有常人所不具备的语言天赋。

亚朋是英国国家儿童交响乐团成员，对音色有极高的分辨率，使其听觉器官高度发达起来，练就了一双超乎常人的聪耳，对于语音也有着极强的分辨能力，对外语十分敏感，具备学好外语的独特条件。

学外语，亚朋既接受正规培训，又注重自学。他在著名的伯明翰"蓝外套"语言学校接受正规培训，在那里学习法语、西班牙语、德语、意大利语；与此同时，自己借助多媒体互动式自学波兰语、泰语、斯瓦希里语、汉语、乌干达语，体现出学大于教的本色。

他的神奇，不但来自对外语的特殊兴趣，而且来自顽强的自学能力。在别的孩子玩耍的时间里，他能不厌其烦、兴致勃勃地修炼外语功夫。对于他来说，模仿外语标准语音、语调是一种享受。

与常人相比，他更能体会到语言的色彩和美感。外语对于他来说不是枯燥无味的僵死的东西，而是像音乐一样令人激动、让人赏心悦目的充满活力的东西，这种心态也为他的外语学习注入了动力。

10岁时，他就熟练地掌握了意大利语、德语、西班牙语、法语、波兰语、泰语、斯瓦希里语、汉语，后来又学习乌干达语。他的法语水平尤为突出，德语、斯瓦希里语等也能够说得十分地道。（参见笔者拙著《外语和多彩人生》第298～299页）

如今十几年过去了，他的外语功夫定会有更大长进。

童第周、屠呦呦等名人的母校宁波效实中学，2000年被评为教育部"现代教育技术实验学校"，2014年被确定为首批浙江省一级普通高中特色示范学校。该校名师众多，仍注重培养学生的自学能力，从来不让学生到校上晚自习，也不利用课后和其他休息日为学生补课，作业量极少，高考成绩一向出色；学生升入高校后自主学习能力强，在群雄逐鹿中仍能崭露头角。

不懂得学大于教的学生，即使靠老师押题考上大学，后来的学业也会相形见绌。

提倡学大于教并不排斥老师的唤醒、启迪、导向作用。2020年教师节被评为"全国最美教师"的刘秀祥认为，老师的主要作用在于启迪和唤醒，给学生指明方向。

老师当然要教得好才受欢迎。教得好是指精神唤醒，让内因作用充分发挥出来。舍此，不可能导致教育成功。

3. 戳穿"无用"谎言

花千芳认为，英语对绝大多数中国人都是一种废物技能。他还说：

"提倡学英语的人都是自我矮化的奴隶。"（参见 2019 年 3 月 20 日华商网）他用英语泛指外语。

花时间学习外语是对文化多样性的尊重，同时会开辟出一条通往世界的大道，还关系到人的气质、风度、精神面貌和思维能力的提升。

搞过变法、吃过闭关锁国苦头的梁启超，深有感触地说："学会一种外语，等于发现了一个新世界。"（转引自《外语教育往事谈》第 182 页）

所有大政治家、发明家，几乎都是受两种以上文化陶冶过的人，包括中国革命领袖、美籍华人科学家等；外国人也不例外。不懂外语的人无法搜集到社会前沿信息，思考问题的方式也受到局限。

毛泽东的时间比谁都珍贵，他身边有最好的翻译，他还要刻苦钻研英语，从来没觉得英语是"废物技能""浪费财力"浪费时间；在外宾面前他偶尔说几个英文词语或者短句，总能博得称赞、敬佩，哪里会"是自我矮化"？外语染色的生命更辉煌。

学外语也是文化发展的必然要求。有了外来文化，我们的文化才变成了活水湍流不息，每个人都从中受益，不应该只当受益者而不做文化播种人。条件不允许情有可原，享受恩德还吹毛求疵、懒惰、怕吃苦，吃现成饭还骂娘就不能原谅。人的能力有大小，但是总该尽量争取通过自己的付出为大家做点贡献，而不应该坐享其成，等待别人的恩赐。

中文不能闭关自守，否则就没有了活力。

有些人反对花大力气学外文的一条理由就是：有翻译就够了。其实不然。周恩来身边不乏著名翻译，如果他自己不懂英语，当唐闻生用英语向外宾介绍邓颖超是总理的"Lover（情人）"时，他能立即说"No"挽回影响吗？

有人说，有翻译机就可以了。翻译机毕竟是机器、是工具，它无法理解人的丰富感情和文化背后的意境。大师编纂的词典，几年不更新就过时；科技发展日新月异，新的语汇不断涌现，翻译机无法适应这种变化。真正能够适应变化的还是人，翻译还是要靠人的功夫。

在西方无中生有地炒作新疆"搞种族灭绝"的声浪中，在我国市场上赚大钱的 H&M、耐克、阿迪达斯、巴宝莉、新百伦等国际大牌，生动地诠释了什么是"吃中国饭，砸中国锅"。它们声明与新疆棉花划清界限，并要求其供应商同样划清界限。这一声明被我国网友扒出，成为我国政府制裁它们的重要依据。（参见 2021 年 3 月 26 日《环球时报》的相关报道）如果网民不懂外语，一味等翻译或翻译机，能揭开这一黑幕吗？

习得西方文化，明了他们的思维方式，知己知彼才能在交流中立于不败之地；我们通过外语掌握了先进科技，无论是对于生产、生活、发展教育、建设国防巩固海疆，都有不可替代的作用，提升生存能力、竞争能力，还便于向世界讲好中国故事、掌握话语权，提升祖国的世界地位，展现东方大国形象，那里是"自我矮化"？

相反，当我们缺少外语人才的时候，我们就会像聋子、瞎子、傻子那样任人欺侮，毫无尊严可言。

《英汉大词典》的主编陆谷孙先生说："中国人现在不是英文太好，而是与第二大经济体的地位差得太远。英语和母语也不构成零和关系，不能把中文和英文或任何外语对立起来。中国之大，我不相信有人会自恋到认为可以不学外语了。"（参见 2013 年 11 月 18 日观察者网）我们应该接受他的忠告。

4. 他山之石

人们常犯这样的毛病：某一事物自己人说如何重要他将信将疑，他人说重要才能引起重视。对于外语功夫，我们也不妨从他人的角度看看其重要性，也许他山之石可以攻玉。

大航海家麦哲伦在渡过环球航行最艰难的里程之后，于 1521 年 4 月 26 日被杀死在菲律宾宿务岛海滩上。郑和早于麦哲伦 100 多年在这段水域航行过。他之所以没有遇上大麻烦，原因之一就是身边有翻译，在这种场合下的翻译，不仅是"人命关天"的大问题，还可能会成为活动成败的关键性因素。（参见笔者《外语功夫》第 53 页，吉林人民出版社 2008 年版）

日本 1868 年由明治天皇颁布的《五条誓文》中就有"求知识于世界"的内容。（见于百度百科）那当然是要学习世界各种语言的。从遣隋使开始，日本人学习汉语从未间断过，从而产生了众多的"中国通"，他们对于我国国情研究之精细达到了令人吃惊的程度。

很多人崇拜普京，知道他上天入海、射虎伏熊的硬功夫，有强健的体魄、坚强的毅力、机敏的作风，是一位不酗酒的俄罗斯男人，但是未必了解他娴熟的外语功夫。

从中学生时代起，普京对德语就情有独钟。1985～1990 年，他在德国工作 5 年。2007 年，他回顾在德国的经历时说，去德国之前他虽然学过德语，但是因为没有应用环境，所以并不能流畅地说德语。后来，他到德国生活、工作了将近 5 年，都是用德语直接与他人交流、沟通，才真正获得了德语功夫。他还透露，他正"十分有规律地"学习英语，为了在翻译人员不在场的情况下也便于与其他国家的领导人自由交谈。他说："与外国同事之间建立正常的工作机制很有必要，为此必须消除语言障碍。译员不可能什么时候都在场，自己学会了通用语就方便多了。"

普京同德国总理默克尔长谈、同奥巴马调侃，挥洒自如；他穿一袭黑色燕尾服去拜会英国女王，尽显绅士风度。（参见 2003 年 10 月 30 日中国日报网站、《看天下》总第 112 期等）他活跃于国际舞台，很大程度上是借助于外语功夫，外语提升了他的生命质量。

美国作为世界第一强国，拥有举世无双、难以匹敌的经济、科技、军事实力，又以世界通用语为母语，还有操各种语言的 3 400 万移民做后盾，仍然存在"外语危机"意识。

自 20 世纪 70 年代以来，美国曾多次以政府文告的形式阐释"外语关乎着国家安全"的理念。美国总统委员会 1979 年发布的《智慧产生力量》的年度报告中指出：作为美国公民，懂得一种以上外语已经是国家安全的需要。

2006 年 1 月 5 日，美国政府把 100 余所大学校长召集到国务院办公大楼，召开全美大学校长国际教育峰会，主要是研讨"国家安全语言"问题。小布什在会上大声疾呼："我们需要会说外语的士兵和当地居民交流，我们需要情报人员了解对方在说什么，我们需要外交人员说服对方政府与我们联合起来对付恐怖分子。"峰会推出的"国家安全语言倡议"，旨在为美国培养更多懂外语的军人、情报人员和外交官，主攻的"关键语言"为阿拉伯语、汉语、俄语、印地语、波斯语、朝鲜语、日语等。（参见笔者拙著《外语功夫纵横》第43页）当时，阿富汗战争还在继续，伊拉克战争虽然结束了，但局势并未平静下来，反恐仍是美国的首要任务，所以他们把阿拉伯语放在"国家安全语言战略"的首位。尽管如此，仍然把汉语、俄语、波斯语、朝鲜语等列入了"国家安全语言战略"之中，其目的是十分明显的。

美国约有20万情报人员，与许多中等国家所拥有的军队数目大体相当。美军太平洋司令部的情报部门和作战部门都设有专门研究中国的机构。设在夏威夷的美国海军总部"亚太安全研究中心"，被称为美国国防部的重要智库，它不但从事包括中国在内的亚太地区的情报分析工作，而且通过函授、强化班、短期班等形式为太平洋司令部管辖下的美军培训了数千名"了解中国"的军官。

美国国防部选派太平洋司令部司令时，主要考虑人选对中国的了解程度。1996年以来担当这一职务的普吕厄、布莱尔、法戈、法伦，都可以说是"中国通"。

2006年，美军太平洋司令部邀请中国军方观摩"勇敢之盾"军事演习。美军选择接待人员的条件是：通中文、了解中国文化、熟悉中国人的行为习惯，还要有中国朋友。尽管条件如此之高，仍旧应者如云，足见其"中国通"之多。

中国军事观察团成员的感受是：到处能遇到讲一口流利汉语的人，他们对中国有着深切的了解，堪称"中国通"。

美国总统前国家安全事务副助理波廷杰所学专业是汉语言文学，1998～2005年出任西方媒体驻华记者，汉语说得相当流利。因为行为越界，曾与中方警察发生过冲突。他近距离戴有色眼镜观察中国，肯定会看到更多毛病。他后来转而做美国情报官员，对中国成见更深。

2017 年，波廷杰在白宫国安会亚洲事务高级主任任上时，把中国定义为美国的战略竞争者，这在美国尚属首次。

曾做过特朗普国家安全顾问的麦克马斯特说："在自'冷战'以来美国外交政策最大的转变过程中，波廷杰起到了关键作用，而这项转变就是要与中国竞争。"

波廷杰是"新冠源于武汉实验室""阴谋论"的始作俑者，还支持特朗普宣布冻结向世卫组织提供资金。在他与蓬佩奥的推动下，特朗普在新冠疫情上的态度发生了根本性转变。（参见 2020 年 5 月 10 日央视新闻客户端）

2021 年 7 月 28 日，美国三名议员提议设立一个针对中国的公开翻译和分析中心。（参见 2021 年 7 月 30 日参考消息网）美国政府如此重视中文，目的就在于制衡我们。我们学外语虽然不以制衡别人为目的，但是至少要了解对方，知己知彼才能做出正确的决断。

2007 年，特朗普给普京写信称，他是普京的"超级粉丝"。（参见 2020 年 8 月 20 日《环球时报》）他身边集结着一批懂俄语的人，左右着他的对俄政策。

2019 年 3 月，CIA 在华盛顿特区发布广告，公开招聘俄语人才。这则用俄英双语撰写的广告说："这对我们的国家安全至关重要。"

原子弹只能用于政治恫吓和军事威胁，而外语的作用是全方位的：政治、经济、军事、安全、外交，哪一样也缺不了它。

仅以战争而论，在战争打响之前，需要用外语造势和收集情报信息；战争之中，要靠外语获取战场信息和搜集敌方动向等情报，还要使用特殊语言作为联络自己、迷惑敌人的信号；战争结束后要用外语去进行一场更为持久的"理念战争"。

外语更为重要的作用体现在对话语权的掌控上面。谁丢掉了外语，谁在国际交往中就会成为聋子、瞎子、傻子，就会成为任人宰割的羔羊。我们不能做受困于"无用"蠢论的庸人。

五、偶像与镜子

人生当有榜样,最好的榜样会成为心中的偶像。榜样能让人效仿、给人鞭策和鼓舞、催人奋进,有一种积极向上的力量吸引着你;偶像是受崇拜的对象、更好的榜样,可以作为理想目标去追求。

"镜子"是现实的反馈,可以折射出高大与矮小、善与恶、美与丑。人生"镜子"是对人的成长的反馈和告诫,使之了解自己的真实情况,以便祛恶扬善、除丑增美,提高智商、情商和胆商,使生命增值。

偶像来自精心选择,是近于完美的化身;人生"镜子"要由自觉自愿、公正无私的人来担当。这种人是真、善、美的使者,是假、丑、恶的天敌。

1. 偶像对心灵的震撼

大多数青少年的心灵处于模糊或者半睡半醒状态,不知道人生道路该怎么走。唤醒心灵的良药,有的来自父教师教,有的来自读书,有的来自现实感悟。想当外语教师的不妨以许国璋为偶像,想当外交官的不妨以王毅为偶像,想当翻译的不妨以张京为偶像,想当驻外记者的不妨以王冠为偶像……前文中谈到了众多偶像级人物,人人都可选用,还可以根据不同时期、不同的人生目标更替偶像。

毛泽东早年的偶像是康有为、梁启超,后来是孙中山,再后来是列宁。毛泽东、周恩来是全中国人民心中的偶像,他们的学识、智慧、胆量,肯于付出、勇于担当、不谋私利、一心为民的高贵品质值得学习,甚至言行举止都值得学习。仅本书中提到的毛泽东、周恩来的作为,就够许多人学上一辈子了。

树立榜样也是治国理政的重要手段。毛泽东时代的"工业学大庆""农业学大寨""全国学解放军"就是树立榜样;还树立起焦裕禄、王进喜、陈永贵、雷锋、时传祥、张永贵等一批时代楷模,推进了各项事业的发展。

　　当今的"感动中国年度人物""五一劳动奖章"获得者、"全国五四青年奖章"获得者、"全国最美教师"等，都为全国人民树立了榜样。

　　1966 年 2 月 7 日《人民日报》刊发了《县委书记的榜样——焦裕禄》后，13 岁的习近平被感动得泣不成声。

　　1990 年他任福州市委书记时，写下了《念奴娇·追思焦裕禄》，还说："焦裕禄同志是个很高很高的标杆，虽不可及，但我们要见贤思齐。"（参见《环球人物》2018 年第 11 期的相关文章）

　　侯静从小就以军人为偶像，一心想为国争光，高考时她毫不犹豫地选择了国防科技大学。她学有动力成绩优异，本科毕业后进入中国科学院硕博连读，师从我国著名光学专家姜文汉，打下扎实的基本功，并以老师为偶像，想在光学领域一展身手。后来，在一次学术交流中，她听到著名激光技术专家赵伊君院士关于"超连续谱光源"的讲述时，如醍醐灌顶。她潜心研究 14 年，终于为我国研制出适合现代战争需要的激光武器。（参见 360 百科）

　　以钱学森为偶像的我国新一代战舰女设计师杨屹，荣获军队科技进步一等奖两项、二等奖 7 项，荣立二等功 1 次、三等功 1 次。2010 年，她被评为第八届"海军十杰青年"。（参见 2012 年 11 月 2 日中国新闻网）

　　偶像可能来自书籍，《钢铁是怎样炼成的》里面的主人公保尔·柯察金，不知影响了多少人的生命走向；偶像可能来自媒体，关于钱学森的报道不知鼓舞多少人献身高科技事业；偶像可能来自家庭，一位族亲的成功，不知会引起多少后人争相效仿；偶像可能来自课堂，老师高度赞美过的人就可能成为你心中的偶像……

　　诗人绿原的父亲去世很早，比他大 19 岁的哥哥是当年新式学校博学书院的高才生。哥哥就是他心中的偶像，他英语学有所成，很大程度就是受哥哥的影响。

　　家长和老师要善于利用榜样的力量催促孩子奋发向上。多给孩子们讲讲名人故事，或许其中就有他们所要选择的榜样或偶像，使之成为策励他们前进的永不枯竭的力量。

2."忠实的镜子"

"忠实的镜子"能够透视灵魂。一个孩子"忠实的镜子",最理想的人选就是父亲。父爱就应该体现在"忠实的镜子"里面,如实地反映他的长处和短处,指出奋斗方向,不求回报、不去讨好对方,甚至不怕惹恼对方。

人生难得一面"忠实的镜子"。老师应该成为学生们第二面"忠实的镜子"。台湾美学家蒋勋,在给朋友代课时,就起到过"忠实的镜子"的作用。他的办法是:让学生画自己的像,然后再做两分钟的自我介绍。结果,有一半学生都哭了,因为他们先前还没有这样面对过自己。(见于2010年7月2日的《作家文摘》)

遵义会议前,张闻天和王稼祥有过"橘林谈话"。张闻天十分认真地拿毛泽东做镜子照过自己和当时的领导集体,下定决心要请毛泽东出来领导党和红军。(参见费侃如的《"张王橘谈"与"周博长谈"——遵义会议背后的故事》,载于2015年4月13日人民网 – 中国共产党新闻网)

自己照镜子承认自己不行,是要有勇气的,这对自己、对整体都大有好处。

遵义会议上,周恩来对于自己军事指挥上的错误做了诚恳的自我批评。这也是自己照镜子,敢于正视自己的毛病,对自己、对整体都是一件好事。

遵义会议后,博古对于来自党内的批评一直想不通,不肯交权。周恩来找他谈话,与他一起照镜子,认为自己和博古都是做具体业务的人,不合适做领袖,当统帅;毛泽东懂军事、熟悉国情,所以周恩来在遵义会议上力主毛泽东进入政治局常委,参与军事领导。(参见费侃如的《"张王橘谈"与"周博长谈"——遵义会议背后的故事》)

一起照镜子,让博古看清了自己的长处和短处,最后顺利实现了"博洛交权"。

毛泽东也经常照镜子,认知自己的不足,剖析自己的"猴气"和

"虎气"；像特朗普那样的人就从来不知道照镜子，总是吹嘘自己是世界上最好的，让全世界耻笑。

小人物也要经常照照镜子，正确认识自己比什么都重要。

2010年6月下旬，高考放榜。深圳宝安中学女生易向谦以总分678分的成绩，成为广东省的文科"状元"。

她当年只有17岁，却很懂得辩证思维，懂得时间统筹，讲究学习效率，从来不开夜车；学习累了就听听古典音乐，看看武侠小说，读读报纸、杂志，或者到操场上跑两圈，边跑边和同学聊天。她很机敏，却不恃才自傲；很低调，懂得靠勤奋去下笨功夫，高考前她连QQ都没有。她的过人之处，还在于她善于利用"错题本"这面镜子。

中学时期考试不断，她也有自己的"滑铁卢"。每次做错题，她绝不会轻易放过，就像指挥打仗的将军那样，事后要做战役分析，以免重蹈覆辙。她的"战役分析"记录，就是"错题本"。她不但经常审视自己的"错题本"，有时还借鉴别人的"错题本"。（参见《北大清华盛邀易向谦》，载于2010年6月28日《深圳晚报》）

"失败是成功之母。"在错误中挖掘成功，成功才能来得更扎实。

当今的世界，存在着许多不忠实；其中避讳批评的教育理念，也是一种不忠实。这种不忠实会给孩子造成虚幻感，会贻害其一生，会使他看不清自己的真面目，跌了跟头还不知道是怎么回事。

如果父母和老师不肯负起"忠实镜子"的责任，那么在社会上很难再找到"忠实的镜子"了，纯洁正派的品格也就无法养成，将来不忠于职守、不忠于家庭和伴侣，也就不足为奇了。

3. 名人为何出宋家

宋耀如出自寒门。他们夫妇的6个孩子个个出色，都是社会精英。为什么宋家姊妹兄弟都能够出人头地？因为他们都受到两种文化教育，从小就学有榜样。

父亲就是一本感人的教科书。他以"特别生"的身份进入杜克大学圣三一学院预科班时，要求他在几个月内学完别人 10 年才能学完的课程。他克服了所有困难，完成了几乎不可能完成的学习任务。

1881 年 4 月，他正式进入杜克大学圣三一学院学习。他的记忆力和意志力都十分惊人，一时难以理解的功课，干脆就背下来，让老师和同学都感到十分吃惊。

1886 年 1 月，他操着一口流利的英语、信心满满地回到上海，脱下西装换上长袍，冒着严寒和酷暑，奔走在上海吴淞和江苏苏州、昆山之间；同时，他也拼命地学习上海话和吴语，刻苦研读中国经史，使自己的母语文化不断得到提升。双语文化成就了他的事业。

对子女教育，从环境浸泡到言传身教，他都做得十分到位。他仿照美国南方的建筑样式修建自己的房子，客厅和房间里的用具是中西合璧式的，既有红木家具，也有沙发、沙发床和钢琴，让孩子一出生就受到两种文化的熏陶。

他深知语言功夫对于人生的意义和价值，所以一直把母语和外语教育放在心上，请来教过自己中文的老先生教孩子古典文学和毛笔书法，在自己尽量用英语与孩子们对话的同时，还专门聘请了一位英籍女教师，教孩子们学英语和拉丁语，使孩子们在入学前就学会使用多种语言；他还特意订购了大批美国出版的儿童读物，指导孩子阅读，让他们在了解美国文化的同时，锤炼英语功夫，增强阅读能力。

在父亲的鼓励下，宋家儿女都养成了良好的阅读习惯。宋庆龄刚到美国，就如饥似渴地博览群书；宋美龄 10 岁左右就读完了狄更斯的全部小说。

父亲充分发挥大孩子对弟弟妹妹的引领作用。他懂得，如果大孩子能够做出榜样，弟弟妹妹就会跟着学。所以，他对长女的教育更下功夫。

上海的冬天冷得要命，即使到了初春，在绵绵细雨中也觉得冷彻骨髓。不管刮风下雨，父亲都会带着霭龄去跑步，锻炼她的坚忍不拔的意志品质。庆龄比霭龄小 4 岁，她看到姐姐能同爸爸一起冒雨跑步，就自觉自愿地加入进来。庆龄的行动，又会给更小的弟弟妹妹带来良好的影响，起到表率作用。

父亲还常带领孩子们爬山、穿越树林，让他们和自己一样抵制吃的诱惑。他知道，要想抵制世界上的各种诱惑，必须从抵制吃的诱惑开始。他的这种教育在孩子身上见到了明显成效：霭龄5岁时，就成了马克谛耶学校的一名寄宿生。上课时坐在为大孩子设计的桌子旁、椅子上，脚够不到地，椅子边卡着腿，她仍旧全神贯注地听讲，一节课下来，腿脚都麻木了。吃饭时，她够不到放在桌子中间的菜，不得不忍饥挨饿。晚上睡觉，一个人孤零零地躺在床上，又有难挨的寂寞。好在爸爸早就锻炼过她，所以一切都忍受了下来。

庆龄以姐姐为榜样，7岁时就带着妹妹美龄进入马克谛耶学校过寄宿生活，在管理好自己的同时还要照顾妹妹。到美国去留学，也把妹妹带在身边，承担起保护者的责任。她和姊妹兄弟的感情始终都很好，即使在政治上各走各的路的时候，彼此也没有伤感情。直至生命的最后一息，她还怀念着远在美国的美龄。

她去美国读书，爸爸妈妈送给她一瓶红酒，让她补养身体；她始终记着父母的关怀，没舍得喝掉，毕业后又带了回来。这瓶酒至今还完好地保留在她的故居里。

在培养孩子们的观察、思考和写作能力方面，父亲依然十分重视大孩子的引领作用。

1898年，他和霭龄一起创办了一份英文版《上海儿童报》，小报的文章由孩子们撰写，印刷业务先是由父亲承担，后来也被孩子们接管过去。孩子们不但是这份小报的作者和忠实读者，还把它推荐给亲友和社会。这份小报一直办到最小的孩子子良、子安上中学为止，对孩子们的成长，起到了很好的作用。

从童年起，孙中山就成了宋庆龄心中的偶像，乃至影响了她的一生。

1900年8月28日，孙中山由日本潜回上海，准备联络容闳、唐才常的"自立会"和"自立军"发动起义，推翻满清统治。他虽然在上海停留时间不长，却几次到宋家商讨革命大计，宋庆龄有时会在他们身边旁听。

有一次，孙中山说："中国非革命不可，要推翻现在这个君主体制，建立共和政府，让人民有权利自己选择谁来管理这个国家。我要为这个目标而生，为这个目标而死。"

宋庆龄听了深受感动，轻声附和说："我也要同你一样。"

孙中山高兴地说："不错，庆龄，当然你可以帮助我，每个人都得帮助我。"

宋庆龄曾经对人说过："我一想起孙先生所讲的话来，就忘了一切——家庭、学校等。我一点也不为自己担心，我却担心着中国。"

宋子文、宋美龄、宋子良、宋子安也都是时代的弄潮儿。宋家姐妹兄弟之所以大有作为，除了他们的理想情操外，父亲的榜样作用，以及母语和外语功夫也是功不可没的。（参见《宋耀如怎样培养出宋霭龄、宋庆龄、宋美龄三姐妹？》360百科等）

六、寻寻觅觅调航向

立什么志向、选择什么样的人生目标，对于任何人都是一件大事、难事。这是对自己人生的总体思维，关系甚大。

选择是你的权利，但是只有智者才能运用好这份权利，选择出优势；只有明了自己能力有多大的人，才能做出成功的选择。这种选择也许不是一次就能完成的。如果第一次选择不合适，就要敢于放弃，重新作出选择，这就是古人所说的"翻然改图"。家长和老师都有责任指导孩子立志、选好人生目标。

1. 人生目标费寻觅

中国有句古训，叫作"男怕干错行，女怕嫁错郎"。道出了人生选择的重要性。鲁迅生于乱世、长于乱世，作为超乎常人的智者，他把自己的人生志向与救国救民结合起来，不失为明智的选择。

面对帝国主义的侵略，救国救民的第一要务为"强兵"。鲁迅的首选与此相应。

1898 年，他走进了南京水师学堂。但是，摆弄枪炮不是他的强项，驱策别人去流血牺牲也不符合他的性格。依他的性格，恐怕更适合自由职业。所以他选择了退出，又转入南京矿务铁路学堂，在那里学到了许多现代科学知识和外语，可以走实业救国的道路。

后来，又感到搞工程技术也不是自己的长项，又选择了退出。

退出也同样需要勇气。退出不等于失败，而且可以为更好地选择开辟道路，卷土重来。

鲁迅在拿起解剖刀严格解剖自己的时候，他也许有些苛刻，过多地看到了自己的弱点。所以选择了学医救民的道路。

1902 年，他东渡日本，先到东京弘文学院补习日文，后到仙台医学专科学校一边继续学日语一边学医，把救死扶伤当作自己的人生目标。凭他的人性、悟性、勤奋和爱心，成长为一位名医是不成问题的。

在日本东京弘文书院读书时，鲁迅就与好友许寿裳一道，把"国民性"作为思考中国社会的核心问题之一。后来，他看了一部日本拍摄的以日俄战争为题材的电影，其中有杀害中国人、同胞麻木不仁当看客的情景，使他受到了极大震动，痛切感悟到：凡是愚弱的国民，即使体格如何健全，如何着装，也只能做毫无疑义的示众材料和看客，病死多少是不必以为不幸的。他认为，第一要著是在改变他们的精神，而善于改变精神的是……文艺，于是想提倡文艺运动了。（引自《〈呐喊〉自序》，《鲁迅全集》第一卷第 5 页，人民文学出版社 1957 年版）他毅然放弃从医道路，投入到文化救国的洪流之中。

他担任过绍兴师范学校校长、国民政府教育部佥事，北京大学、中山大学、厦门大学等名校教授，都是志在改变国民性。

但是，课堂毕竟是狭窄的，听众毕竟是有限的。在陈独秀、孙伏园等人的催促下，他终于拿起笔，用作品去唤醒民众。《狂人日记》《阿 Q 正传》《祝福》等作品，成为改造民族灵魂的教科书。

鲁迅二弟周作人的才能不逊于鲁迅，"七七事变"后却选择了汉奸道路，更不用说汪精卫的"曲线救国"了。

人生选择至今不易。一个人只有明了自己的价值取向和能力、又明了自己所处的时代，认真做总体思维，才能够做出符合天时、地利、人和的正确选择。

以色列之所以人才辈出，是因为学生高中毕业后服兵役三年，得到历练的同时也得到一笔不菲的收入，然后到世界各地考察一年，大开眼界之后总体思维更得体，对人生目标的选择才更准确些，减少了盲目性也少了折腾，操其所爱就容易成功。

美国人卡内基说："确定了人生目标的人比那些彷徨失措的人起步时便已领先几十步。有目标的生活，远比彷徨的生活幸福。没有人生目标的人，人生本身就是乏味无聊的。"（来自百度快照）

冯骥才在《人生目标》中说："没有目标的人生，彷徨一世；有目标的人生，奋争一生。"（参见笔者拙著《外语和多色人生》第 282 页）

人如果有了高尚的情趣和目标，再通过自我导航，就可以驶向成功的彼岸！

2. 自我导航调方向

常梦苏生于 1989 年，从小就是一个有个性、严于律己的女孩，而且兴趣广泛，偏爱文学、戏剧、音乐，钢琴也弹得不错。但是在幼年时期，她对外语的用途缺乏认识也不感兴趣。父母也引导过，但不强迫她接受自己的观点。

在小学四年级以前，她英语学得一塌糊涂，这也让她在同学面前很没面子。随着年龄的增长，她逐渐认识到外语在国际交流中的重要作用。从小学五年级起，她翻然改图，开始卖力学外语。爸爸立即抓住机会给她买回一套《中级美国英语》录音带，让她自己营造一个外语环境。

从此，她经常戴着耳机，一遍又一遍地听这套盒带，达到了废寝忘食的程度。由于她外语相关量掌握得比较好，再加上不懈努力，她的英语状况迅速得到了改善，很快从"一塌糊涂"迅速攀升到了同龄人的前列，并且考上了深圳外国语学校。（参见笔者 2012 年寓公新浪博客《多彩人生与外语功夫 2》）

深圳外国语学校外语气氛浓重，通行"快乐学外语"理念。她在这样的环境中如鱼得水，课堂上积极与老师、同学互动，营造愉悦的外语学习氛围，在自己"快乐学外语"的同时，也给别人带来学外语的快乐；她课外还通过看英语大片、参加英语演讲比赛、辩论等方式来提高学习外语的兴趣和对外语的感知能力、应用能力。

2004 年 12 月，读初三的常梦苏在第三届"21 世纪杯"全国中学生英语演讲大赛中获得一等奖。

为了让她对语言对象国有初步的了解，暑假期间父母让她参加了一个夏令营，到英国转了一遭。这使她深切感受到了语言环境的重要性，由此萌生了到国外去读高中的愿望，想把自己深度浸泡在更好的外语环境中。

2005 年，她如愿来到多伦多市的一所高中就读。自此，她把自己完全浸泡在了外语环境之中。（参见笔者 2012 年寓公新浪博客《多彩人生与外语功夫 2》）

2006 年 5 月，在她与家人的一次通话中，父亲及时提醒说："在国外申请读大学，必须提供托福成绩。你是好好复习一下年底考呢，还是暑假前先考一次试试？"

当时，离北美"新托福"考试还有一个多月的时间。她是一位主意拿定、说干就干的人，决定参加考试，就立即报了名。

当时面临着期末考试和"新托福"考试的双重压力，但是她能够合理分配时间，做到两不误。期末考试后的第二天，她参加了"新托福"考试，取得了满分的好成绩。（参见笔者拙著《外语和多彩人生》第 235 页）

她的成功说明：即使是原本对外语不感兴趣的孩子，只要翻然改图，奋起直追，也可以走在外语学习者前列。关键是要重视功夫修炼，而不是找窍门走捷径。

3.命运就在自己手上

罗蒙诺索夫是 18 世纪俄国一位伟大哲学家、科学家、语言学家和诗人，也是一位自我导航驶向人生目标的成功人士。

其父亲是一位渔民，目不识丁，家境贫寒。尽管他十分好学，还是没机会入学。

8 岁时其母亲病故。两年后，父亲娶了后妻。此后，在继母的打骂声中，他整天干着繁重家务，根本没有时间学习；继母看到他读书，就会立即把书本撕个粉碎。只有等到夜深人静时，他才能悄悄地溜到屋后的一间板棚里，借着微弱烛光，如饥似渴地读书。

为了生计，他经常随父亲出海打鱼。一天，海上突然狂风大作，渔船在海浪中上下颠簸，船帆顶端绳子被刮断了。他毫不犹豫地爬上摇摇晃晃的桅杆绑住了船帆，父子俩转危为安。

父亲深受感动，想给他买一件鹿皮袄作为奖赏。他虽然确实需要这样一件皮袄，可还是请求父亲奖励给他一本有关科学知识的书。

得到那本书后，他抓紧时间认真阅读；书中有关天体、地球奥秘的知识，使他震撼，他下定决心，自己也要去探索这些秘密。

通过读好书，他使自己变得优秀起来。为了读书，1730 年他千里迢迢徒步来到莫斯科。

沙皇统治时期，渔民的儿子是没有权利进贵族学校读书的。他不得不到自己的老乡、书记官杜季科夫家当佣人，兼做家庭教师。他干得十分出色得到雇主赏识。

一天，瓦尔索诺菲神父到杜季科夫家做客。闲谈中，得知罗蒙诺索夫来莫斯科求学的经历，深受感动。决定帮助他隐瞒身份，到扎伊科罗帕斯基学校读书。

入学后罗蒙诺索夫如鱼得水，把自己渴望学习的热情和能量都释放出来，仅用三个月时间就学完了别人一年才能完成的课程；一年之内就连跳三级，完成了该校的全部课程，包括拉丁语。拉丁语是他后来从事科学研究的必不可少的语言功夫之一，也是他事业有成的支柱之一。

接着，他以总分第一名的成绩被圣彼得堡科学院录取。这时，杜季科夫因为嫉妒而告发了他，他被判处发配边疆服苦役。官方问他还有什么话要说。

他说："我是一位渔民的儿子，家乡就是一个艰苦的地方，艰苦生活并不可怕。我所惧怕的是无法坚持学习。对我来说，如果不能继续学习，还不如死去！"

这番发自肺腑的言论，深深打动了在场所有人。经过紧急磋商之后，圣彼得堡科学院的代表大声宣布："录取的第一人就是罗蒙诺索夫！"

他在彼得堡科学院附属大学里刻苦学习一年之后，被送往德国留学。他坚信，在俄罗斯大地上，也能诞生自己的柏拉图和牛顿。他立志要做这样的人。

他在德国留学5年，不但在学业上取得了成功，而且精通德语。

1741年，他学成后回国效命。他说："攻克科学堡垒，就像打仗一样，总会有人牺牲，有人受伤，我要为科学而献身。"

他首先是一位科学巨匠，发现了质量守恒和能量守恒定律；他的著作《关于冷和热原因的探讨》《论化学的效用》《论地层》《试论空气的弹力》《真实物体化学概论》《数理化学原理》等，筑起了富丽堂皇的科学大厦，他因而被誉为"俄国科学史上的彼得大帝"。

因为他精通俄语、拉丁语、德语，并且善于在诸种语言的比较中研究俄语。他的《俄语语法》《修辞学》《论俄文诗律书》等，支撑起他"俄罗斯现代语言之父"的宝座。他同时还是一位诗人，长诗《占领霍亭》被称作是俄国的第一首新体诗。（参见［俄］莫罗佐夫著，于宝林，张贤芳译：《罗蒙诺索夫传》，海燕出版社2005年版）他还是著名的哲学家、教育家，莫斯科大学就是他在1755年创办的。

4. 孔泉的深度学习

1964年，北京外国语学院附校扩大招生规模，选拔一批小学二年级的优秀学生，作为外交官幼苗加以培养。

经过千里挑一，孔泉来到附校读小学三年级。他所在的班级开设法语，被称为"法语小学三年级班"，搞外交成了他们的人生目标。

孔泉觉得既然志在搞外交，就不能唯唯诺诺做人，不然的话，将来怎么代表国家讲话呢？他是一位善于把握自己人生走向的人，能够摆正外语和母语、外语与文化之间的关系，在重视外语学习的同时，一刻也没有放松学习母语；他读了大量的中外经典作品，注重用东西方文化武装自己。

20世纪80年代，孔泉到比利时安特卫普大学和孟斯大学留学，外语由法语转为荷兰语。

当年国内还没有一本荷兰语辞典。孔泉学得很认真，他自己制作了很多卡片，不断锤炼自己的外语功夫。后来，他把这些卡片汇集起来，编撰出一本《现代荷汉词典》，1995年出版后引起轰动，不但成为国人学习荷兰语必不可少的工具书，还在国外被盗版过。

2002年9月，词典再版时，他又增补进去1 420多个新词条，使词典的内容更加完备，被"学习荷兰语"网站追捧为可与英语的牛津词典和朗文词典相媲美的荷兰语辞典。

编撰权威性词典是学富五车的知识精英们的事情。孔泉如果不是在荷兰语学习方面下了独到功夫，如果没有深厚的中文功底，如果没有对于荷兰语和中国语言文字的深入钻研，是拿不出这样好的成果来的。

孔泉为世人所知，源于他在外交部新闻司司长任上充当新闻发言人时的新时代外交官风度和良好形象，兑现了年少时"不唯唯诺诺"的誓言。

2002年1月29日下午，他第一次以外交部新闻发言人身份出场，就给人耳目一新的印象。他不看稿就能准确、流畅、胸有成竹地回答记者提出的问题，一改往日中国外交官员的保守形象。他三问日本首相小泉的新闻段子，曾被网友们热炒；他的"联合国安理会不是董事会"等名言，被传为美谈。（参见《外交部发言人孔泉》，2004年2月10日新华网）尔后他担任过外交部部长助理、驻法大使，成为独当一面的外交高官。自我导航让他驶向了成功的人生目标。

七、读就是学

读就是学，是学的必经之路。无论是家庭教育还是学校教育，无论是外语学习还是相关量学习，都必须在阅读中增进功夫。家长和老师要对孩子读书加以指导。

1.男儿须读五车书

杜甫在《柏学士茅屋》中说："富贵必从勤苦得，男儿须读五车书。"

鲁迅年幼的时候，每天晚上睡觉之前都要听母亲读古典小说。稍大一些，他自己识字了，就自己读古典小说，还把家中的藏书《夜谈随录》《绿野仙踪》《韩五泉诗》《娱园诗存》《唐诗叩弹集》等都翻出来阅读，对他的母语文化和文学修养功夫大有裨益。

鲁迅爱书如命。在南京水师学堂读书时，为了能省下钱来买书，他冬季穿着单薄，以烧饼充饥，靠吃辣椒取暖；在南京矿务铁路学堂读书时，因为学业优秀，学校曾经几次授予他金质和银质奖章，他都毫不吝惜地拿去换钱，用来买书。

在日本留学期间，他住在一个简陋的客栈里，经常被蚊虫叮咬。他就用被单把身体裹住，只露出眼睛和鼻子，照样夜以继日地读书。在短短20天内，他就用课余时间抄写和整理了10余万字的《后汉书》《晋书》。他在《〈小说旧闻钞〉再版序言》中说："那时经济困难，无钱买书，就到日本中央图书馆、通俗图书馆、教育部图书室等处借书阅读，废寝忘食地搜罗自己需要的东西，觉得弥足珍贵的便摘抄下来。"他的善于记忆的大脑里储存了许多信息，简直就是一部取之不尽、用之不竭的"万有文库"。

他一辈子都爱书，工作后收入的10%用于购书，成为仅次于吃饭、住房的第三大支出。

他18岁进入南京水师学堂才开始接受外语教育。该校一周之内有4整天学习英语，与当今的外语专业相差无几；他借助母语功底，再加上刻苦努力，一年下来，英语功夫就大有长进。

1899 年 2 月，他转入南京矿务铁路学堂就学。该校仿照德国学制办学，他在那里学习文化课的同时，也学了 3 年德语。

鲁迅学习外语不满足于获得高分数，积极自觉地把外语学习延伸到课外，除了在图书馆继续读外文书籍外，他还把自己仅有的一点零花钱用于购置外文书籍，来扩大自己的阅读范围；他所喜爱而又买不起的英文和德文书籍，就动手抄。因此，他在南京矿务铁路学堂学习期间，对于德语和英语都大有斩获。

1902 年 4 月，他进入日本东京弘文书院学日语，为进入日本高校留学做准备。因为他有强劲的求知欲望做动力，有母语功夫和两门外语为基础，学起日语来也不感到吃力，很快就征服了它。

鲁迅不但是中华优秀文化的继承者，同时也以世界先进文化为精神食粮。他凭借日语、英语、德语三门外语功夫，开始大量阅读西方书籍：古希腊、古罗马神话，拜伦的诗，尼采哲学等，都给他以重大启发，使他思想深邃。

那时，日本出版过一本翻译得并不十分准确的《离骚》，鲁迅基于自己的母语功底和日语功夫，把日文翻译得不准确的地方订正过来。

留日期间，他翻译过古希腊故事《斯巴达之魂》、法国儒勒·凡尔纳的科幻小说《月界旅行》《地底旅行》等，还翻译过一部《北极探险记》。他的译作，表意准确，语言活泼、生动、形象、有趣。

鲁迅不仅是一位优秀的译者，而且是著名的翻译理论家。"翻译是再创作"的观点就是他提出来的。他最有影响的中文著作，如《狂人日记》《阿 Q 正传》等，也是借鉴了外国文人对于中国国民性的分析。（参见郭同文编著的《鲁迅青少年时代的故事》，山东人民出版社 1990 年版）如果缺少了外语，他就不会有那么广阔的视野，就难以成就高大的鲁迅。

黄庭坚说："三日不读书，便觉面目可憎，言语无味。"梁实秋在《漫谈读书》中说："书是人类智慧的结晶，经验的宝藏……书的价值不是用金钱可以衡量的……作为一个地道的中国人，有些部书是非读不可的。"

杜威把读书比作探险，法朗士把读书视为壮游，汪涌豪说阅读就是阅世，孟德斯鸠说读书可以将生活中的厌烦时刻化作美好时光；法国作家尤瑟纳尔说："我的第一故乡就是我的书籍。"

这些人之所以如此重视读书，就是因为好的书籍能够给人以智慧和力量。正如汪涌豪所说："当个人无力表达纤敏而澎湃的激情时，这些伟大作家的经典创造可以为人们心底无法言说的经验命名，甚至它们就是这种经验最适切的代言。进而，他们能确认，这些伟大的创造，可以如天意神启，让人静听极视，与浩瀚的宇宙相往还；又可以如大雨行潦，为灵魂冲刷出一道开阔的河床。"（参见汪涌豪的《阅读就是阅世》，来自2008 年 7 月 11 日读书敏求）

上述名人对读书的论述，为我们的学习指明了方向。

2. 到巨星家里串门

杨绛自幼喜欢读书。他父亲与她逗趣，问："三天不让你看书，你会怎样？"她说："不好过。"又问："一星期都不让你看书呢？"她说："一星期都白活了。"

在《读书苦乐》中她写道："我觉得读书好比串门儿——隐身串门儿。要参见钦佩的老师或拜谒有名的学者，不必事前打招呼求见，也不怕搅扰主人。翻开书面就闯入大门，翻过几页就升堂入室；而且可以经常去，时刻去，如果不得要领，还可以不辞而别，或者另就高明，和他对质……可以倾听前朝列代的逸闻轶事，也可以领教当代最奥妙的创新理论或有意惊人的故作高论。反正话不投机、言不入耳，不妨抽身退场，甚至"砰"一下推上大门——就是说，'啪'地合上书面——谁也不会嗔怪。这就是书以外的世界里难得的自由！"

读书有百利，但是也有个由不懂到懂、挖金创新的过程。少小读书，偏重于乐趣，不求精道；逐渐可以推己及人、换位思考，理解人性、理性；再扩大视角，逐渐提升自己的品位，使理想接近于现实；最终把书本知识和人生追求结合起来，形成自己的思想，获得外在和内在的双重自由。

我国明代学者王阳明是心学之集大成者，与儒学创始人孔子、儒学集大成者孟子、理学集大成者朱熹并称孔、孟、朱、王。他的著作《阳明全书》被译介到日本后，引起轰动。

被尊为"近江圣人"的中江藤树，原本信奉朱熹的朱子学，购得《阳明全书》后反复研读有所顿悟，开创了日本阳明心学；二宫尊德研读《阳明全书》后，首倡"报德思想"，构建起日本国民近代道德养成的伦理基础；安冈正笃被尊为"昭和的教祖""青年精神领袖""东洋思想第一人"，他是研究"阳明学"的权威，传播"阳明学"的推手，他组织的"日本全国师友协会"容纳了日本政经各界领袖级人物一万多人；1905 年在"对马海战"中率领日本舰队击败俄罗斯舰队的东乡平八郎，在明治天皇为他举行的庆功宴上坦陈：一生伏首拜明阳。（参见地山的《东亚文化圈里的"明阳热"》，载于《廉政瞭望》2019 年第 5 期）这些人通过读《阳明全书》，各自获得灵感，成就了自己的一番事业。日本外语人译介《阳明全书》给日本带来的好处简直无法衡量！

孙中山说："日本维新之业，全得阳明学说之功。"（同上）

蒋介石说，他留学日本时，无论是在火车上、电车上、渡轮上，都会看到日本人在读王阳明的书。他甚至感慨说："中日两国的差距就在于一个王阳明"。（同上）国内对王阳明学说重视不够，梁启超痛心疾首地说："丢掉自家宝贝去做沿门乞讨的贫儿，可悲！"（同上）

"二战"后出任日本首相的池田勇人、吉田茂、岸信介、大平正芳、铃木善幸等，都以安冈正笃为顾问，用心研读"阳明学"；三菱重工创始人岩崎弥太郎、松下公司创始人松下幸之助等著名企业家，也都用心研读"阳明学"。（同上）他们从读王阳明的书中尝到了甜头。

北魏学者贾思勰的《齐民要术》是我国最早的一部农学书籍，被译介到日本后成了奇货可居的秘籍。译者山田好之说："我从事农业生产 30 多年，凡是民家生产生活上的事，只要向《齐民要术》求教，照着去做，没有一件不成功的。"（参见刘朝晖的《〈齐民要术〉在日本》，载于《书城》2019 年第 2 期）

一百数十年前，日本现代企业之父涩泽荣一找到了商业利益和道德之间、私利和公益之间的平衡，就是"一手拿算盘，一手拿《论语》"。他提出了"士魂商才"的理念，追求公私双赢。他熟读过《论语》，了解它的价值理性，能够超越现实看得更远。

他的观念未得到西方学者赞同。直至 20 世纪 60 年代，多数西方学者仍旧认为，儒家思想强调和谐、协作、集体和社会稳定，与西方强调个人主义的经济原理相冲突，无法与现代化兼容。可是，日本、韩国、新加坡以及我国台湾地区、香港地区的儒教资本主义打破了西方学者的论断。

2019 年 1 月 7 日晚，中国原驻美国大使崔天凯在美中总商会春节晚宴上发表讲话时，还特别推崇涩泽荣一的"一手拿算盘，一手拿《论语》""士魂商才"理念，希望企业家要在商业利益和道德原则之间、在私利和公益之间取得平衡。（参见 2019 年 1 月 9 日观察者网）

我们在羡慕他族运用我们先人智慧取得成功的同时，也该反思自己是否对得起祖宗。只有认真读先哲的书，站在巨人的肩膀上思考民族和自己的未来，才能得出正确的结论。

郑板桥在《自叙》中说："人咸谓板桥读书善记，不只非善记，乃善诵耳。板桥每读一书，必千万遍。舟中、马上、被底，或当食忘匕著，或对客不听其语，并自忘其所语，皆记书默诵也。书有弗记者乎？"

郑板桥懂得读书与背书的重要性，达到了忘我的程度，才得真意。

钱钟书是出了名的背书大王。背书当然要反复读。背过外文词典的郑克鲁都不得不感叹："背书没有人能背过钱钟书！"

2013 年 3 月 22 日，王恩哥就任北京大学校长时送给学生们 10 句话，第一句就是：结交"两个朋友"，一个是图书馆，一个是运动场……到图书馆博览群书，不断地"充电""蓄电""放电"。（参见 2014 年 9 月 3 日书香居人）

北京大学有那么多名师，校长还是特别强调读书，把图书馆看成是"充电""蓄电""放电"的场所，说明读书是成功的不二法门。

读书往往可以使人顿悟。顿悟可能来自一个比喻、一句格言、一个警示、一则故事等。顿悟可以打开"茅塞"，使读者的激情喷涌出来，产生强烈的求胜欲望，从而导致成功。

读书能使人识趣明理，读书能使人见所未见，变得灵秀聪明。一位教育家说过："让学生变聪明的方法不是补课，不是增加作业量，而是阅读，阅读，再阅读。"

八、思考与创新

外语学习是一项脑体并用的劳动。眼看、耳听、口说、手写、入心、用脑一样都不能少。其中最为关键的是脑的记忆、脑的思考、脑的创新。有了认真的思考从而产生创新，自然就会获得超越常人的功夫。

1. 李阳风暴

李阳有过家暴，有人对他不屑一顾是不对的。大智大拙都是辩证的。读过《圣经》你就会知道，摩西是罪人，大卫也是罪人。优秀外语人才钱钟书拙得不分左右、出门找不到方向；万众仰慕的钱学森也宣扬过"亩产万斤""特异功能"。如果攻其一点不及其余，世上就没有可取之人了。

李阳原本并不张狂。少年时性格内向、自卑、害羞，语言表达能力和人际交往能力都很差，甚至连电话都不敢接。

高考时，外语成绩只有 16 分。大学初期，有数门功课不及格，包括公共英语。他的突破首先是拯救了自己，不然的话，社会就多了一个废材。他自己都说："通向成功的路是宽广的，通向平庸的路更加宽广。缺少奋发向上的锐气，就很容易滑向平庸。"（参见笔者拙著《外语和多彩人生》第 327 页）

严锋教授说："学外语没有捷径，但是有窍门，这个窍门就是激情。"正因为没有捷径，所以更需要激情，否则根本撑不下去。

　　李阳的"疯狂"就是激情。

　　理念一变，牛气冲天。他说："十天的疯狂就足以改变我的一生，那是一种忘我、忘时、忘物的疯狂……我一定要在自己选定的路上疯狂、执着、勇敢地走下去！"

　　他做了总体思维，认识到，与其终日冥想，不如善用此生。无法舍弃小快乐的人，是不会得到大快乐的。所谓突破者和平庸者之间的差距，就是多一点儿自律、多一点儿决心和多一点儿牺牲所拉开的！（参见笔者拙著《外语和多彩人生》第328页）

　　他知道，一切成功都来自战胜自我，这比一招一式的"做题术"管用得多。

　　李阳的典型意义在于，他在危机面前找到了机遇，把自身最大弱点背后所潜藏的巨大能量释放出来，使之成为令全世界惊叹的优点，实现了由"不及格"的李阳向万众瞩目的李阳的成功转变。

　　李阳的事迹向我们昭示了这样一条朴素的真理：将命运掌握在自己手中，人人都能实现李阳式的大转变！

　　准确的发音离不开模仿。李阳所处的时代，最简便、最可靠的办法就是利用好录音机。

　　为了使自己的发音更地道、更准确，李阳先后听坏了三台进口录音机。他自我总结说："为了说一句地道、纯正和优美的英语，我就有听100遍录音带的决心，就有复述100遍的恒心，就有狂喊100遍的痴心。"他认为，有了录音带，就可以随时随地创造世界一流的语言环境。（参见笔者拙著《外语和多彩人生》第329页）

　　一句地道有特色的英语，无论是来自书籍、影视剧，还是来自街头广告，李阳都会用心地把它们摘记下来，制成卡片，通过反复诵读，逐步变成自己可以脱口而出的东西。

　　这就是功夫修炼，他没有抄小路走捷径。他还跳出外语本身，从祖国文化的大视觉出发研究外语学习方法，颇有心得。

　　他说："不要到国外去寻找学习语言的方法，我们祖先总结出的最优秀、最有效的语言学习方法就是：书读百遍，其意自见（重复很重要）！读书破万卷，下笔如有神（大量阅读很重要）！拳不离手，曲不离口（要善用零碎的时间）！熟读唐诗三百首，不会作诗也会吟（模仿很重要）！还有很多很多！"（参见笔者拙著《外语和多彩人生》第79页）

如果李阳来自北京外国语大学英语学院，他的事迹也许就没有那么惊人了。正因为他来自非外语院校的非外语专业，身边没有任何"外语神仙"，他的成功完全是靠自己救自己，因而这种成功更具有典型意义。

1992年，李阳通过竞聘进入广东人民广播电台英文台，很快就崭露头角，成为著名的英语播音员。为了播音准确，他每天早晨五点钟起床，到公园湖边大声练英语。他同时发现，台里的其他播音员为了说好普通话，也都在对着湖水练声。后来，他又成为广州最有名的同声传译人员，甚至获得了"万能翻译机"的美誉。

李阳还是美国驻广州领事馆的特邀翻译。美国商业部长、总统特使布朗访问广州时，他也是主控室中唯一的一位华人译员。

1994年，世界移动通信国际会议在广州召开，李阳承担了会议27位发言人的同声传译工作。

突破英语之后，他还用同样的方法自学了德语、法语、日语。他的成功经验就是"疯狂"。

在外语学习方面，李阳掀起了一场风暴。到20世纪末为止，他在全国各地义务讲学达2500余场，听讲人数超过2000万人。他因此被称作"英语播种机""人生激励导师"。他在"超凡555创见"活动中，被评为中国创见俊杰；湖南卫视评选他为最具时代梦想的青年才俊。顾长卫以他为素材拍摄的专题片——《知识改变命运》，在CCTV1～4套节目中播出后，受到热捧。

他的影响远播国外，美国《时代周刊》《纽约时报》，CNN、ABC、CBS等美国三大电视台，美联社、路透社，香港凤凰卫视等全球数百家新闻媒体争相报道他的"疯狂英语"。有20多个国家邀请他前去讲学，原本害羞的李阳，成了著名的国际演讲家。《时代周刊》2000年评出的最

有影响的时代人物，他位列其中。（参见笔者寓公新浪博客 2011 年 12 月 5 日博文《世上难觅第二个李阳》）

2008 年北京奥运会期间，他担当志愿者的英语总教练，（参见《疯狂英语李阳的成长故事》360 百科）做出了应有的贡献。

成功不可复制，世上难觅第二个李阳。每个人都是活生生的有别于他人的个体，有独自的内外因环境，只有在借鉴别人成功经验的基础上，发挥出自己的特长，创造出自己的独特道路，才有可能真正走向成功。独辟蹊径，才能得上上真功。

2. 方法优选与创新

外语是一门学问，有着自己完整的学科体系。面对着外语，如果抱着科学的心态，就会老老实实地做学问，就会讲求科学方法，而且在学习前人方法的同时，自己也不断地摸索和创造新的方法；如果抱着浮躁的心态，就会总想图省事、走捷径，妄想不经过自己的艰苦努力，靠"外语神仙"超度轻而易举地获得成功。这是拙劣的方法，百分之百要失败的。

画家丰子恺懂英语、日语、法语、德语。他最先接触英语，对日语略知一二。1921 年初他到日本游学，进入东亚预备学校学日语，觉得进度太慢，就转入一所英语学校，反弹琵琶听日本老师怎样用日语讲授英语。这种独创方法使他受益匪浅，仅仅一个月，日语的听力、会话、阅读就大有长进。（参见钟桂松的《丰子恺东瀛游学记》，载于 2019 年 7 月 1 日《文汇读书周报》）他的方法依然是功夫大树上结出的花果。

外研社推出的《外语教学方法与流派》，在介绍每一种方法与流派及相关理论的同时，从理念和实践两个维度思考外语教学方法问题。它正在推广"关键词破冰法""角色扮演法"等"外语教学妙招"，也是功夫大树上结出的花果。

外语学子创造的浸泡法、情境法、交际法、联想记忆法、归纳法、复现法等，已经被前人证明是有效的，值得借鉴。但是，每个学人都要根据自己的习惯、特长和学习环境，对方法进行优选，找出适合自己的方法来；而且不能简单套用别人的方法，要在学习、借鉴的基础上，根据自己的实际情况进行再创造，变成自己的东西，才能见成效。

前文提到的 GRE 满分得主张骏，仅在单词记忆法方面就运用过"周期循环法""联想法""记录法""字典参照法""相互激励法"等，既有自己的独创，也有对老方法的创新。如"联想法"，他考虑到词汇的音形意，创新出"词形联想""词意联想"等方法。（参见《GRE 全球最高分得主经验谈》第一部分）这就不是使用"划过的火柴"，而是自己又"安装上火柴头"，可以擦亮。

外语学习需要学习者要有积极进取的心态，克服不想付出、走捷径等萎靡心态。要想越过外语的一道道龙门，不拿出奋力一搏的勇气，没有勇敢的探索精神，是根本办不到的。

即使像新东方那样的学校，教室也只是传授知识的场所，而不是知识超市和大卖场；老师也只是传递知识的使者，而不是兜售知识的商人；获取知识的途径是靠艰苦复杂的脑力劳动，而不是金钱与商品的等价交换。离开了探求和求索的心态，就不会得到自己想要得到的知识。

英国人丹尼尔·塔米特是一位善于脑体并用的人。他有超常的记忆能力和超群的数学才能。进入状态后，他头脑中的每个数字都有不同的色彩、质地、形象甚至情感。他已经把学习对象转化为可敬可爱的伙伴。

2004 年，他花费五小时零九分一个不差地背出圆周率小数点后 22 514 位。他说："在我看来，圆周率是极其美妙的一件艺术品，就像《蒙娜·丽莎》那幅画或莫扎特的交响曲。"

2006 年，他代表英国参加国际奥林匹克数学竞赛，赢得一枚银牌。他怎么也想不通，自己竟然会败在中国选手手里，而且 6 名中国选手一个比一个优秀，这使他的心灵受到极大震撼。由此，他一心想要探访中国这个神秘的国度。攻读汉语时，他也像对待数学一样，精力聚焦全身心投入，把汉语当成可敬可爱的伙伴。仅仅花费 4 个月时间，他不但能够自由地用普通话与人交流，而且能够自由地用中文阅读和书写，创造了学习中文的奇迹。（参见丹尼尔·塔米特的《星期三是蓝色的》，万卷出版集团 2011 版）如果我们也有丹尼尔那种气度，何愁外语学不好呢！

3. 创新会有新学说

有人觉得外语无非是字母、词汇、语法之类的东西，有什么可创新的！其实外语创新大有可为。很多词典上没有的词汇，语言实践中都可以创造出来，例如毛泽东创造的"纸老虎（paper-tiger）"，当前流行的"大妈（dama）"等。

余光中曾说，大翻译家都是高明的"文字的媒婆"。

翻译界推崇傅雷的原因，一是他的华文体；二是他在翻译主从句方面的创造，遵循先译从句后译主句的原则，解决了关系从句的翻译问题。（参见笔者寓公新浪博客 2020 年 9 月 5 日博文《傅雷为何受称赞？》）傅雷的这一创新被很多人采用，证明非常有效；但也并非唯一正确的方法，不能绝对化。翻译具体句子时，究竟使用哪种翻译方法，要看译者的功夫。有什么功夫用什么手段，关键是使译文达到"信、达、雅"。（参见笔者寓公新浪博客 2020 年 9 月 5 日博文《傅雷为何受称赞？》）最好自己也有创新，有新学说就更好了。

郑观应之曾孙郑克鲁，血液中充满着地对西方文明与外来文化的渴求，使其命中注定要走上文学翻译之路。

1957 年，郑克鲁从华东师范大学一附中毕业考入北京大学西语系法语专业。法语语法比较复杂，还存在大量的连读和同音词，要想入门并非易事；那时的外语教育，从师资到图书、语音设备，都不能与现今同日而语，直到毕业他也没能真正过了语言关。

在考上中国社会科学院外文所研究生后，师从作家、翻译家李健吾。老师让他读卢梭的《新爱洛伊丝》，他读起来很吃力。

1965 年毕业后留在了中国社会科学院外文所，还是锥处囊中。

1969 年，中国社会科学院外文所下放到河南信阳息县。困境中郑克鲁不甘心生命空转，身边有一本 26 000 单词的《法汉词典》，他就开始背词典。早上花一个多小时背数页，上午开会时把背过的东西在脑子里走一遍，看看记住了多少；午休时再背一遍增强记忆；下午劳动间休时再背一遍；晚上睡觉前再背一遍，反复背三天，直到记牢为止。然后再来下一个回合。他用时一年多，把《法汉词典》全背下来了。

从信阳回京后，他读原版《红与黑》《高老头》都轻松自如了。于是就大量阅读原著。巴尔扎克的 90 部《人间喜剧》他读了 80 多部，而且每读一部都做了详尽的笔记，还把重要情节、名言佳句摘录下来。这些资料成了他后来翻译和写作的重要依据。

他首先翻译了巴尔扎克的短篇小说《长寿药水》，发表在《世界文学》上。出版社看出了他的水平，主动约他翻译法国文学作品。

郑克鲁说，译书就是他的爱好。他觉得译书过程是一种享受，每译完一本书，就觉得了却了一个心愿，所以乐此不疲。

商务印书馆出版的 38 卷《郑克鲁文集》中，有 1 700 余万字为译作；他撰写的《法国文学论集》《法国诗歌史》《现代法国小说史》《法国文学史》等，主编的《法国文学译丛》《外国文学史》《外国文学作品选》《外国现代派作品选》等，都在读者中引起了很大反响。

高质量的翻译，会像诗人那样讲究练字、反复推敲，言别人之所未言。郑克鲁翻译的《茶花女》中，有描写男女主人公缠绵相爱的情节。为了言别人之所未言，他特意选择了"鹣鲽情深"这个词，给人以美的享受。《巴黎圣母院》中有描述路易十一病得快死了的内容。为了不落入"病入膏肓""行将就木"的套路，他译为"病势尪羸"。尽管"尪羸"二字有些冷僻，但是读者根据上下文也能理解是形容人病得很重的意思。他善于化腐朽为神奇，把中国古典词汇的超常之美展现给读者。这也是创造。

他与其他译者的不同之处，在于注重写序言。有的序写得很长，不但介绍作家生平、作品背景，还要讲清楚作品的价值等。他写的序言质量很高，相当于一篇精彩的导读和精准的评论，里面包含着创新。

他的著述近 2 000 万字，学术论文和其他各类文字近 300 万字，再加上 1 700 多万字的译著，一生累计 4 000 万字的文字量，令人惊叹！他主持编写的《外国文学史》是中国高校学习外国文学的权威教材。（参见2019 年 11 月 16 日中国作家网、2018 年 4 月 13 日《文学报》等）其著作和编著都有创新。

　　美国人卡尔纳普在《语言的逻辑句法》一书中，已对语形学开始研究，认为语形学与逻辑句法是同义的。美国人莫里斯在《指号理论的基础》中首次提出语形学、语义学和语用学三者之间的区别，这都是在学习和应用语言实践中创造出来的新学说。此类新说还有许多，《外语功夫论》也恬为其一。

九、提升生命质量

　　仅就个人来讲，外语学习在于提升生命质量。用外语打开世界之门后，从东西方两种文化中汲取营养，生命质量才会提高。这已经是被无数优秀人物证明过了的真理。生命质量提高后，有时会给民族带来革命性的巨变。

1. 时间统筹，生命升值

　　陈景润是福建人，习惯吃米，为了节省时间却总是吃面条。他珍惜时间，连理发占用的时间都舍不得。

　　有一次到理发店排队，拿了个 38 号，以为轮到自己还早，就走出店拿出英语单词本背了起来。背着背着，又想起自己读的英语书还有一处没弄懂，就跑到图书馆去查字典。回来时路过外文书店又被吸引进去。他这样一折腾，学问长进了，发却没理成。结婚后，干脆就让夫人由昆给理发。（见于 2006 年 4 月 4 日 BTV-3 "世纪之约" 栏目播出的 "特别节目" 等）

　　他的生命一再升值，与他通晓外语、珍惜时间，把精力聚焦于事业紧密相关。

北京大学数学天才韦东奕，每月花销不过 300 元，不看电视也不用微信、微博，（参见 2021 年 6 月 1 日澎湃新闻）将精力聚焦于事业，生命才有高质量。

所有勤奋的人都惜时如金。现代人面对的是一个知识爆炸时代，要学的东西太多；外语不止一种，还有众多相关量，光懂得惜时如金还不够，必须学会时间统筹，合理安排每天 24 小时，让单位时间发挥出更大效益。

充足睡眠可以保持大脑的活力。人一次深度睡眠的时间是有限的，似睡非睡的做梦时间，多数属于懒床时间。要养成说睡就睡，该起床立即起床的习惯，睡足 8 小时以后，就不应该再赖床了。

要善于利用零散时间。日常的一切行动要敏捷，不能拖泥带水、浪费时间，让时间白白空转，把被别人浪费掉的"垃圾时间"，转化为宝贵的学习时间。

可利用的零散时间每天都会有；至于双休日、节假日、寒暑假等宝贵时间，更值得充分利用。如果能把这些时间统筹利用好，就可以把一年时间变为两年来用。这样一来，时间的效率就大了，读什么书都不愁没时间了。

要减少不必要的应酬，尽量少参与饭局，不做无味闲聊。丑陋中国人的坏毛病之一，就是不必要的应酬过多、饭局过多，拖拖拉拉空耗掉许多时间，白白浪费生命。

家长首先要管住自己，拒绝不必要的应酬和饭局，把节省下来的时间用在子女教育上；更不要把子女拖入不必要的应酬和饭局之中浪费时间、浪费生命，影响健康。一场不必要的应酬和饭局，往往就要消耗掉四五个小时，而且注意力和精力长时间收拢不回来，是生命的最大浪费。酒精中毒、肥胖症、心肌梗塞、家庭不和等，往往都是由饭局引起的。

有人甚至说，饭局毁掉了中国男人。我们还要再加上一句：饭局别毁掉孩子！

闲聊也是生命空转，应该禁止。

爱因斯坦说："人的差异产生于业余时间。业余时间能成就一个人，也能毁灭一个人。"（转引自北京大学校长王恩哥就任时赠送学生的十句话）这话说得十分中肯。

毛泽东辞去国家主席的原因之一，就是想尽量减少不必要的应酬，腾出更多的时间读书，做理论上、战略上的思考。（参见 2015 年 5 月 11 日人民网等的相关报道）

钱学森家基本没有高朋满座的时候，因为他不肯浪费时间。（参见《钱永刚回忆父亲钱学森的最后 22 年》）

要交替用脑。不同的学习科目，使用大脑的部位有所不同，较长时间学习同一科目，就容易造成脑疲劳；交替用脑，就会使大脑充分发挥出自己的潜能，减缓疲劳。

英语翻译费胜潮在中学阶段常常一边做数学题，一边听英语录音，他的"一心二用"，也是在交替用脑的一种形式。

仅就外语单一学科而言，也需要交替用脑，应该分段进行听、说、讲、读功夫的修炼。还可以把料理生活的时间和学习时间统筹起来，加以利用，一边打理家务一边听外语录音，可以达到事半功倍的效果。

勤奋的人懂得珍惜时间、珍爱生命，会像鲁迅那样，把别人喝咖啡的时间都拿来用于学习和工作。可能用百分之五百的精力投入，把难题破解，把一年时间化作两年。勤奋的人"不畏浮云遮望眼"，面对花花世界目标始终如一、坐怀不乱，不断地使生命升值，像马克思所说所做的那样，"在崎岖小路的攀登上不畏劳苦""有希望到达光辉的顶点。"

学习是一种高级脑力劳动。这种劳动依赖于心态、情感、志向、意志等生理和心理品质。学习者必须把自己的脑体潜能、生理和心理能量都动员起来，为学习服务，学习才会有成效。

能把身心各种力量统合起来的力量就是勤奋和毅力。可以说，勤奋和毅力既是优秀的意志品质，也是学习的第一方法，外语学习更是如此。

2. 爱因斯坦掌控命运

爱因斯坦小时候表现木讷，不断遭受冷言冷语。母亲却信心满满地说："他是沉静的，因为他在思索。等着瞧吧，总有一天他会成为教授的！"（参见笔者寓公新浪博客 2012 年 5 月 15 日博文《爱因斯坦的天性》）这位母亲比很多老师更懂人才学。

校学公布的成绩单表明，爱因斯坦的学习成绩一直很好，只是因为他善于独立思考、敢于挑战权威，往往与老师发生争论，所以常常遭到老师的嘲讽或惩罚。有的老师甚至拒绝教他这样的学生，并且断言："他没出息，根本考不上大学。"（参见笔者寓公新浪博客 2012 年 5 月 15 日博文《爱因斯坦的天性》）

但是命运终究靠自己把握。他对自己的估价是：尽管总的成绩并不是非常突出，但是数学和物理成绩却很出色，而且自己在这方面有着浓厚兴趣，沿着这个方向可以有更大的发展。

他在用法语写的一个《未来的计划》中说："如果运气好，我将去苏黎世。我会在那里学 4 年数学和物理。我想象自己会成为那些自然科学分支领域的一名教师，我想我会更喜欢其中的理论部分……人总是喜欢做他有能力做的事情。而且，科学事业存在着一定的独立性，那正是我喜欢的。"（参见笔者寓公新浪博客 2012 年 5 月 15 日博文《爱因斯坦的天性》）

他这样做总体思维，对自己的定位相当准确。选定了目标之后就自我导航，全力以赴奔向目标。

1896 年，他如愿考进了瑞士苏黎世联邦理工学院，学习数学和物理学。他告诫自己：人和其他动物一样，都有惰性。假如不加以驱策，就懒得思考……

在大学里，他也遭受过白眼。有一次，物理学教授佩尔内严厉地训斥道："你在工作中不缺少热心和好意，但是缺乏能力。你为什么不学医学、法律或者哲学，而要学物理呢？"（参见笔者寓公新浪博客 2012 年 5

月 15 日博文《爱因斯坦的天性》）

　　这位权威用自己的语言把自己钉在了耻辱柱上，说明他根本不懂人才学。

　　大学毕业以后，爱因斯坦并没有找到合适的工作，他曾经发出过多封求职信，都如同泥牛入海。

　　1901 年 3 月，他给莱比锡大学著名的化学教授奥斯特瓦尔德写信，请求做他的一名助手，也未能如愿。（参见笔者寓公新浪博客 2012 年 5 月 15 日博文《爱因斯坦的天性》）

　　在挫折面前，他始终目标如一，是位锲而不舍的硬汉。

　　1905 年是他生命中极为关键的一年。这一年他发表了三篇具有划时代意义的论文，开创了物理学的新纪元，由此诞生了狭义相对论。

　　一个世纪后，联合国教科文组织把 2005 年定为"世界物理年"，以纪念他对人类作出的贡献。

　　他告诫说："任何有作为的学者，都不能在浩瀚无边的知识海洋中漫无目的地飘荡。如果那样做，便只能空耗一生而一事无成。应该选定一门对自己最有利又最擅长的学问，向着它鼓帆劲渡，直取目标，尽量避免兜圈子，免得浪费有限的生命。"

　　他还说："数学可以分成许多专门领域，而每个领域都可以花掉我们短暂的一生。物理学也不例外，它所包含的每个领域都能耗费掉一个人短暂的一生。在我研究的这个领域里，我不仅学会了能识别出导致知识深化的有用东西，而且能够把其他许多肤浅的东西抛到一边，把许多充塞头脑并使我的精力偏离主要目标的东西舍弃丢掉。"（参见笔者寓公新浪博客 2017 年 6 月 23 日博文）

　　这就是爱因斯坦所创立的高效定向学习法。

　　定向学习法，就是要对自己所学的知识围绕人生目标进行筛选，只学能够把自己摆渡到人生目标上去的东西，抛弃远离目标、使头脑负担过重的东西，集中全部智慧和精力攻克选定的目标。这与相关量的说法并不矛盾。辩证地说，既不能无视相关量做"独眼怪物"，也不能遍地开花，平均使用力量。爱因斯坦恰恰是这种辩证关系的统一体。

外语虽然不是爱因斯坦最喜欢的科目，却是他走向成功必不可少的支柱。不学古希腊语，他就不可能搞清楚古希腊人所说的、被牛顿借用的"以太"究竟是什么东西；不学英语和意大利语，他就难以真正弄懂伽利略和牛顿的学说，更谈不上对这些学说的继承和发展；他作为一位德籍犹太人，不懂英语他后来便无法长期在美国生活。所以，他对于外语学习也是格外用心的。（参见笔者寓公新浪博客 2017 年 6 月 23 日博文）

正是由于爱因斯坦咬定目标不放松，才能排除万难，实现了在相对论和量子力学上的重大突破，终于在 1921 年获得了诺贝尔物理学奖。

从事科学研究是需要宽松、自由的工作环境的。爱因斯坦在 1901 年 7 月 8 日致温特勒的信中说："对权威的愚忠是真理最大的敌人。"他在晚年所写的《论内在自由》中说："科学的发展，以及一般的创造性精神活动的发展，还需要另一种自由，这可以称之为内在的自由。这种精神上的自由，在于思想上不受权威和社会偏见的束缚……只有不断地、自觉地争取外在的自由和内在的自由，精神上的发展和完善才有可能。"（参见笔者寓公新浪博客 2012 年 5 月 15 日博文《爱因斯坦的天性》）

在他眼里"方程比总统重要"。（参见笔者寓公新浪博客 2017 年 6 月 24 日博文）

1946 年 5 月，爱因斯坦就任"原子科学家非常委员会"主席，旨在公开宣传原子武器带来的风险和危害。他甚至建议成立一个世界政府，来加强对武器的控制，组建起一支能够维持世界和平的部队。他批评美国和苏联互相敌视、互相猜疑，执行"冷战"政策。他呼吁科学家要尽到维护和平的更大的责任。

在一封写给后辈的信中，他诚恳地说："亲爱的后辈们！如果你们的所作所为不能比我们现在和以前的行为更加公平、平和，尤其是更加理性的话，那你们就要等魔鬼来带你们走了。"（参见笔者寓公新浪博客 2017 年 6 月 25 日博文《爱因斯坦的心愿》）美国政客们尤其应该听听他的忠告。

3. 做自己的太阳

亚历克西斯 1981 年出生在法国，从小爱学习，偏爱数学和语言学。他不是把知识当作升学晋级的敲门砖，而是把学习当作修炼思想品质、意志品质、行为品质的过程。他在学习中富于探险精神，愿意挑战现存理念，敢于尝试新的道路，做自己的太阳，实现被别人认为无法达到的目标。

在数学方面，他使用矩阵技术，在心算领域取得了巨大成功，一再创造令人吃惊的新纪录。

一个数的 13 次方，无法用化简的方法计算。所以，世界上通常用计算某个数的 13 次方的方法来检测人的心算能力。

1970 年，100 以内数的 13 次方心算世界纪录是 23 分钟。后来，德国人格特·米特林以 13.55 秒的速度创下新纪录。

2004 年 12 月，亚历克西斯以 3.62 秒的成绩刷新纪录。2005 年，他花费 513 秒心算出 200 以内的任意数的 13 次方，在学界引起了轰动，"人体计算机"的称谓自此而生。两年后，他将同一心算纪录提升到 77.99 秒；后来，他又将纪录提升到 70.2 秒。功夫越用越精，甚至超越了先进工具计算机。

他自称"智力运动员"，承认自己是靠辛勤劳作和不懈努力才取得这番成绩的。为了能够快速地完成心算，他竟然花费 4 年时间去研究一种矩阵技术，从而记住了数千个能帮助他运算的数字表。这就是他的金不换功夫！

他对数字的敏感和热爱，为外语学习提供了借助。心算方面的逻辑思维能力、记忆功夫、把数字变成图像等联想能力、对追求的目标的专注精神等，都可以毫无保留地用到外语学习上。他用 20 多年业余时间学会了英、德、中、俄、西等 40 种语言，使自己如虎添翼。（参见 2007 年 12 月 12 日青岛新闻网）

我们也可能达不到他那样的水平，但是仅就语言学习而言，他用 20 多年业余时间学习了 40 种语言，我们能不能也用同样的精力，学会 14

种，或者 4 种语言呢？只要像他那样深度学习，恐怕也是能够做到的。

4. 两大超越

外语人生要实现两大超越：一是自我超越，二是民族超越。

学了异域文化首先要实现自我超越，使自己站得更高、看得更远，心胸更豁达，品格上升档次，更愿意为大众做奉献。唐代的玄奘，当代的周恩来、钱学森、王永志等都是这样的人。

自我超越还体现在终身学习、不满足于现状上。语言的变量极大，使得那些饱学之士，也不得不坚持终身学习、不断自我超越。

大家所敬仰的许国璋教授，1939 年从清华大学外语系毕业后到上海交通大学、复旦大学任教。担任教职 8 年后，又于 1947 年赴英国，用 3 年时间在伦敦大学和牛津大学攻读 18 世纪英国文学，加厚了功底，实现了自我超越。而后他一生都在不断实现自我超越。

季羡林强调：外语学习是无止境的。跳不过龙门是一条鲫鱼，跳过去了才是龙。即便成了龙，外语永远也无法达到炉火纯青的程度，还需要不断自我超越。（参见《外语教育往事谈》第 14 ~ 15 页）每位外语人都可以实现自我超越。

民族超越是对外语人更高档次的追求。玄奘在梵文和佛学上超越了天竺人，被大乘佛教授予"大乘天"、小乘佛教授予"解脱天"的极高荣誉称号。（参见拙著《外语功夫纵横》第 49 ~ 50 页）佛教在印度式微后仍在我国流传。这就是民族超越。

哈金自我超越后的民族超越是：一部小说获得美国文学两项大奖，英语水平被称为"几乎史无前例"。

叶君健见证，他在剑桥大学读书时，三一学院英语教授由外国学者担任，一位英语导师是印度人，此前是一位德国人。丹麦人耶斯佩生教授是公认的英语语法大师，他的《英语的成长和构造》《根据历史的原则论现代英语语法》（四大卷）等著作，是最具权威性的著作，超越了英籍学者相关研究的水平。英国人公认的一位杰出英语文体家康拉德，是波兰人，18 岁才开始学英语，而且是作为一名水手在英国轮船上学的。（参见笔者寓公新浪博客 2017 年 6 月 16 日博文《语言学习中的王者》）这些人的英语水平超越了英国人，敢给英国人立规矩。这种超越是革命性的，不只使自己的生命增值，也给对象语的发展以巨大的推力。

西人学汉语也有超越国人的，在使自己生命增值的同时，也推动了汉语进步。

英国人乔书亚·马士曼善于阅读，12 岁就读了 100 多部书，18 岁之前读完了 500 多部书。他早年掌握了希腊文和拉丁文，后来学习希伯来语和叙利亚语，来到印度后马上认真学习梵文和孟加拉文。

大约在 1805 年，在一位澳门出生的亚美尼亚人乔安斯·拉萨指导下开始学习汉语。他的学习动力来自传教，也来自报效祖国。看到法国人所取得的汉学成就后，他决心超越。

1822 年，他成就了世界上第一部汉语《圣经》。

他从未到过中国，所著《中国言法》被称为"汉语密钥"，成为英语世界最早的汉语语法书籍，比中国学者马建忠的《马氏文通》早了 80 多年。（参见文汇网 2021 年 1 月 23 日的《汉学奇人马士曼》等）

有人可能纳闷，祖祖辈辈生活在自己土地上天天使用母语的人们怎么就被外人超越了呢？道理很简单：不识庐山真面目，只缘身在此山中。外人则站在庐山之外用另一种视觉观察，就"横看成岭侧成峰"了。

大家都熟悉的乒乓球本是英国的一种贵族文化，现在被我们超越，甚至可以称作我们的国球了。这不只是超越，更是创新。背后隐含着外语人的功劳。

制度文化上的超越更是革命性的。日本一批外语人发动"明治维新"，使日本走上了现代化道路；外语人孙中山建立了亚洲第一共和国，制度上超越了许多东西方国家；马克思主义来自西方，却在中国大地上落地生根，外语人陈望道等人的译介功不可没，毛泽东把它与我国国情相结合，更是创造性地运用。

一个外语学得好的人，一定是懂辩证思维的人；同样，一个好的翻译家也肯定是懂辩证思维的人，否则就会工具性地使用语言，把翻译搞得晦涩生硬。

概而言之，由史学、文学、科技学、哲学等组成的文化是外语功夫的魂魄，也是衡量外语功夫高低的重要尺度。离开了文化的主导，外语便失去了灵魂，人才就立不起来了。

我们每个人都应戒除自满，老老实实地步大师的后尘，活到老学到老。外语功夫的修炼、文化主导型外语人才的塑造，更需要有这样的态度。

第六章

表达技巧有功夫

说话讲分寸是一门学问、是一种修养、是一种功夫。何时说、怎么说、说到什么程度，更是一种修养、一种功夫、一种软实力。语言表达力同思想洞察力是相互依托、相互促进的，语言后面有一个巨大的精神世界。

表达与听、说、读、写、译五大功夫都有关联，也可以看作是一种独立功夫。口语表达好坏，事关交涉成败；书面表达好坏，事关文化存废。语言修养功夫也包含表达方式。十分相近的词，语境不同，表达方式不同，就会产生不同的效果，甚至生成截然相反的含义。

语言表达不是工具技巧的简单卖弄，而是思维活动的结果，是智慧的结晶。修炼语言功夫当然要学习研究表达方式，以追求最佳效果。

语言是有灵性的，表达也应该具有灵性。表达方式有千万种，聪明人可以自创，会显得更生动有效。

一、说理功夫

语言表达的一项最重要功能就在于说理。说服信众、说服对手，鼓舞自己队伍的斗志，都需要过得硬的说理功夫。

1. 说理力度靠功夫

语言最通常的表达方式还是直截了当正面表达自己的立场和观点，阐明利益相关方的边界在哪里，自己的最大关切和底线是什么。外交文书、政府公告、白皮书、边界协定等，都用这种表达方式。新闻发言人阐述自己一方的立场、观点等，也都用这种表达方式。

在 2021 年 1 月 28 日国防部例行记者会上，国防部新闻局局长、新闻发言人吴谦大校说："民族复兴、国家统一是大势所趋、大义所在、民心所向。在中华民族的历史长河上，一小撮'台独'分裂分子的谋'独'行径，就像是一个泡沫，又能翻得起几朵浪花？我们正告那些'台独'分子：玩火者必自焚，'台独'就意味着战争。中国人民解放军将采取一切必要措施，坚决挫败任何形式的'台独'分裂图谋，坚定捍卫国家主权和领土完整。"（见于 2021 年 1 月 29 日《环球时报》）在民族大义面前是一丝一毫也含糊不得的。吴谦大校的表述，是对美国打台湾牌的警告，对"台独"势力的震慑。

2021 年 3 月 18 日，中共中央政治局委员、中央外事工作委员会办公室主任杨洁篪、国务委员兼外长王毅在安克雷奇同美国国务卿布林肯、总统国家安全事务助理沙利文举行中美高层战略对话。杨洁篪在开场白中阐明中方有关立场："我们希望这次对话是真诚的、坦率的。"他说："我们把你们想得太好了！你们没有资格说从实力地位出发同中国谈话，中国人不吃这一套。与中国打交道，就要在相互尊重的基础上进行。历史会证明，对中国采取卡脖子的办法，最后受损的是自己。"（见于 2021 年 3 月 19 日央视网）讲明这番道理，才能让美方不敢放肆。

外语人无论从事何种职业，说理清晰、表达准确，都是语言表达的第一需要。

钓鱼岛主权问题是横亘在中日关系上的一道障碍。从民族主义立场出发，日本人几乎万口一声称钓鱼岛为日本领土，即使是一直主张日中友好、推进中日邦交正常化的日本社会党，也认为日本对钓鱼岛拥有主权。

一个很偶然机会，井上清教授发现日本人用"尖阁列岛"称谓钓鱼岛，始于 1900 年，是冲绳县师范学校教师黑岩桓首创的。日本在 1945 年接受了波茨坦公告，那么该岛就应该无条件归还中国。

经过仔细研究，他在 1972 年 2 月号《历史研究》月刊上发表了《钓鱼列岛（"尖阁列岛"）等岛屿是中国领土》的文章；同年 10 月，出版了专著《"尖阁列岛"——钓鱼诸岛的历史解明》。（参见 2015 年 5 月 28 日澎湃新闻）

他尊重历史敢讲真话，所以有无可辩驳的力量；谎话说得再直白，也只能叫嚣张，重复一千遍也会被真话击倒。

2020 年 5 月 5 日，美国前国防部部长埃斯珀公开宣称，即便美国经济低迷削减国防预算，也不会停止核武库的升级进程。俄罗斯发言人扎哈罗娃就此回应称："如果美国使用弹道导弹核潜艇，无论以什么样的当量发动攻击，俄罗斯都会像'冷战'一样对美国本土进行毁灭性核打击。"（参见 2020 年 5 月 19 日易网）

这就是战斗民族的直言不讳，让挑衅者用心仔细掂量。拜登去找普京谈，恐怕也与此有关。

2020 年 9 月 15 日，特朗普坦言，他在 2017 年考虑过除掉叙利亚总统阿萨德这一选项，时任美国国防部长马蒂斯劝阻了他。

次日，叙利亚外交部公开回应说："这一言论说明美国政府与犯下杀戮罪行的恐怖组织并无两样，行为失常、目无法纪，为了追求自身利益不顾一切法律、人权和道德准则。这清楚地表明其思维方式和政治行为已经退化到任性妄为的地步，反映出美国政府的强盗本性，即为了达到目的不惜犯下罪行。"（参见 2020 年 9 月 17 日央视新闻客户端）一针见血地揭穿了美国政府的本质。

直白既要穿透事物本质，也要讲究表达艺术。2016 年 7 月，南海仲裁案闹得沸沸扬扬。出席中美智库南海问题对话会的前国务委员戴秉国直白地说："南海群岛是中国固有领土，'二战'后相当长的时间内美方也承认并尊重中国对南海诸岛的主权。"他表示，中国完全有能力收复南海岛礁，除非受到武力挑衅，中方不会动用武力，中国始终坚持通过双边谈判协商和平解决南海问题。

他明白无误地告诉大家："南海仲裁案的裁决不过是一张废纸。中国人不会被吓倒，哪怕美国全部十多个航母战斗群都开进南海，也吓不倒中国人！"（参见 2016 年 7 月 13 日人民网）

戴秉国的表述很讲究分寸，有利于让各方看清中方的底线，避免擦枪走火造成军事冲突。

2020 年，针对特朗普政府的无底线施压，国务委员兼外长王毅一针见血地指出，中美关系呈现的复杂性已经超越了双边范畴，成为多边与单边、进步与倒退、公道与强权之间的较量与抉择。中国捍卫的不仅是自身的合法权益，更是各国的共同和长远利益；中方维护的不仅是规范中美交往的政治基础，更是各方都应遵守的国际关系准则；中方追求的不仅是本国的正当主张，更是为了伸张国际公平正义。（见于 2020 年 12 月 12 日《环球时报》）

王毅的话具有穿透力，有利于让各国人民看清中美关系的本质，团结起来维护自身权益，共同抗击邪恶势力。

习近平的构建人类命运共同体理念、推进"一带一路"建设，让世界人民共享中国改革开放红利等，阐释得清晰、直白、准确，能够赢得全世界的尊重。

说理的力度必须以真实为准绳，错误表达只能让人贻笑大方。所有人讲话前、著述前都必须做好功课，不能肆意妄言。

2019 年 10 月 7 日，美、日双方在白宫签署了一份新的贸易协议。特朗普在签字仪式上说："首先，我想祝我非常好的朋友——日本首相安倍晋三生日快乐，他今天 39 岁了。"（参见《2019 国际政要的十大尴尬瞬间》，来自 2019 年 12 月 31 日新京报外事儿）

特朗普一句话出了两个错：安倍生日是 9 月 21 日，他当年 65 岁。实际上，10 月 7 日是普京生日，特朗普连祝贺生日都走进了"通俄门"。

辱骂和恐吓没有说理力度，根本就不是说理。

2020 年 8 月 30 日，美国波特兰市爆发抗议示威和混战。特朗普连发 4 条推文谴责抗议示威，并将矛头指向市长泰德·惠勒，大骂他是"傻子"，说他"古怪"，试图与无政府主义者"打成一片"。

泰德·惠勒在当日召开的新闻发布会上说："总统先生，你是真的想知道为什么这是美国几十年来第一次出现如此严重的暴力事件？是你，制造了仇恨和分裂……是你，声称那些白人至上主义者是'好人'。你的恐惧运动是反民主的……我们不得不听你针对记者的反民主攻击；我们看过你在推特上抨击公民，到了让他们接受死亡威胁的地步；我们也听到了你对移民的攻击。"

他最后说："特朗普总统，你没带来和平；你不尊重我们的民主；你，总统先生，需要做你作为国家领导人的工作；至于我，总统先生，将履行我作为这个城市市长的职责。"（参见 2020 年 8 月 31 日环球网）他的反击让特朗普无言以对。

表达含糊不清、有漏洞，就容易被利用、被曲解、被攻击。

美国原国务卿赖斯本来就有绯闻。2006 年 9 月，她访问加拿大。加拿大原外长麦凯被称作"王牌单身汉""最性感国会议员"。

赖斯访问的大部分时间花在了麦凯家乡，此间两者有很多"个人时光"。

在两人共同举行的新闻发布会上，麦凯说："国务卿赖斯来到我家乡，令我感到欣喜。她非常喜欢这里的大西洋气息，昨晚休息时，她卧室的窗子开了一夜。"（参见《看天下》总第 81 期的相关报道）

麦凯的话说得暧昧，很容易让记者联想到他与赖期间的绯闻。

2020 年 8 月 26 日，特朗普指责竞争对手拜登"嗑药"，理由是拜登的语言水平"突飞猛进""表现得有条有理"。记者追问证据，他说："我可以告诉你，我挺擅长这事的。"（参见 2020 年 8 月 27 日《环球时报》）

特朗普这样表达，很容易让人推断他自己经常"嗑药"。

表达准确与否，效果天地之别。

2. 多彩幽默有功夫

直白未必就是声严厉色，有时说得诙谐幽默反而更能产生意想不到的效果。

1964 年秋，罗马尼亚几位领导人来华访问时，劝毛泽东不要与赫鲁晓夫公开论战。毛泽东说："百分之九十的责任在他们。要和好，他们得先做自我批评。"又说："这种公开论战不要紧，不要那么紧张。第一条，死不了人；第二条，天不会塌下来；第三条，山上的草木照常长；第四条，河里的鱼照样游；第五条，女同志照样生孩子。"（参见杨发金的《为国家领导人做翻译》，载于《党史博览》2019 年第 5 期）他的幽默说理，给人留下了更加深刻的印象。

1972 年 2 月 21 日，毛泽东会见尼克松时说："我们共同的老朋友蒋介石可不高兴这样啊！"1976 年 2 月 21～29 日，尼克松夫妇再次访华，毛泽东接见了他们。临别时，毛泽东以茶代酒风趣地说："我们是几十年的隔海老冤家啦！不是冤家不聚头，不打不成交嘛！我们应该为冤家干一杯！"（参见 2014 年 8 月 13 日中国网）他的幽默举重若轻，给双方都带来了快意。

在 2004 年联合国举行的人权大会上，美国再次提出反华提案。中国常驻联合国日内瓦办事处及瑞士其他国际组织代表沙祖康，有理有据地予以驳斥。他用英文诙谐地说："美国朋友，我们中国是一个发展中的国家，但是几面镜子还是买得起的。我们想买几面镜子免费送给你们，让你们照照自己。我们国务院新闻办发表了《美国的人权记录》白皮书，这是一面镜子，希望你们看看写得怎么样？但是我劝你们最好睡觉前不要看，否则你们晚上会做噩梦的。"（参见笔者寓公新浪博客 2018 年 10 月 5 日博文）诙谐也是一种幽默，有时更能刺痛对方。

2020 年 9 月 11 日，中、俄外长在莫斯科举行会谈。在随后举行的新闻发布会上，俄外长拉夫罗夫谈到"干预美国大选"话题时说："美国官员认为中国在这场比赛中排名第一。当然，我们很遗憾地排名第二，我们已经习惯当第一名了。"

他接着严肃指出，俄罗斯一再要求与美国讨论干预美国选举的毫无根据的指责："我们曾提出重新启动网络安全磋商，由俄罗斯和美国发表一份正式的双边政治声明，明确承诺不干涉对方的国内事务。"但这项提议并未得到美方回应。（参见 2020 年 9 月 12 日《环球时报》）拉夫罗夫亦庄亦谐，语言功夫很到位。

拜登就职美国总统两个多小时后，对近千名新政府官员发表讲话时，特别提到了多年前与中国领导人习近平的一次交谈。

2011 年他以美国副总统身份访华，在一次私人晚宴上习近平问他："你能为我定义何为美国吗？"

他答道："我可以用一个词来形容：可能性（possibilities）。我们相信，只要我们下定决心，一切皆有可能。"（参见 2021 年 1 月 24 日中青网）

拜登用"可能性"定义美国也十分贴切。美国确实能够做出许多令人惊叹的事情，无论正面的还是反面的。远的不说近期就有：新冠病毒溯源上的"甩锅"、攻占自己国会、迅速从阿富汗败退、挑拨俄乌纷争等。

3. 磁性感召靠功夫

大革命失败后，悲观主义者发出了"红旗到底能够打多久"的疑问。毛泽东用《中国红色政权为什么能够存在？》《星星之火，可以燎原》等文章，在充分说理的基础上，豪情满怀地说："中国是全国都布满了干柴，很快就会燃烧成烈火。'星火燎原'的话，正是时局发展的适当的描写。"（引自《毛泽东选集》第一卷第 105 页）

毛泽东具有感召力的话语，给困境中奋斗着的人们以极大的鼓舞。

唤醒民众、改造社会，如此沉重的历史责任，也只有像毛泽东等人那样不图私利、以天下为己任的人才能担当。延安时期毛泽东写的《论持久战》《为人民服务》《实践论》《矛盾论》《在延安文艺座谈会上的讲话》《改造我们的学习》《愚公移山》等光辉著作，都是唤醒民众、激活民智、改造社会的好教材，他对党的干部的教育、对人民军队的教育，是前无古人的。正是依靠这两支队伍，才把一盘散沙的民众教育过来、团结起来，形成了无比强大的民族力量。

当革命胜利即将到来的时候，毛泽东又告诫全党："因为胜利，人民感谢我们，资产阶级也会出来捧场。敌人的武力是不能征服我们的，这点已经得到证明了。资产阶级的捧场则可能征服我们队伍中的意志薄弱者。可能有这样一些共产党人，他们是不会被拿枪的敌人所征服的，他们在这些敌人面前不愧英雄的称号；但是经不起人们用糖衣裹着的炮弹的攻击，他们在糖弹面前要打败仗。我们必须预防这种情况……务必使同志们继续底保持谦虚、谨慎、不骄、不躁的作风，务必使同志们继续底保持艰苦奋斗的作风……我们不但善于破坏一个旧世界，我们还将善于建设一个新世界。"（引自《毛泽东选集》第四卷第 1439～1440 页）毛泽东的话，具有鞭策力、感召力，为我们指明了前进方向。

2020 年 8 月 5 日，王毅国务委员接受新华社记者采访时指出，中美合作从来都不是一方给另一方的恩赐，也不是一方对另一方的剥夺，中美双方从合作中获得了巨大收益，不存在谁吃亏、谁占谁便宜的问题。中美关系要健康发展，关键是坚持相互尊重，美国寻求将中国打造成对手，是严重的战略误判，是把自身的战略资源投入到错误的方向。中方始终要本着不冲突、不对抗、相互尊重，合作共赢精神，与美方共同构建一个协调、合作、稳定的中美关系。同时我们将坚定捍卫自身的主权、安全、发展利益。（见于 2020 年 8 月 5 日新华网）王毅的语言功夫值得所有外语人学习。

二、迂回表达功夫

人际交往，因种族、身份、地位等差异，要有不同的表达方式。迂回表达是一种策略，往往会起到曲径通幽的作用。迂回说理，既要有耐心，又要有深厚的语言功夫，在理喻教人的同时，自己也会受到尊重。

1. 迂回理喻有功效

国人不乏迂回表达的语言功夫，《邹忌讽齐王纳谏》《触詟说赵太后》等，都是通过恰当的比喻、透彻的说理，迂回表达出真意，使听者猛醒又不失尊严，心甘情愿地接受言者的主张，效果非常好。

外国也是一样。一次，但丁出席威尼斯执政官举办的宴会，听差捧给意大利各城邦使节的都是一条条肥大的煎鱼，给但丁的却是很小很小的几条鱼。

但丁把盘子里的小鱼一条条拿起来，凑近耳朵听，好像听见了什么，然后再逐一放回去。

执政官问他在听什么。他说："几年前，一位朋友逝世，举行了海葬，不知他的遗体是否已埋入海底，我就挨个问这些小鱼。"

执政官问："小鱼怎么说？"但丁说："它们太小了，不知道过去的事情，让我向同桌的大鱼们打听一下。"

执政官哈哈大笑，听懂了但丁的意思，吩咐听差马上给但丁端上一条最大的煎鱼，彼此都不失面子。（参见笔者的寓公新浪博客 2020 年 9 月 16 日博文）

李肇星是一位善于迂回表达的外交家。他说："我很少跟人吵架，包括跟外国朋友没有吵过架。我觉得唇枪舌剑是一种夸张，需要打上引号。还有人说谁谁谁铁嘴铜牙，多难看啊！我不愿意做那种人。我没有跟人吵过什么架，主要是摆事实。最好让事实说话，自己少动感情，更不要扔砖头、石块。"

他担任驻美大使期间在俄亥俄州大学演讲时，一位老太太问他："你们为什么要侵略西藏？"

他没有立刻反驳，在得知老太太是得克萨斯州人后，他说："你们得克萨斯州 1845 年才加入美国，而早在 13 世纪中叶，西藏已纳入中国版图。您瞧，您的胳膊本来就是您身体的一部分，您能说您的身体侵略了您的胳膊吗？"

老太太一听就乐了，她热烈地拥抱了李肇星，并且说："谢谢您，谢谢您让我明白了历史的真相。"（参见笔者的寓公新浪博客 2018 年 10 月 1、2 日两篇博文）

2. 曲径通幽更神奇

对外交往上，用一个巧妙的开头打破僵局或者吸引住大家的注意力，更便于展开正题，收到更好的效果，可以谓之曲径通幽。

"二战"时期，法国被德军攻占。戴高乐将军领导的"战斗法兰西"组织得到了美、英的大力支持。到了 1943 年底，"战斗法兰西"已经发展为拥有 40 万人的部队，其作战地域从非洲、中东一直延展到意大利。

但是，在对待叙利亚问题上，戴高乐与丘吉尔发生了严重分歧。负责叙利亚事务的英国总督布瓦松是丘吉尔所器重的人物之一，"战斗法兰西"组织却逮捕了布瓦松。这一分歧如果得不到解决，就有可能导致反法西斯国际统一战线中的一环断裂。破解这一棘手难题的办法只有靠对等谈判。

戴高乐的英语水平很高，丘吉尔的法语水平最多也只能算是"半瓶子醋"。在这种情况下，人们通常会以为谈判将用英语进行。可是，丘吉尔深知法国人对母语的热爱，所以谈判一开始，他就用磕磕绊绊的法语说道："女士们先去逛逛市场，戴高乐将军和其他先生同我到花园去聊聊天。"

丘吉尔的蹩脚法语逗得戴高乐等人哈哈大笑，剑拔弩张的气氛一下子就松弛下来，谈判从而得以在相互理解、友好的氛围中进行下去。（参见笔者寓公新浪博客博文《丘吉尔半吊子法语弥合了英法分歧》）丘吉尔这个巧妙的开头，起到了曲径通幽的作用。

1970 年 12 月 18 日，毛泽东在中南海住处与他的老朋友斯诺长谈近 5 个小时。这是毛泽东使用英语较多的一次谈话。一见面，毛泽东就说："欢迎你，Sit down, please." 一句英语就让客人感到如进家门般的亲切。

期间，他中英文交替着与客人谈到"乔老爷""四个伟大""纸总统""妇女解放"等一系列问题，然后才十分自然地谈到尼克松访华。

他告诉斯诺，尼克松对中美华沙大使级会谈不感兴趣，"他愿意来的话，我愿意跟他谈，谈得成也行，谈不成也行；吵架也行，不吵架也行，当作旅行者来也行，当作总统来也行，总而言之，都行"。（参见《文史精华》总第 92 期《唐闻生眼中的伟人》）

当斯诺把他与毛泽东的谈话发表以后，曲径通幽就一直通到了尼克松、基辛格那里。

基辛格也是一位善于曲径通幽式表达的人物。他从巴基斯坦登上飞机秘密来华，见到迎接他的章文晋、唐闻生等人时，彼此难免显得生分。为了打破僵局，他很随意地说："很高兴能见到'南希·唐'。"

那是唐闻生在美国时使用的名字，一下子就吸引了中方人士的注意力。

他接着又说，唐闻生可以竞选美国总统，而他不行，因为他不是在美国出生的。（参见《文史精华》总第 92 期《唐闻生眼中的伟人》）这样就拉近了彼此间的距离。

20 世纪 90 年代，中国国家主席的座机在美国维修，媒体风传被安装了窃听器。有位外国记者问当年的中国外长李肇星：对此有何看法？

这是一个未经证实的消息，而且是个事关两个大国之间关系的敏感问题。不发表谴责性的意见，会被人看作是软弱的表现；如果发表谴责性意见，既拿不出真凭实据，又难免会影响两国关系。因此成了一道外交难题。

李肇星运用自己广泛知识和高度智慧，回答说："根据当今国际贸易的惯例，我们付过钱的东西才是我们想要的；没付钱的，就算白送我们也不要。"（参见笔者寓公新浪博客 2017 年 6 月 13 日博文）他回答得巧妙，胜过外交学的经典教科书中的范例。

美国前总统老布什在一次演讲中接到一张骂他的纸条，写着"傻瓜！"

他看后平静地说："别人递条子都是提问题不署名，这张条子只署名没提问题。"（参见《成功领导者的语言魅力》第 15～16 页）把"傻瓜"的骂名巧妙地回敬给对手。

日本前首相安倍坐飞机远眺北方四岛（俄罗斯称南千岛群岛），记者问普京对此有何评论。

普京说："俄罗斯国土非常美丽，欢迎外国领导人参观。"记者问："俄罗斯国土面积非常广阔，为什么要计较小小的南千岛群岛？"

普京说："俄罗斯国土是非常广阔，但没有一寸是多余的，所以我们非常珍惜每一寸土地。"（参见百度百科）普京曲径通幽式地宣誓了主权。

普京和拜登也是老相识。2011 年，在接受《纽约客》采访时，拜登讲述了一段往事："有一次，他对普京说：'我正在注视你的眼睛，我不认为你有灵魂。'普京看着我笑了，说：'我们彼此理解。'"（参见百度百科）普京的话说得很委婉，拜登未必听得懂；其实他在说："我看你才没灵魂！"

2021 年 3 月 17 日，拜登在接受采访时声称，他同意普京是"杀手"的说法，还扬言普京要为干涉美国大选付出代价。

拜登的侮辱性言论引起俄罗斯的愤怒，俄驻美大使被召回述职。普京本人却说，他祝拜登身体健康！又意味深长地说："当我们评估他人和其他国家时，总是像照镜子一样，在那里看到了自己。"（参见 2021 年 3 月 19 日《环球时报》）普京不失政治人物的雅量，同时曲径通幽式地把骂名还给了拜登。

迂回表达也可以转守为攻，点中敌人死穴。新冠疫情溯源本是科学问题，美国两任总统都把它政治化。

在正面防守的基础上，2021 年 6 月 21 日外交部发言人迂回表达转守为攻。他说："如果美国真的在乎真相，那就赶紧回答三个问题：第一，美国抗疫不力到底谁应负责？第二，新冠病毒是否早就在美国本土传播？第三，德特里克堡生物实验基地的真实情况如何？"（参见 2021 年 6 月 22 日澎湃新闻）

这就像战争中的迂回包抄一样，让敌方招架不住。

在殖民意识驱使下，英国政客一再对香港实行国安法说三道四。我们本着自卫防御原则一再奉劝他们不要干预我们的内政，收效甚微；不得已，我常驻联合国副代表耿爽 2021 年 6 月 24 日在联合国大会非殖民化特别委员会上就马尔维纳斯群岛问题发言，呼吁国际社会继续努力铲除殖民主义。

他说："马尔维纳斯群岛问题本质上是殖民主义历史遗留问题。殖民主义给世界带来了深重灾难，在人类历史上留下极不光彩的一页。在 21 世纪的今天，西方殖民者为所欲为的日子已经一去不复返了。同时，在国际关系中殖民主义思维以及与此一脉相承的强权政治和霸凌行径仍有形形色色的表现形式，仍在严重冲击正常的国际秩序，严重损害有关国家主权、安全、发展利益和政治、经济、社会稳定。国际社会必须对此保持高度警惕。"（参见 2021 年 6 月 25 日中央广电总台国际在线）从香港问题迂回到马尔维纳斯群岛主权，一下子就打中了殖民主义者的"七寸"，让全世界看到了公理之所在。

三、模糊表达功夫

说理说得明白固然可贵。但是有些情况并不需要说得太明白，含糊其词的模糊表达，带有几分神秘色彩，也可以从容进退。

1. 模糊表达有奇功

1950 年 9 月，美军在仁川登陆攻占汉城后，麦克阿瑟狂妄地说："如果中国介入，我们的空军就会把鸭绿江变成整个人类历史上最血腥的一条河流！"（见于易网首页）

一周后，时任中国人民解放军代总参谋长的聂荣臻元帅通过印度驻华大使潘尼迦警告美方："中国不会对半岛局势袖手旁观，不会让美军轻松打到中国边境！"（见于易网首页）他没有轻言出兵参战。这种模糊表达是留有回旋余地的。

1972年尼克松访华，事先准备了大量精美礼物，送给毛泽东的是一件做工精美的陶瓷天鹅，寓意吉祥。毛泽东回赠他四两大红袍茶叶。茶叶是我国的品牌产品，"大红"是我国国色，"四两"当然有"拨千斤"的寓意。这样模糊表达，尼克松也未必懂得，尤其是"四两茶叶"作为国礼，让他觉得过于轻薄了。

周恩来不失时机地解释说："主席这是送了你半壁江山啊！这种茶，我国年产只有八两……"（参见2018年8月17日新华每日电讯等）

大红袍茶叶本为贡品，其母树每年只产八两茶叶。送其四两，岂不是"半壁江山"！

周恩来突破外交难题的一种手段，就是用双方都可以接受的模糊语言，达成共识。尼克松认为，《中美上海公报》就是采用了标准的外交公式，使用了折中语言来暂时搁置争论最激烈和最难解决的问题。（见于《跟周恩来学处理矛盾》第191页）从斗争艺术和策略方面考虑，周恩来还劝三木武夫在日本国内把话说得含蓄些。

1972年4月，三木武夫访华。在与周恩来的会谈中，三木表示，如果他当选首相会承认中方的"复交三原则"，宣布结束战争状态、日蒋条约无效，中日复交后永不再战。

周恩来对他的立场表示钦佩。怕他回国后直言不讳会遭到其他政客的激烈反对，嘱咐他不要太说中国的好话，要把话说得比较含蓄一点儿，这样对你们党内外、人民之间，对美、对苏关系上都有好处。

20世纪80年代，中英在香港地位问题上面临着一场重大的外交较量。双方约定，除了发表会谈公报外，其他内容不对外泄露。

记者们总是想从外交官的只言片语中揣度方向、探听虚实；外交官们因此不能不格外谨慎。

中方谈判代表团团长周南，常常引用诗句来隐喻谈判气氛，或者表达自己的心情。这既可以给记者们很大的想象空间，又不至于露底，自己也有广阔的回旋余地。

第 18 轮谈判开始时，他引用了老子的名言："飘雨不终朝，骤雨不终日"，暗示谈判阻力终将被克服；第 20 轮谈判开始时，他引用李白的诗"两岸猿声啼不住，轻舟已过万重山"来暗示谈判会取得重大突破。

香港记者为了能跟上他的思路，身边常备《唐诗三百首》《唐人万首绝句选》等书籍；英方甚至组成了一个专门小组来研究周南吟诗的含义。（参见 2009 年 3 月 24 日人民网所载《实力的角逐——中英谈判香港回归纪实》）

翻译们则是不但要懂诗，还得用外语准确表达诗的本意。如果缺乏母语功夫，便难以胜任此类翻译工作。

肯尼亚有一位名叫高德温·基浦克莫伊·切普库戈的参议员。他 30 多岁时，看到过切尔西随父母到访，一下子就爱上了她；还曾给克林顿寄去一封信，表示愿意按照非洲的传统，出 20 头牛、40 只羊作为高规格聘礼，向切尔西求婚。克林顿夫妇可以置之不理，无须明确拒绝。高德温十分无奈，只得娶一位当地女子为妻。

2009 年适逢希拉里以美国国务卿身份访问肯尼亚，40 岁的高德温初心不改，通过媒体向希拉里传话，表示当年的许诺"连羊毛都不会少一根"，仍然渴望迎娶切尔西做第二个妻子。

一位记者传话给希拉里，后者愣了一下回答说，她会将高德温求婚之事转告切尔西，由切尔西自己做主。（参见笔者寓公新浪博客 2020 年 8 月 15 日博文）

希拉里这样回复，既符合外交礼仪，又显得父母尊重子女的选择权利，还无种族歧视之嫌，可谓模糊得到家。

只可惜高德温并未参透她的本意，还说："我对她的回应感到相当高兴，我正在迫切地静候佳音。"

只懂得自己一方的文化，不懂得对方文化，就会成为可怜的井底之蛙，闹出笑话也不足为奇！

2. 模糊有害必澄清

在欢迎田中首相访华的宴会上，田中致答词时说了这样的话："遗憾的是过去几十年间，日中关系经历了不幸的过程。期间，我国给中国国民添了很大的麻烦，我们对此再次表示深切的反省之意。"（参见 2015 年 9 月 17 日人民网）

他想用"添麻烦"这个超轻量词，模糊表达日本军国主义对中国的侵略，当然是不可接受的。

在与田中会谈时，周恩来指出："首相的'添了很大的麻烦'这句话，引起了中国人民强烈的反感。中国被侵略，遭受巨大损害，绝不可以说'添麻烦'。"（参见 2015 年 9 月 17 日人民网）周恩来这是要求田中澄清其避重就轻的模糊言论。

所以，具有法律效力的《中日联合声明》，明确写上了这样的文字："日本方面痛感日本国过去由于战争给中国人民造成重大损失责任，表示深刻的反省。"（参见 2015 年 9 月 17 日人民网）

在对外交往中，有时语音与语音碰撞会闹出笑话，甚至自伤，也模糊不得。

智利的官方语言为西班牙语。西班牙语中的"guaren"（大老鼠）与"华人"的拼音"huaren"十分相近，为了避免造成"文化自伤"，圣地亚哥的"华人酒店"，通常都把"华人"拼写成"hua-qiao"（华侨）。

巴西葡萄牙语中的粗俗下流话"xana"，与中国重庆的品牌汽车"长安"（CHANA）发音相近。2006 年 11 月在巴西圣保罗车展上，这一品牌造成了"文化自伤"，成了巴西人的笑料，更谈不上买车了。（参见笔者寓公新浪博客 2019 年 11 月 4 日博文）这也是值得警惕的，不能马虎、不能模糊。

外国人对于涉及自身利益的关键词语更是锱铢计较，感到"暧昧"必然要澄清；属于他们自己的责任，往往就想用"暧昧"语言敷衍了事。

普理赫担任太平洋美军总司令期间，中国翻译人员把他的名字译为

"普理厄"。1999 年调任驻华大使时，他郑重声明，他的名字为"普理赫"。（参见百度百科）与自己相关的事他绝不含糊。

2001 年 4 月 1 日，美国一架军用侦察机撞毁了我国飞行员王海驾驶的军机，导致王海失踪。然后，那架美国军用侦察机迫降我机场。

对于这样明显的侵权行为，美军太平洋总部只字不提我方军机被撞毁、飞行员失踪的事，还在其网站上发表声明，咄咄逼人地要求中国政府保持迫降机完整和机组人员的安全，为美机和机组人员立即返美提供便利条件；美国时任总统布什要求在"没有更多干扰因素"的情况下与机组人员见面，并要求中方归还美机。想以模糊态度对待我军机被撞毁、飞行员失踪、美国军机侵犯我国主权等重大原则问题，我方当然不能答应。

中国外交部部长助理周文重多次召见美国驻华大使普理赫，一再申明中方的严正立场。普理赫用模糊语言表示，这是一起"不幸事件"，仍旧不同意中方关于美国应对事件负责的说法。美国时任国务卿鲍威尔拒绝就美机撞毁中国战机一事道歉。他说，美国没什么可道歉的。并称美国机组人员是"被扣押"了。

周文重与普理赫在北京进行了 11 轮艰苦谈判，最多时一天就谈三次。中方明确告知美方，必须对撞机事件负责并道歉，必须对侵犯我领空、未经允许即降落我机场道歉。

像被挤的牙膏筒一样，美方不情愿地一步一步退缩，最终递交了一份关于美国军用侦察机撞毁中国军用飞机的致歉信。信中表示："布什总统和鲍威尔国务卿对中方飞行员失踪和飞机坠毁都已表示了真诚的遗憾。请向中国人民和飞行员王伟的家属转达，我们对飞行员王伟的失踪和那架飞机的坠毁深表歉意。"美方还对其飞机"未经口头许可而进入中国领空并降落深表歉意"。（参见 2001 年 4 月 11 日新华网）

这是因为迫降飞机和机组人员掌控在我们手里，才挤出这么一点"牙膏"；如果面对实力更弱的小国，说不定非但不道歉，反而会出动武装力量，直接把迫降飞机和机组人员抢回去也说不定。

四、归谬功夫

内政外交各种场合都会遇到一些荒谬的言论，损害舆论环境。驳倒这样的言论就用上了归谬功夫，用事实或者逻辑推理驳倒错误言论，以正视听，给民众以正确引领。

1. 逻辑归谬

中苏论战时期，苏方说长城就是我国北部边界。这一谬论在于丢掉了历史视觉。

长城是两千多年前建造的，那时基辅罗斯还没出现，莫斯科大公国更是后来的事情。如果丢掉历史沿革，那么莫斯科城墙不就成了苏联的国界了吗？驳斥它要懂历史，需要相关量功夫。

前铁道部运输局局长、副总工程师张曙光，号称"著名经济学家"。他说："腐败和贿赂成为权力和利益转移及再分配的一条可行的途径和桥梁，是改革过程得以顺利进行的润滑剂，在这方面的花费，实际上是走向市场经济的买路钱，构成了改革的成本费。"所以"改革只能通过腐败与贿赂的钱权交易的方法进行购买"。（参见2013年9月4日每日经济新闻等）他自己以身试法，受贿4 755万元，所以才用这种荒谬的逻辑开路。

诗人往往有更高雅的表达方式。有一次，歌德在公园里散步，遇上了经常抨击他的一位老对手。后者趾高气扬地说："我是从来不给蠢货让路的！"歌德让开路微笑着说："我恰恰相反，请吧！"（参见《成功领导者的语言魅力》第15页）既表现出绅士风度，又用逻辑归谬把想侮辱他的对手归类于"蠢货"，体现出大师级的语言功夫。

2000年，罗援以访问学者的身份访美。在一个报告会上，北约最高司令克拉克吹嘘美军在科索沃战争中如何进行精确打击。罗援问："既然你们能打得那么准，为什么说'误炸'了中国使馆？"（见于2012年8月31日人民日报海外版）罗援以子之矛戳子之盾，用无可辩驳的逻辑驳倒了对方。

特朗普发表的谬论不计其数，公然说谎也不觉得可耻。2018年11月，他到法国参加第一次世界大战结束100周年纪念活动。法国总统马克龙、德国总理默克尔等人都冒雨参加了祭扫"一战"阵亡将士活动，他却不肯去，甚至还荒谬地认为美军阵亡将士是"失败者"和"蠢蛋"。（参见2020年9月7日《新京报》）

一位美军总司令，对于付出生命代价的阵亡将士不但毫无崇敬之感，而且还加以污蔑，荒谬到了何种程度！

2. 归谬的反讽性

2021年4月13日，日本政府正式决定向海洋排放核废水，遭到了包括日本人民在内的全世界人民的强烈反对。我外交部发言人赵立坚用法言法语指出日本违反《联合国海洋法公约》《尽早通报核事故公约》《核安全公约》等国际法，然后说："海洋不是日本的垃圾桶，太平洋不是日本的下水道。日方处理核废水不应让全世界买单。至于日方个别官员称'这些水喝了也没事'，那请他喝了再说。日本水俣病殷鉴不远，当地受害民众的伤痛还未抚平。日方不应忘却历史悲剧，更不应揣着明白装糊涂。"（参见2021年4月14日外交部网站）他痛批了谬论，而且其中的一段言词具有极强的反讽性。

美国和西方拼尽全力到处宣传"中国威胁论"，不巧碰上了马来西亚前总理马哈蒂尔。这位90多岁的老人说："我到很多地方都有人问我，你怕不怕中国？"我说："中国没什么可怕的，我们与中国有近2 000年的交往，中国从来没有侵害我们；侵害我们的是欧洲人。所以，比起中国人，我们更怕欧洲（西方）人。"（参见资深媒体人牛弹琴2020年6月18日的《2020年机遇大于危机　中国将引领东亚崛起》）马哈蒂尔依据史实进行了有力驳斥，对美国和西方形成了反讽。

1999年5月8日，美国战机轰炸我国驻南联盟大使馆。当年，李肇星正在我驻美大使任上。次日，美国广播公司（ABC）"本周"专题节目主持人找到李肇星，让他在十分钟内决定是否接受采访，想打个冷不防。

李肇星则想借机阐述我方立场，就接受了采访。（参见笔者的寓公新浪博客 2018 年 10 月 2 日博文）

还未等李肇星坐定，节目主持人唐纳德劈头便问他能否保证在北京和中国其他城市美国外交人员的安全。

李肇星说："你们一直不断地谈论你们外交官的安全，我很奇怪，你为什么不问问在贝尔格莱德被杀害的中国外交官的情况？我不明白你们的提问为什么不从中国外交官的被害开始？"

他的反问，立刻把违背常理的谬论顶了回去，把美方在人权上的双重标准暴露出来，反讽意味十足。

善于咬文嚼字的节目主持人威尔反复问李肇星，中国政府声明中指出北约的轰炸是肆意践踏国际关系，"肆意"是否是指中国认为北约有意轰炸中国大使馆？

李肇星说："中国政府声明中的每个字都是事实，这绝不是一个普通事件，而是令人发指的暴行，在世界外交史上都很罕见。"他针锋相对地反问威尔："怎么解释数枚精确制导的导弹会从不同角度击中中国大使馆？"（参见笔者的寓公新浪博客 2018 年 10 月 2 日博文）

本想打李肇星个冷不防，没想到李肇星把他们的谬论驳得体无完肤，让他们招架不住。

同年 5 月 11 日晚，李肇星接受了美国有线新闻电视网（CNN）著名"脱口秀"节目主持人拉里·金的采访。主持人一开场便摆出咄咄逼人的进攻姿态，李肇星则一针见血地指出："美国军方告诉我们说，他们用了过时的地图。这能让人相信吗？难道他们像发展中国家的小学生一样使用过时的地图吗？……美国向来标榜自己最重视人权和个人感情……却为何如此冷漠！"（参见笔者的寓公新浪博客 2018 年 10 月 2 日博文）他善于用反问将对方的谬论驳得体无完肤。

两天后，克林顿在白宫会见李肇星。李肇星提出："总统先生应该向中国政府和中国人民道歉！"接着，他拿出随身携带的吊唁簿说："中国人特别重视白纸黑字，所以请总统先生将道歉话语写下来。"

克林顿犹豫了一会儿，拿起笔在吊唁簿上写下"对死难者表示深切的哀悼，对其家属和中国人民表示真诚的歉意"，并签上了他的名字。（参见笔者的寓公新浪博客 2018 年 10 月 2 日博文）

同年 5 月 16 日，李肇星来到美国全国广播公司（NBC）"会见新闻界"节目演播室，第三次接受美国全国性电视台采访。面对拉塞特指责中国政府煽动老百姓怒火的开场白，李肇星气愤地说："只有精神变态和扭曲的人才会说出这样糟糕的话。这一暴行本身引发了这场示威，中国人民被激怒了，这是非常理性和合法的行动……"然后，李肇星又质问，美国这样一个擅长调查的国家，在这样一场暴行发生的时候，他们在做什么，为什么那么沉默、冷漠？（参见笔者的寓公新浪博客 2018 年 10 月 2 日博文）

在美国人眼里，李肇星既是热情儒雅、具有文人素质的外交官，又是据理力争、寸步不让的"勇猛斗士"。（参见 1999 年 5 月 12 日《人民日报》等）双语功夫成就了他的事业。

经过外交历练，对于说话方式，李肇星也有自己的理解：都说摆事实、讲道理，但在这个多元世界中，道理是不太容易讲清楚的，所以要多摆事实。外事工作遇到交锋的时候，如果语言功夫不过硬，反应不机敏，胸中没有深厚的文化底蕴，人家说什么你递不上账票，无法用犀利的语言压制对方，就会自取其辱，让祖国跟着你丢人。

从 2018 年起，特朗普政府对华发动贸易战，实施极限施压，想要一举把中国打垮，遏制住中国的发展。特朗普一再放风说："贸易战美国很容易赢。"期间，虽然两国元首达成过阿根廷共识和东京共识，但是美国出尔反尔，在双方代表谈判期间多次"掀桌子"，使谈判难以取得成果。由于中国人民团结一致、政府应对得当，美国的极限施压解决不了问题，而且高关税政策伤及了美国自身，直接影响了百姓的生活质量。在这种情况下，特朗普在 2019 年 8 月 21 日自我解嘲说："这不是我的贸易战，这场贸易战早就应该发生。"他承认，没有同中国的贸易战，"生活会更容易"。（参见《环球时报》2019 年 8 月 23 日的相关报道）

我们能品评这些信息，还是要感谢外语人的功力！

3. 恶意炒作谬中谬

恶意炒作也是西方政客和媒体的一种表达方式，炒作起来往往比谬还谬。比方说特朗普和蓬佩奥等人炒作"武汉病毒""中国威胁"，西方政客和媒体炒作南海局势、香港问题、新疆问题等。针对这些炒作我们要有法说法，以子之矛戳子之盾，把它归谬以正视听。法言法语比光讲事实更有力度。

还有另一种恶意炒作，就是利用文化差异，把本无恶意的话翻译成恶意。

2019 年 1 月 18 日，任正非在杭州研究所的业务汇报会上告诫华为研发团队不能"关在深宫大院"，要到战场上去"杀出一条血路"。

2020 年 6 月 6 日，《华尔街日报》以"任正非撸起袖子准备和美国干架"为题，把"杀出一条血路"翻译为"冲啊，边冲边杀，让鲜血染红我们的道路"。此文经默多克手下媒体炒作，火药味更浓。BBC 称华为发起了"媒体闪击战"；《泰晤士报》网站则说"华为创始人对西方宣战"；澳媒《每日电讯报》竟说"华为威胁要让西方血流成河"。（来自 2020 年 6 月 10 日环球网）

不只是媒体，一些自称为"中国问题"专家的西方学者也在社交媒体上转载文章，原封不动地照抄《华尔街日报》的译文，公然宣称这是"暴力"。（参见 2020 年 6 月 10 日观察者网）他们并非不了解中国文化，尤其是那些亚裔记者。

如果以其人之道还治其人之身，那么美国俗语"试一下（take a shot）"，直译为汉语就成了"挨一枪"，比什么不暴力？

值得注意的是，这种恶意炒作并非个别现象。为了混淆视听，西方往往对我们的重要核心理念加以歪曲，以达到败坏中国国际形象的目的。我们视为对外策略的"韬光养晦"，美国某个"中国问题"专家解读为"卧薪尝胆"积蓄力量寻求全球霸权；我们提出的"一带一路"，被美国某高官歪曲为"一条束缚带，一条单向路"；我们就香港问题表态说："看别人脸色的时代一去不复返了。"《华盛顿邮报》则说这是狂妄自大，不在乎外界的想法；我们说"提倡双赢"，美国某高官说我们要"赢两次"；中国政府对全体人民负责，表示对新冠肺炎患者"应收尽收"入院治疗，被《纽约时报》大肆宣扬为"广泛围捕"，践踏人权；我们警告"台独"等分裂势力的下场必将是"粉身碎骨"，《泰晤士报》《华尔街日报》等西方媒体粗暴直译渲染血腥气氛，攻击我们好战、为达目的不择手段。（参见 2020 年 9 月 8 日《环球时报》）他们把不了解真相的民众带进了坑里，企图搬弄是非，引起不明真相的人们对我们的憎恨。

人的血氧含量低于 90% 就需要进行抢救。2020 年 10 月初特朗普感染了新冠病毒，血氧含量只有 80%，医生认定他已经患有"肺浸润"，需要戴呼吸机，已经到了"鬼门关"。但白宫拒绝透露他的真实病况，还说："特朗普总统的精神状态良好，症状轻微，并且整天都在工作。"

10 月 4 日他不顾特勤局安保人员的生命安全，坐一辆黑色的 SUV 在医院周围兜风，以显示病情轻微。他在医院接受了最好医生、最好药物的治疗，10 月 5 日出院了。出院前，他在推特上写道："不要怕新冠病毒，不要让新冠病毒主导你的生活。在特朗普政府的领导下，我们已经掌握一些非常好的药物和知识。我比 20 年前感觉还要好！"（参见 2021 年 2 月 1 日南方日报社官网）

这是对美国人民的公然欺骗！美媒知道真相后，痛斥他满嘴胡言、隐瞒病毒的严重危害。

外语人有责任、有义务动动自己的口、拿起自己的笔对外宣传国家的核心理念，有力度的演讲和著述，会为核心理念开辟道路；同样，外语人应该对上述谬论加以驳斥，还原事实真相，以维护祖国的尊严。

我们应该记取的教训是：对西方人讲话尽量使用国际通用的表达方式，以免引起误会，减少被恶意炒作的机会。

五、褒奖功夫

人的前进动力是需要精神鼓励的。从国家、社会、团体层面讲，需要精神鼓励；从家庭、个人层面讲，同样需要精神鼓励。所谓"良言一句三冬暖"，说的就是这个道理。

1. 激励宏志

梁启超在《少年中国说》中说："少年智则国智，少年富则国富，少年强则国强，少年独立则国独立，少年自由则国自由，少年进步则国进步，少年胜于欧洲，则国胜于欧洲，少年雄于地球，则国雄于地球。"（见于百度文库）此文曾激励毛泽东、蔡和森等人立下救国壮志，把黑暗的旧中国变成了光明的新中国。

梁启超的立意和表达方式令国人振奋，为民族提气，激励人们奋发向上，遂行报国大志。

1957 年 11 月 17 日，毛泽东在莫斯科大学礼堂接见了 3 000 多名留苏生。他说："世界是你们的，也是我们的，但归根结底是你们的……你们年轻人朝气蓬勃，正在兴旺时期，好像早晨八九点钟的太阳，希望寄托在你们身上，未来是属于你们的……"（参见 2013 年 5 月 8 日《北京青年报》的相关报道）他的讲话亲切感人，寓意深刻，富有哲理，对青年人充满了无限的信任和殷切的希望，激励着一代又一代青年为建设祖国贡献自己的力量。

中日两国建交后，周恩来一再提出："饮水不忘掘井人。"对致力于中日友好的后藤钾二、松村谦三、冈崎嘉平太、古井喜实等日本友人表示感谢。（参见 2015 年 9 月 17 日人民网）他的这种表达，让全世界看到了国人的情感和信度，鼓励中日两国人民友好相处。

法国总统马克龙说："北约正处在'昏迷状态'。"又说："北约正走向脑死亡。"扎哈罗娃回应说："都是金句，属于大实话且一语中的、准确定义了北约的现状。欧洲将如何掌控自身命运？愿闻其详。"（参见 2019 年

11 月 10 日《北京日报》）她对马克龙的夸奖，是对欧洲自立的策励。

周恩来访问亚非 14 国时，也访问过苏丹。他历史功底十分深厚，在苏丹发表讲话的一大主题，就是赞扬苏丹人民的反帝、反殖民主义斗争精神。

19 世纪带领英法联军侵略中国、火烧圆明园、参与镇压太平天国的刽子手戈登，后来被英国派往苏丹任总督，被苏丹人民起义军用长矛刺死在喀土穆，间接为中国人民报了仇。（参见《跟周恩来学处理矛盾》第 199 页）周恩来提出向苏丹人民学习，是对那里人民的褒奖鼓励。

1973 年 4 月，廖承志率团访日。出发前周恩来亲自过问访日活动安排，他想到了中日复交时田中首相赠送的樱树，嘱咐人摘来几片树叶让廖承志带给田中。

当田中从廖承志手里接过那几片树叶时，端详了一下喜笑颜开，嘱咐秘书妥善保存。（参见笔者寓公新浪博客 2020 年 9 月 8 日博文）周恩来巧用小树叶对田中褒奖一番，更加拉近了中日之间的友好情谊。

1999 年 9 月 18 日，中共中央、国务院、中央军委决定，对当年为研制"两弹一星"作出突出贡献的 23 位科技专家予以表彰，并授予"两弹一星功勋奖章"。这不仅是对作出突出贡献的 23 位专家的激励，也是对科技战线上奋力拼搏的所有人的策励。

自 2016 年 1 月 1 日起，国家勋章和国家荣誉称号制度在我国正式实施，是对为国家建立卓越功勋的各类杰出人士及全国人民的策励。

2. 提振士气

征战前阅兵或者开誓师大会，领导人发表提振士气、鼓舞人心的讲话，会迅速转化为战斗力。无论是八路军誓师挺进敌后，还是"二战"时莫斯科红场阅兵，都显现出这种神奇效果。

《义勇军进行曲》《黄河大合唱》《志愿军战歌》等豪迈歌曲，都能表达出万众一心奋勇抗敌的激情，鼓舞着军民将士的斗志。

毛泽东先后六次接见钱学森，包括 1964 年 12 月 26 日的生日宴会。

（参见笔者寓公新浪博客 2020 年 8 月 14 日博文）毛泽东给予钱学森的精神鼓励，也是他建功立业的一大动力。

金一南将军的讲座，无论是对革命领袖、革命先辈，还是对民营企业家任正非、曹德旺等，都充满了敬意。他褒奖的绝不仅仅是这些人本人，而是颂扬不屈的敢于胜利的民族精神，对于全民族都是一种激励，可以提振民族士气。

家庭也是一样，胎教、早教都离不开鼓励；成人受到褒奖，也会倍增战胜困难的勇气。

日本前首相鸠山由纪夫对夫人鸠山幸不乏溢美之词，他把妻子比作自己政治生涯的奠基石："和她在一起，感觉每天生活都充满阳光。她的快乐，也感染了我。她做饭也很棒，回到家，我就感觉很安心。"

日本的书店里摆着鸠山幸写的《鸠山家的爱情饭菜》等书。鸠山幸美丽而善于持家，是一个外向充满活力的人，爱好腌制蔬菜、制作彩绘玻璃、陶艺以及缝纫，始终"充满好奇心"是一个想尝试所有事物的人。她是丈夫的形象设计师，为他打理发型、搭配穿着。她说，她正在竭力改变丈夫像大学教授般刻板的形象。（参见《国际先驱导报》总第 492 期）鸠山由纪夫成功的背后，确实有妻子很大功劳。

夫妻之间也需要互相欣赏、褒奖和激励。这样做，不但能使家庭生活和谐，而且能共同齐家，在社会上打拼也有了底气。

六、臧否功夫

臧否是褒贬、评价的意思。准确评论并带有褒贬，就是臧否功夫。臧否，往往"贬"多于"褒"，有时带有讥讽，剖析评论能入木三分。

1. 臧否的深刻性

"两弹"爆炸成功后，毛泽东说："应该给赫鲁晓夫发一个一吨重的大勋章。"（参见 2008 年 12 月 24 日中国网）毛泽东用这种方式臧否赫鲁晓夫曾经在原子弹研发上卡我们脖子。

2018 年 10 月 23 日，俄罗斯总统普京同美国时任国家安全顾问博尔顿会面。普京问："你们的老鹰现在是不是已经吞下了所有的橄榄枝，只剩下箭了？"这就是在臧否美国的好战政策。

鹰派人物博尔顿面对普京的挞伐，也不好硬碰，只得说："我没带橄榄枝。"

世卫组织将新冠病毒命名为"COVID-19"，特朗普却蛮横无理地把它称之为"武汉病毒""中国病毒""功夫病毒"。无须我们臧否，美国全国广播公司对外政策首席记者安德利亚·米歇尔就把他定义为"种族主义的"；（见于 2020 年 8 月 10 日央视网）因为美国政府抗疫不力使疫情失控，美国众议院议长佩洛西干脆称之为"特朗普病毒"。（见于 2020 年 7 月 27 日快资讯）

美国总统选举中，竞选对手总是不择手段地攻击对方。特朗普一直嘲笑拜登"躲在地下室里"，甚至辱骂拜登"低智商"、神志不清，还说"我可不想输给一个低智商的人，我不想输给'瞌睡乔'"。（参见 2020 年 8 月 30 日《参考消息》）臧否对方无所不用其极，结果还是输了！

2021 年 1 月 6 日，支持特朗普的美国民众冲击国会大厦之后，特朗普的脸书账号被封，很多人嘲讽说："整天制裁这个制裁那个的人，终于也遭到了制裁。"

美国民主制度的窗户破了，让人们看到了真相。

为了保障新总统就职典礼的安全，五角大楼已授权在首都地区部署 25 000 名国民警卫队士兵，相当于美国当时在阿富汗、伊拉克和叙利亚驻军总数的三倍多，国会大厦成了兵营，周边地区筑起了高高的防护墙。多家媒体甚至用巴格达"绿区"来形容当时的华盛顿。有的媒体讥讽说："美国在国外花费数万亿美元反恐，结果证实，恐怖主义就在国内。"（参见 2021 年 1 月 19 日央视新闻客户端等）臧否得十分到位。

2021 年 1 月 18 日的《环球时报》以《希望美国把蓬佩奥当"疯

子"看》为题，臧否蓬佩奥看上去很像是"疯了"，1月16日一天发了30多条微博，几乎全都是骂中国的；把他定性为美国传统外交的野蛮冲击者，说其作用比冲击国会山的"暴徒"更加恶劣。道出了蓬佩奥的本质。

参加过上甘岭战役的老战士邓斌在《致蓬佩奥》一诗中说："纵然，有光明，就有阴影存在；有天使的甘露，就有妖魔兴灾。只是，人类文明已发展到今天，为什么，为什么，还能遇到你这样的怪胎？……说你是异类，恐异类抗议，纵干涸之鱼，也相濡以沫，不会把锅甩？说你是堕落，亦是把你高抬，你何曾高过？撒谎是你的本色，造谣你是天才，你一身毒性，何曾更改？堪叹泱泱美利坚，为何，为何，非要选你这样一个无赖！……蓬佩奥，但愿你是最后的魔鬼，从人类良知的视野里，滚开！"（引自网易视频）这种臧否深刻至极！

2. 臧否的嘲讽性

"九一三事件"发生后，苏联驻华大使见到周恩来时，不怀好意地问："听说最近中国发生了一件惊天动地的大事？"周恩来平静地说："也没什么大事，只不过是森林里倒了一棵树；一棵树上落下一片叶子而已。"（来自2012年5月3日环球论坛）他臧否"九一三事件"举重若轻，让对方抓不住把柄。

2020年8月20日晚，喜剧演员茱莉亚·路易斯-德瑞弗斯嘲笑时任美国副总统彭斯的名字是很奇怪的外国名字。一会儿叫他"米卡·品斯（Mica Pints）"一会儿叫他"喷呲（Paints）"，拿他开涮。（参见2020年8月21日环球网）茱莉亚的嘲讽要比特朗普破口大骂文雅得多。

上海春秋发展战略研究院助理研究员杨晗轶，臧否蓬佩奥的一篇文章题目就是《美国的匪气外交来了：细数蓬佩奥的流氓路数》。文章说："……在全民爱狗的美国，他也收获了特朗普忠犬的'美誉'，这是《国会山报》在头版显赫位置送给他的。除此之外，《华盛顿邮报》、'每日野兽'等媒体也纷纷撰文，说他的反复无常在外使'美国外交丧失了可信度'，在内使'政府官员感到不安'。"（见于 2020 年 6 月 11 日观察者网）杨晗轶的臧否功夫入木三分还带有嘲讽。

七、体态语言功夫

体态展现人的精气神。交往中的举手投足、一颦一笑等体态语言，都能与口语功夫相互配合，表达出不同的情感、心愿，在交往中往往也能起到重要作用。

1. 对口语的必要补充

周恩来精力充沛、体态稳健、步履轻盈、潇洒大方、亲切迷人。每次会见外宾他都提前到场。客人来了，他总是到门口迎接，尽管右臂有伤也实实在在一一握手，绝不敷衍，握手时注视着对方的眼睛，流露出友善、信任、真诚的表情。

1963 年 10 月 5 日，日方举行工业展览会答谢宴会，到会的约千人。周恩来在宴会上手持酒杯走遍每一桌，敬酒时注视着对方的眼睛，用真诚、友善的目光致意。（参见刘德友的《风雨几星霜：战后中日关系亲历记》，生活·读书·新知三联书店 2018 年版）与其交往过的一些政治家对他赞不绝口，也迷倒过许多人。

尼克松访华时，从联合公报的字斟句酌，到招待美国代表团宴会的菜单和伴宴音乐，周恩来都亲自过目，一丝不苟。尼克松在欢迎宴会上听到他的家乡音乐，感到分外高兴。在中国政府为尼克松访华举行的每场宴会上，周恩来都会与美国代表团成员逐一碰杯，避免对方被冷落。他的体态语言使对方感到亲切。

为了访华，尼克松和夫人一起学习过使用筷子，认真研究过中国习俗和中国领导人的背景资料。他知道周恩来一只手臂受过伤，不太灵活。访华期间，他曾经主动帮周恩来脱掉过呢子大衣。这一体态语言增进了彼此的亲近感。

美国总统出访，通常都是乘坐自己的专机，而尼克松与周恩来一起乘坐中国专机前往杭州参观访问，彰显出彼此的相互信任。作为礼物，他给杭州带来了四棵产自他家乡的红杉、巨杉树苗，属于珍贵树种。

乘机和赠送礼物都属于体态语言的组成部分。作为一种回应，前往上海时，周恩来和尼克松一起乘坐了美国总统专机。同样是不寻常的举动。

到上海后，中方安排尼克松到上海工业展览会参观。尼克松注意到了展厅进门处摆放着的那架冲床。当他得知这架冲床可以将金属粉末直接压制成高强度齿轮时，决定亲自动手试一试。他按动按钮压制出了一个齿轮。（见于 2007 年 3 月 1 日央视国际、《国际先驱导报》等相关报道）这些不寻常的举动，已经载入了史册。

王毅的体态语言类似于周恩来。担任外交部副部长期间，主持朝核六方会谈时，他浓眉朗目、表情沉稳、系着红色领带，用左右两手牵起一字排开的其他五国团长的手臂，尽显东道主的大度风范。（参见陈雷的《王毅：中国外交界的日本通》，2004 年 8 月 25 日国际在线）出色的斡旋赢得了外界的普遍称赞。

2015 年东盟会议期间，泰国副总理兼外长巴迪玛巴功在共同会见记者时，用英语说："如果我是个女人，我一定会爱上他（指王毅——笔者注）。"（参见 2021 年 4 月 3 日牛弹琴的《发现一个小秘密，王毅在东南亚人缘特别好》）盛赞他的人格魅力。

2021 年 4 月 2 日，他与马来西亚外长希沙慕丁会见记者时，后者说："马来西亚和中国的友好关系，我经常这样形容，那就是'我们都是一家人'。"他特意用汉语说"我们都是一家人"。王毅立刻竖起大拇指予以回敬；他微笑着对王毅说："你永远是我的哥哥。"又用汉语说："我的大哥！"王毅机敏地竖起大拇指。（参见 2021 年 4 月 3 日牛弹琴的《发现一个小秘密，王毅在东南亚人缘特别好》）这就是外交艺术、外交魅力。

俄罗斯总统普京具有丰富的体态语言功夫：曾经打虎射熊、驾驶军机飞上蓝天，操纵潜艇潜入海底，与冰球运动员一起驰骋冰场，夸上烈马裸露上身秀肌肉，踏入柔道竞技场与柔道高手一较高低，参观少林寺时把小沙弥扛在肩上，在日本使节面前引逗爱犬玩耍……（参见《环球时报》总第 1980～1981 期的相关报道）这些体态语言对外展示了俄罗斯的力量，充分显示他"俄罗斯男人"的"硬汉"形象，使他的人气不断飙升。

1984 年 4 月，美国前总统里根访华。他有遇刺经历，访华期间常常不走正门走偏门或小门。参观兵马俑时，更是穿上了厚厚的防弹衣。体态语言显示：这位大统领的内心充满惶恐！

秦始皇陵兵马俑被称为世界八大奇迹之一。中方特许里根下到俑坑观赏。他下意识抬起手想摸俑马，又不失礼节地回头问工作人员："我能摸一下吗？"得到允许后，他手伸向一匹俑马，又像触电似的把手抽回来，故作惊恐地问："它不会踢我吗？"体态展现了他的幽默感。

他意犹未尽地离开俑坑。爬上木梯时，又回头望了望雄伟的地下军阵说："解散（Dismissed）！"（2004 年 6 月 6 日新浪首页、新华网等）他确实很幽默，但是是否另有一番滋味在心头也不好说。

外交上的严正交涉或强烈抗议，往往要用肢体语言辅佐情绪，以使对方感受到事态的严重性。

为了避免新冠病毒传播扩散，既往流行的握手和拥抱礼节行不通了，有的改为"碰脚"礼；我国空军医疗队医护人员之间采用了"碰肘"礼。肘碰肘，心对心，相互问候，相互加油！（参见 2020 年 1 月 30 日新华社"新华视点"微博）中国援助塞尔维亚医疗专家组组长彭志强，2020 年 3 月 22 日到达塞尔维亚时，与其总统行了"碰肘"礼。（参见 2020 年 3 月 28 日北青网）

2020 年"两会"期间，代表、委员之间见面改用传统的拱手礼。在我国，拱手礼已经传承了 3 000 年，既能表达尊敬，又能预防传染。

欧盟于 2020 年 8 月做出决定，要求各国要人在开会见面时，不要再拥抱和握手，打招呼的方式改为碰肘或鞠躬。

2020 年 8 月 25 日至 9 月 1 日，王毅对意大利、荷兰、挪威、法国、德国 5 国进行正式访问期间，用的就是"碰肘"礼。（参见 2020 年 8 月 30 日《解放日报》的报道）希望这一肢体语言能够延续下去，以利于人类健康。

2. 不能伤风败俗

1956 年 4 月，苏联领导人赫鲁晓夫和布尔加宁第一次访英。这种国事访问都是事先协商好了的：宴会、致辞、献花、会谈等。前往白金汉宫参加女王举办的宴会时，赫鲁晓夫举止不雅，好在没出大格。

到英格兰爱丁堡访问时，根据日程安排，与英国实业界精英有一次对话活动，讲稿早就准备好了。轮到赫鲁晓夫讲话时，因饮酒过量，他把口袋里的讲稿忘得一干二净，信口开河就讲了起来，还不时抨击"帝国主义及其走狗"，甚至发誓："我们一定要把你们彻底埋葬！"（参见笔者寓公新浪博客 2011 年 12 月 3 日博文《翻译救了赫鲁晓夫》）好在他的翻译特罗扬诺夫斯基还见过世面，手持那份预先准备好的讲稿，一字不落地照稿翻译，把赫鲁晓夫的信口胡言完全抛在一边。

赫鲁晓夫不懂英语，英国的实业家们也不懂俄语，相互沟通全凭这位翻译。

让赫鲁晓夫感到奇怪的是，对于他的咒骂，英国人怎么还报以欢呼和经久不息的掌声呢？

他终于结束了讲话，回到休息室里大睡了两小时之后，忽然想起自己的醉话似乎不妥，便问翻译："你都照直译了？"

翻译说，译的是讲稿。赫鲁晓夫热烈拥抱并且亲吻了他。（参见笔者寓公新浪博客 2011 年 12 月 3 日博文《翻译救了赫鲁晓夫》）纸包不住火。这件事后来还是传扬开去，成为国际笑柄。

1964 年 7 月，李肇星进入外交部时，入部教育的第一课是学吃饭。讲的就是如何避开伤风败俗的体态。要求在外交场合吃饭不能出声；参加宴请时主人给的食物要吃完，喝酒不能超过平时酒量的 1/3，也不要强劝别人多喝；自己不会喝就别喝，可以象征性地举举杯；还有吃西餐使用刀叉、做东道主迎宾的肢体语言、为客时的肢体语言、着装、宾主次序、双方的地位尊卑等，都有学问。

吴建民任我国荷兰大使时，遇到我方的一位副市长出访荷兰，在宴会上不断用牙签剔牙的尴尬场面，这种肢体语言让对方很是看不起。

法国常驻联合国代表梅里美给李肇星讲过一则故事："一次，法国总统宴请中非皇帝博卡萨。当名菜'法国蜗牛'上席时，博卡萨把蜗牛放进嘴里嚼，差点儿把牙崩掉。

法国总统为了不让客人难堪，也像客人一样把蜗牛咬了咬吐了出来，其他人也跟着总统这么吃起来。

博卡萨谈得高兴，将身子偏向总统一边，把总统的菜当作自己的吃了。总统使了个眼色，其他人都跟着他把身子往左一偏，吃旁边人的菜。"

法国人这样做，照顾了皇帝的面子，但是他还是不知道该怎样吃蜗牛，下次难免会犯同一错误；甚至会引起误会：一道硌牙的菜，嚼了还要吐出来，怎么能够用于招待尊贵的客人？所以，不如礼貌地告诉他该怎么吃；礼宾司更该事先做好功课。

1992年10月，日本天皇首次访华，引起了中外媒体的关注。招待宴会上的一道名菜就是螃蟹。日方担心天皇啃螃蟹会做出不雅举动被媒体抓拍，建议撤掉这道菜；我方待客历来周全，厨师早已经把螃蟹壳剥下切好，扣在上面以示完整，不会让客人丢脸。（参见2018年7月27日"历史一枝花"）

外交官在宴会上不只是吃，更重要的是与别人交流，高手还能交到朋友。

1986年，李肇星随胡耀邦访问意大利。在总统举行的国宴上，他旁边坐着一位胖男士，没刮胡子、不系领带，一副不修边幅的样子。

他并没有以貌取人，试探着问其姓名。我驻意大利使馆文化参赞告诉他："这是大名鼎鼎的帕瓦罗蒂。"

他们像老朋友一样聊起来，从意大利歌剧聊到芭蕾舞，还使用肢体语言比比画画。帕瓦罗蒂吃惊地发现，中国外交官很懂欧洲艺术。他说："我喜欢你，李先生，愿意和你交个朋友。"（参见 2014 年 8 月 12 日环球人物网）

在 2013 年新年招待会上，安倍晋三见到了丰田汽车总裁丰田章男，两人聊得很投入，安倍下意识地提了提裤子。（参见 2013 年 1 月 8 日中新网）记者没有错过这个机会，给他留下了快照。

大家都知道韩国人有饮酒习惯。2019 年 3 月初，韩国总统文在寅访问文莱，出席晚宴时"提议干杯"，让东道主很反感，并阻止韩方人员干杯，场面一度尴尬。

伊斯兰国家文莱严禁出售酒精类饮料，并且不能在公开场合饮酒。（参见《2019 国际政要的十大尴尬瞬间》等）文在寅及其随从事先没有做好功课。

八、特殊情境，特殊表达

因为情境特殊，语言表达往往也特殊，才会登上史册，给人留下终生难忘的印象。这当然需要过硬的语言功夫。

1. 育人语境的语言功夫

教师教书育人，在传授知识时要多使用形象生动的启发诱导性语言；在教人成才、促使人奋发向上方面要更多使用激励性语言，不得使用污蔑、贬损性语言。

对于小学三年级的学生来说，多位数乘法是有些枯燥、令人生畏的难题，竖式排列起来像高楼一样层层叠叠。用怎样的语言破疑解惑提升学生的学习兴趣，也不是一件容易的事情。

深圳贝赛斯三年二班蒲老师的教学语言是"打怪兽"。她利用孩子做游戏时打过怪兽的经历，把竖式排列起来，把第一排乘数称作"怪兽"，把第二排乘数称作"机枪"，让"机枪"逐一扫射"怪兽"，再把成果相加，就完成了多位数乘法运算。她的教学语言生动活泼，让枯燥的数字成了能够充分吸引孩子学习兴趣的画面，这就是教学语言上的创造。

数学老师当然离不开数学语言，但是不能仅仅拘泥于此。人民大学附中数学老师王金战，经常拿着"放大镜"寻找后进生的优点，努力把"一条虫"变成"一条龙"。他教的一个学生数学基础很差，有一次考试成绩却提高了 30 分。王金战抓住这一机会在全班同学面前大加表扬说："你们看看这位同学，一次考试成绩就提高了 30 分。高三阶段小考不断，大考就有 8 次。如果每次考试都能提高 30 分，那就不是考上考不上大学的问题了，而是肯定能进重点校的问题了！关键在于敢不敢挑战自我。"（参见笔者拙著《外语和多彩人生》第 248 页）这些话语不但是对一个后进生的鞭策，也是对全班同学的鼓励。

老师有时结合教学讲讲学科史，就会对学生的人生产生重大影响。数学家陈景润就是在课堂上听到老师讲哥德巴赫猜想，才用一生的精力去专攻这一课题的。老师的教学语言说多重要就有多重要。

卞之琳在西南联大教授英语翻译课时，将杜甫的名句"无边落木萧萧下"中的"萧萧下"，译为 shower by shower，音义双全展现了自己的外语功夫。他虽然没有译出全诗，但是这种教学语言对他的学生产生了示范作用。他的学生许渊冲后来按照他的格调把许多古诗译为英文、法文。许渊冲说，自己是在卞先生启发下开始译诗的。（参见《书屋》2019 年第 12 期）卞之琳的教学语言成就了他学生的光彩人生。

沈阳大学有一位退休的副校长，他对中学阶段的许多事情都记不清了，唯一没有忘记的是，一位物理老师讲授机械原理的控制系统时说："人不能自我控制就不称其为人，机械没有控制系统就不能称其为机械。"

这位副校长中学阶段当过班长。在一次校运会上，因为裁判不公而带领全班同学愤然离场，受到批评还不服气。听到物理老师那句话后，他的灵魂受到了极大震撼，一辈子都用那句话警醒自己、约束自己。物理老师让他明白了一个做人的道理。

2008 年诺贝尔物理学奖获得者益川敏英，原本胸无大志，学业平平，打算继承父亲的店铺，以此为生。

有一天，他的老师对同学们说："20 岁以前，你见过的老师中如果没有你崇拜的对象，那是你的悲哀；20 岁以后你还很崇拜那位老师，那也是你的悲哀。父母也是一样。"

老师的意思是：人生必须实现超越。对于益川敏英来说，这话如同醍醐灌顶，继承父业的原有想法被击得粉碎。他开始振奋起来，超越父母和老师、超越名人，最终成为物理学大师。（参见笔者拙作《外语和多彩人生》第 381～383 页）

一位美国的著名物理学家，在上初中时不喜欢学物理，有一次考试只得了 8 分，他就更加不想学物理了。物理老师用与王金战老师相类似的手法，鼓励他不断进步，最终成为物理学家。（参见笔者的寓公新浪博客 2017 年 6 月 8 日博文《从成绩倒数第一奋起的物理学家》）

新东方人生设计导师徐小平初见王文山时，觉得他灰头土脸、一见就让人生气。

王文山对他说，自己有一份令人羡慕的工作，尽管工资不高，但是生活稳定安逸，可是自己总觉得缺点儿什么，至于缺什么自己也说不清楚，所以前来讨教。

徐小平说："你不过是一位在鸡肋与天鹅肉选择之间痛苦挣扎的人而已。舍弃鸡肋去追求天鹅，又怕连天鹅毛也看不着，回头连鸡屁股也吃不到；守着鸡肋不去追求天鹅，又总是梦见命中隐现的天鹅湖。既然你不满现状，就该听从心灵的召唤，拿出壮士断腕的勇气，追求你认定的目标，移位你锁定的坐标，让你的生命价值和才能像火山一样喷发，否则你只能是个自扰的庸人。"（参见《GRE 全球最高分得主经验谈》前言和结语部分）徐小平寥寥数语如醍醐灌顶，彻底改变了王文山的人生。

教师尤其需要锤炼语言功夫，否则，传道受业解惑的目标就难以达到。

2. 不同语境，不同诉求

1945 年 9 月 3 日受降仪式结束后，美国总统杜鲁门在广播讲话中说："今天是我们永远不会忘记的报复日，就和我们纪念耻辱的珍珠港事件日一样。"（参见笔者寓公新浪博客 2017 年 10 月 8 日博文）。

同一天，斯大林在广播讲话中说："1904 年俄军所遭受的耻辱、俄国人民心中悲痛的记忆、老一辈人期待抹去的污点，终于在今日得以洗刷。"（参见笔者寓公新浪博客 2017 年 10 月 9 日博文）西方文化就是如此，他们人生的第一选择就是复仇。在接受日本投降的关键时刻，领袖人物对这一理念也表露无遗。

1953 年 9 月 12 日，毛泽东在中央人民政府委员会第二十四次会议上的讲话指出："抗美援朝的胜利主要是因为我们的战争是人民战争，全国人民支援，中朝两国人民并肩战斗。"他还说："帝国主义侵略者应当懂得：现在中国人民已经组织起来了，是惹不得的；如果惹翻了，是不好办的。"（参见《毛泽东军事文集》第 6 卷第 353～355 页，军事科学出版社、中央文献出版社 1993 年版）这是在抗美援朝取得胜利的情境下，人民领袖对人民创造历史的正确表达，同时也是对侵略者发出的严正警告，以免他们卷土重来！

在 1922 年之前，法语是世界通用语。1922 年之后，英语才逐步取代法语，成为世界通用语。

法语至今仍旧在与英语抗争，法国人认为法语是"世界上最美丽的语言"，把讲法语视作热爱法兰西的表现。为了维护法语的地位，法国禁止本国代表在国际场合使用英语，输入法国的商品，其说明书必须使用法语。

在法国，你如果不小心掉进水里，用英语喊"help"，一定没人理你；喊"ausecours"（法语的"救命"）才会有人搭救你。外语人在世界上走动，应该了解、尊重法国人的这种诉求。

2020 年 3 月 28 日，中国政府援助马来西亚急需的抗疫物资搭载包机运抵吉隆坡。我国驻马来西亚大使白天、马来西亚外交部长希沙慕丁在马来西亚外交部举行物资交接仪式。

白大使表示，过去的两个多月，中国抗疫形势严峻。在习近平主席的亲自指挥部署下，中国疫情防控形势持续向好。在中国抗击疫情最困难的时刻，马来西亚政府和人民给予了中方宝贵支持。现在，马来西亚朋友遇到了困难，中方将毫不犹豫地同马方站在一起，共克时艰。他说："这份物资传递了我们患难与共的情谊，也传递了战胜疫情的信心和力量。应马方要求，中方将派遣医疗专家组来马来西亚，与当地医疗专家分享诊疗防控经验。只要马方需要，中方愿继续向马来西亚提供技术和物资支持。马来西亚谚语说：'遇山一起爬，遇沟一起跨。'我相信，只要中马两国齐心协力、共同努力，不论什么沟沟坎坎、困难险阻，我们都能跨过去。中国将与马来西亚同在！"

希沙慕丁外长感谢中国政府向马来西亚政府援助抗疫物资。他说："中国有句古话：'患难见真情。'疫情不仅是危机，更是一次机遇，让我们从中积累经验，将中马两国紧紧团结在一起，'我们都是一家人'。"（参见 2020 年 3 月 30 日澎湃新闻）这是知己在患难中的对白。

2008 年 8 月 8 日，北京奥运会开幕。美国时任总统布什全家、财长保尔森全家来到北京观看了奥运会。

此时，美国次贷危机风暴正向纵深展开，两大房贷巨头——房利美和房地美呈现崩溃之势，股价暴跌近 90%。华盛顿的救急电报不断传到北京，把保尔森弄得焦头烂额。

当时，中国拥有 3 760 亿美元"两房"债券，"两房"一旦倒闭，投资将血本无归；而一旦中国提前撤资，"两房"更将大难临头。

保尔森使尽浑身解数苦劝中国不要抛售"两房"债券。他竭尽全力向中方保证，所有事情都会正常运转……他总是说："我们会履行我们的义务。"

回到华盛顿后，保尔森立刻宣布把"两房"收归国有，以此确保投资者对美国的信心……

那时，主张巧实力外交的希拉里，也懂得借用中国成语"同舟共济"来论证中美关系的重要性。

2009 年 7 月，在第一次中美战略与经济对话开幕式上，时任美国总统奥巴马致辞说："国家间的竞争不应该是零和游戏，中国是国际社会强大、繁荣和成功的一员。"那时的美国精英甚至鼓吹"中美国"，奥巴马也想把 G20 变成 G2。

保尔森、希拉里、奥巴马在需要中国帮助美国度过金融危机时，才说了那么多谦卑的话。一旦度过危机缓过气来，马上就推行所谓的"重返亚洲""亚太再平衡战略"。可谓此一时彼一时也！

2014 年 7 月 9 日，中国国家主席习近平在当天举行的第六轮中美战略与经济对话和第五轮中美人文交流高层磋商开幕式上，发表了题为《努力构建中美新型大国关系》的致辞。他说："天高任鸟飞，海阔凭鱼跃。我始终认为，宽广的太平洋有足够的空间容纳中美两个大国。中美双方应该加强对话，增信释疑，促进合作，确保中美关系始终不偏离构建新型大国关系的轨道。"（见于 2014 年 7 月 9 日新华网）中国的这一基调始终没有变。

当年的美国副总统拜登当上总统后，举行首场新闻发布会时就说，在他的任期内不允许中国超过美国。

我国外交部新闻发言人华春莹的回应是：中国的目标从来不是超越美国，而是不断超越自我，成为更好的中国。又说，作为世界前两大经济体，中美之间在利益交融中出现竞争并不奇怪，关键是要在公平公正基础上良性竞争，既提升自我，又照亮对方，而不是你死我活、零和博弈。无论从中美两国还是世界人民的共同利益出发，合作都应当成为中美双方追求的主要目标。（见于 2021 年 3 月 26 日新华视点）这才可以称为大国视野、大国担当，使那些心胸狭隘、目光短浅的美国政客无地自容。

美国政客一直希望在中国执政党内找到戈尔巴乔夫或叶利钦那样的人，希望中国最终四分五裂为多个小国，或者是一盘散沙，成为美国的附庸。

必须了解文化差异：我们信奉"己所不欲，勿施于人"，不肯落井下石，而美国和西方人信奉"丛林法则"，必须时刻防范。

九、应变功夫

时局变化，政策表达也要随之应变；遭遇战时，也需要随机应变掌控话语权；可以借题发挥，利用别人提供的话题加以阐发，张扬开去，或者加以引申，以达到自己的目的，变被动为主动。

1. 跟着领袖学应变

我们党有个特事特办的传统。20 世纪 50 年代，聂荣臻率团访苏，争取苏联对中国的导弹、火箭技术给予援助。毛泽东提议钱学森为代表团成员之一。为了与苏方搞对等，在周恩来的提议下，毛泽东特批授予钱学森中将军衔。（参见王树人的《老一辈革命家的"特批"》，载于《党史博览》2019 年第 7 期）这就是灵活应变功夫，值得继承。

应变还是对智慧、胆略、意志品质的考验。周恩来在顾顺章叛变、西安事变、皖南事变等关键时刻，都表现出聪明智慧、无畏胆略和沉着冷静的钢铁般的意志品质。他的应变功夫，能把利益扩大，把损失降至最低。

1945 年 10 月 8 日，周恩来出席张治中在重庆为毛泽东举行的欢送会。期间，副官向他报告八路军驻渝办事处秘书李少石遇刺，他不动声色地对毛泽东说："有点事，我出去一趟。"他与国民党宪兵司令张镇联系，要求缉拿凶手，并且让张镇用车护送毛泽东回住处，以保证安全。安排妥当后平静地回到座位上，连毛泽东都没有告知一声。（参见《中国领导科学》2019 年第 2 期）周恩来及时应变，显现出无比强大的心理素质和高超的策略功夫。

在日内瓦会议、万隆会议上，周恩来的应变功夫展现得更加淋漓尽致。

　　英国元帅蒙哥马利退役后，曾经在 1960、1961 年两次访华，与毛泽东、周恩来结下了友情。蒙哥马利提出的"和平三原则"与中方观点十分接近。周恩来称赞他有政治头脑。

　　他到我国内地访问期间，由外交部办公厅主任熊向晖陪同。访问洛阳时，当地政府为他安排了专场晚会，他却不去看，而是随意走进一个小剧场，看那里演出的《穆桂英挂帅》。看到一半就跑回宾馆发牢骚："怎么能让女人当元帅？"

　　熊向晖解释说，这是民间传奇，群众爱看。

　　他说："爱看女人当元帅的男人不是真正的男人，爱看女人当元帅的女人不是真正的女人！"

　　他的观点当然站不住脚。可是他是客人，还提出了可贵的三原则，熊向晖本该礼让一下，或者谈谈德国的女英雄贞德；可是他却随口说道："中国红军就有女战士，现在的解放军有位女少将。"

　　蒙哥马利说："我对红军、解放军一向很敬佩，不知道还有位女少将，这有损解放军的声誉。"

　　熊向晖回敬道："按照你们的体制，女王是国家元首和全国武装部队总司令！"弄得蒙哥马利张口结舌。

　　熊向晖这样说痛快倒是痛快，道理也不偏，就是不讲外交策略，不懂得灵活变通，效果是不好的。周恩来知道情况后批评他说："你讲得太过分了，你说这是民间传说就够了……你搞了这些年外交工作，还不晓得求同存异？弄得人家无话可说，就算你胜利了？"（参见《跟周恩来学处理矛盾》第 211～212 页）

　　周恩来访问亚非 14 国时，乘坐的飞机是从荷兰租借的。1964 年 1 月 11 日，他应邀访问加纳。当时加纳局势混乱，总统恩克鲁玛遇刺受伤后躲避在城堡里。出于安全考虑，代表团中有人建议取消这次访问。周恩来说："我们不能因为人家有困难就取消访问，那是对人家不尊重嘛！"为东道主的安全着想，他建议免去一切外交礼仪，直接到城堡去会见恩克鲁玛。

这是一种变通，让恩克鲁玛感动万分，特地换上周恩来 1960 年送给他的那套中山装去迎接客人，还把他貌美的妻子带到周恩来面前，彼此亲如家人。

加纳是"二战"后首个获得独立的非洲国家，恩克鲁玛被称为"加纳之父""非洲救世主"。在他的倡导下，1963 年"非洲统一组织"得以成立，后来演变为"非洲联盟"，至今仍在非洲区域发挥着重要作用。

1966 年 2 月，恩克鲁玛出访期间国内发生军事政变，他到达北京时已经失去了总统身份，中国政府照样以欢迎外国元首的规格接待他。这也是一种变通。

周恩来出访亚非 14 国时，与中国建交的非洲国家有 10 个，访问后很快增到 17 个。（参见 2013 年 4 月 17 日新华网等）在我国恢复联合国合法席位方面，非洲国家起了很大的作用。

2. 应变制胜

毛泽东、周恩来的外交艺术能把不是朋友的对手变为朋友，甚至能够化敌为友。在接待西哈努克亲王上的变通，为我们在东南亚留下了一个真诚的朋友；在接待英国前首相希思上的变通，让希思感动，他后来为中英关系的发展做了许多事情。（参见胡新民的《西方政要眼中的晚年毛泽东》，载于《党史博采》2020 年第 1 期）

第一次日内瓦会议后，美国违反会议协议，赤裸裸地对老挝进行干涉和侵略；1960 年又挑起老挝内战。在柬埔寨元首西哈努克亲王的建议下，1961 年 5 月召开了第二次日内瓦会议。陈毅率团出席了那次会议。会议主题事关老挝，多数与会者希望老挝代表能够到场陈述意见。于是，老挝王国政府首相富马亲王、老挝爱国阵线主席苏发努冯亲王取道北京，经由莫斯科赴日内瓦参会。到京时，周恩来设宴款待两位亲王，并指派康矛召副司长伴送两位亲王去日内瓦。

康矛召于 1938 年春成为抗大学员，而后奔赴抗日前线担当随军记者 10 年。1949 年 4 月，英国"紫石英号"军舰无视我方渡江大军的严正警告，在长江上横行，被我军打趴下。奉命代表我军与对方谈判的就是康矛召。

新中国成立后，他随袁仲贤大使赴驻印度使馆工作。因为新华社对外新闻编辑部主任沈建图在"公主号事件"中罹难，他应召到万隆会议上主持我方新闻发布事务。会议闭幕当晚，他闪电式地安排周恩来会见美国《民族》周刊记者萨姆·贾非，这也是一种应变，收到了良好效果。

1960 年初夏，他以外交部新闻司副司长的身份随周恩来出访印度。那时，中印边境争端已经十分激烈，为了讲清真相，周恩来在访问结束那天深夜举行记者招待会，与会外国记者 150 多人。康矛召事先把每位记者的情况制成了卡片，谁当场提问，他就把相关卡片递给周恩来，让他了解对手，以便有针对性地做出回答。周恩来对此大加赞赏。

周恩来派他陪同两位亲王去日内瓦，除了照料亲王之外，也还有让他向坐镇日内瓦的陈毅传递口信的意思。那时通讯不便，"信使"传递口信更保险一些。

两位亲王来到莫斯科后，苏方高规格地接待了他们，使康矛召进一步感受到亲王对于日内瓦会议的分量。从莫斯科飞往日内瓦的途中，他萌生一念，觉得应该抓住机会尽早安排陈毅外长与两位亲王晤谈。尽管没人授权他这样做，他可以避重就轻完成陪同任务了事，但是他觉得自己有这份责任。在当年的通讯条件下，请示是来不及了；但是他判定这种会谈是十分必要的，因此敢冒着风险准备在飞机上与两位亲王约定与陈毅外长会面的时间。

富马亲王会法语，苏发努冯亲王既会法语又会英语。康矛召带的一位法语翻译坐在机舱后排，把他叫到头等舱也不方便。康矛召借助苏发努冯亲王当翻译，与两位亲王约定，下午三点与陈毅外长会面。

陈毅外长准时与两位亲王会面。10 分钟后，美国代表团团长哈里曼赶来。因为来迟了一步，只得讪讪地打道回府。在两位亲王的来访者名单上，还有印度代表梅农、法国代表肖维尔、英国代表麦克唐纳、加拿大代表朗宁等，中方因为康矛召的变通而抢得了先机。（参见宗道一的

《康矛召大使的日内瓦之行》，载于《文史精华》1998 年第 1 期）

这是责任心、使命感使然。精准的"先斩后奏"也是一种难得的决策拿捏功夫。有些机会稍纵即逝，外交官随机应变就可能得到意想不到的收获。外交部发言人更应具备应变功夫，才能从容应对记者的提问。

面对美国在外交、经贸、科技、军事上对我国的极限施压，我方的战略仍然是整体防御争取时间，按底线思维加战略定力应对。这种应变措施已经初见成效。对等谈判、相互较量、占领道德高地都少不了外语功夫。

上述九种表达方式不是表达方式的全部。如前所述，"九"就是多的意思，多到无法一一列举。很多语言功夫都是前无古人的，要靠自己来发明创造。已有的语言功夫只能是学习的基础，谁局限于此谁就不可能创造出生动活泼、受人称道的语言功夫。

按照我国传统文化，"九"不仅仅是一个数字，还有"多""高""全"等含义，以及"尊贵""精灵"等褒义。如"九州"就是全国的意思，"九天"就是最高处，"九九重阳"是老人（高龄者）节，"九五之尊"用于皇帝，龙翔九天寓意吉祥、腾达，"九头鸟"用来赞扬湖北人聪明，龙生九子是说我们都是龙的子孙，"九尾狐""九头蛇""九尾龟"等，或好或坏都是"精灵"，也展现出语言的灵动性。

概括起来说，《外语功夫》提出了问题，《外语功夫纵横》七横八纵加以阐释，《外语功夫论》九九归一，始于外语功夫，归于外语功夫。功夫是哲学观念，所以它不局限于外语，在其他方面也会起到指导作用。

主要参考文献

［1］成林.毛泽东的智源［M］.海口：海南出版社，2002.

［2］许明龙.中西文化交流先驱［M］.北京：东方出版社，1993.

［3］李连庆.大外交家周恩来［M］.北京：人民出版社，2017.

［4］周溢潢.惊心动魄的外交岁月——中国外交官手记［M］.长沙：湖南人民出版社，2006.

［5］徐小平.GRE全球最高分得主经验谈［M］.北京：新华出版社，2001.

［6］张英伦，等.外国名作家传［M］.北京：中国社会科学出版社，1979.

［7］金鸣.成功领导者的语言魅力［M］.北京：民主与建设出版社，2003.

［8］陈锡喜.平易近人——习近平的语言力量［M］.上海：上海交通大学出版社，2014.

［9］季羡林，等.外语教育往事谈［M］.上海：上海外语教育出版社，2004.

［10］李同成.中国外交官在联合国［M］.太原：山西人民出版社，2003.

［11］易杰雄.世界十大思想家［M］.合肥：安徽人民出版社，1990.

［12］孟庆春.跟周恩来学处理矛盾［M］.北京：红旗出版社，2009.

［13］谭载喜.西方翻译简史［M］.北京：商务印书馆，2004.

［14］王晓德.美国文化与外交［M］.北京：世界知识出版社，2000.

［15］于洪璋.寓公新浪博客2011～2021年相关博文.